南山慈善论丛
NANSHAN SERIES OF
CHARITY RESEARCH

REFLECTION ON
CHARITY REFORM

ITS POLITICAL NATURE

褚蓥／著

反思慈善改革

慈善的政治属性

社会科学文献出版社
SOCIAL SCIENCES ACADEMIC PRESS (CHINA)

敦和 基金会
DUNHE FOUNDATION

　　本书的研究过程获得了浙江敦和基金会的资助，特此感谢。

南山慈善论丛编委会

主 编 褚 銮

编委会(排名不分先后):

曾令发　何华兵　袁　微

蒋素春　刘国玲　张洪华

汪中芳　朱志昊　黄　涛

丁　轶　刘　峰

总　序

我们认为，慈善业界不能只有一种声音，慈善学界也不能只有一股学脉。古语云，"君之所以明者，兼听也；其所以暗者，偏信也"，说的正是此理。

但是，在过去很长一段时间里，我们的慈善业界只有一种声音，学界也只有一股学脉。这是不健康的，长此以往，会导致我们慈善事业的发展出现思维简单化、价值一维化的情况。而正如历史经验所证明的那样，当一种力量发展到极端的时候，历史进程就会弃它而去，转向它的背面。这也就是所谓的"月盈则亏、水满则溢"。所以，我们需要不同的声音、不同的学脉，因为只有在辩论与反思中，我们的慈善事业才能避免走上歧路，我们的慈善研究才能真正体现系统化思维。

自2014年起，我们一群学者聚在一起，开始集中力量一起做研究。我们有一个简单的分工，其中笔者负责基础理论研究，而其余几位学者也各有自己的具体研究领域。我们相信，通过这种分工合作，我们将形成一套规模化、专业化的慈善学说体系。这样一套慈善学说体系的形成，应能为我们系统性地反思既有慈善理论与实践提供一个扎实的基础。

众所周知，每一项学术研究都是一个漫长的积累与思索的过程。所以，我们的这些研究成果将会在未来很长一段时间内逐步推出。这些成果都将汇聚在这个论丛之中，也就是"南山慈善论丛"。

关于本论丛，笔者有两点需要加以特别说明的内容。其一，我们所说的慈善，绝不是传统意义上狭义的慈善，而是指一切有助于我们家社会维系与发展的行为与活动。政府的"仁政爱民"与民众的"推己及人"皆为慈善。所以，我们的研究也将不限于狭义的慈善，而将扩大到所有助力家社会维系与发展的事业之上。其二，本论丛名为"南山"，乃取意自靖节先生的"采菊东篱下，悠然见南山"一句。靖节先生身上所蕴含的淡泊、守志的学养与气节令人敬仰。我们将之奉为自己的学术志向和人生态度。

在正式推出本套论丛之际，回首这些年的学术之旅，笔者有一个总结，那就是所谓学问之事，素来只是"花满渚，酒满瓯，万顷波中得自由"。所以，放下"正统"，不拘一格，虽是狂狷，却也执着。

是为序。

褚　蓥

2018 年 1 月 30 日

于湖州

前　言

　　我们需要重新认识我们的社会。自新文化运动以来，我们对中国社会的想象是以西方为模板的，或者更为准确地说，是以西方几个主要发达国家，包括英国、法国、美国等的社会形态为模板的。现在，在世界范围内，这一想象具有相当的"政治正确"性，同样也吸引着我们，因为西方国家曾经强大到我们难以为敌，是我们努力的方向。但问题是，这样的模板，真的能符合中国实际的社会结构，能够落地生根吗？

　　慈善领域是社会领域的一个重要组成部分。慈善领域中的几乎每一个细节都与政治高度相关，"慈善皆政治"。所以，笔者选择以慈善领域作为对中国社会和中国政治理论进行探索的一个突破口。

　　2015年夏天，笔者去找浙江敦和慈善基金会，向它申请了一笔研究经费。笔者最初申请这笔经费的目的是想要开展慈善市场化改革研究。那时笔者还年轻，又一直接受西方式的教育，认为市场化改革是破解中国慈善事业困局的关键。而且，只要将慈善领域的改革经验稍做调整，就可以为中国宏观政治的改革提供借鉴。换句话说，笔者曾经与诸位读者一样，认同主流的想象，并致力于为这一想象的实现而努力开展研究。

　　此后，笔者开始了长达两年半的研究，先后调研了10多个城市的20多家慈善组织，访谈了70多位从业人士。随着调研的逐渐深入，笔者逐渐否定了之前的看法。笔者发现实际情况与预想的不同：凡是完全按照西方模式运作的组织，基本都不太成功；凡是结合中国实际，做出针对性调整的组织，反而运转得较为良好。这也就是说，西方理论在中国行不通。这到底是为什么呢？现实的情况令我困惑。

　　随着思考的逐渐深入，笔者终于达到了社会结构这一层次。我发现，问题的根源在于中国的社会结构与西方不同。慈善皆政治，慈善事业的改革是政治改革的一个缩影，而政治改革成败之关键又在于改革的目标是否契合现实的社会结构。所以，慈善事业改革要想取得成功，其前提就是改革方向要与中国社会的现实结构保持一致。否则，改革的力度越大，失败也就来得越快，结果也会越糟糕。中国社会的结构与西方是不同的，这种不同是根本性的，非个别组织所能改变。所以，凡是采用西方模式的组织其结果都不太理想。这也就是说，我们一直以来对中国社会的想象出现了严重的偏差。我们对西方社会的向往遮蔽了我们的双眼，令我们一味地盯着西方社会这个模板，而忘了回头看看中国社会的现状。我们一味地希望按照西方模板来建设中国社会，而毫不顾忌这个模板是否适合这个本体。我们拼命地削足适履，制造出了悲剧。如今，中国某些学者大力倡导的慈善事业改革模式，正是这种削足适履的一个反面的例子。

造成这一问题的根源不在于我们这一代人，在于清末的败局。百年前，在经历数百年的闭关锁国之后，我泱泱大国终于败在西方列强的坚船利炮之下。于是，数代精英前赴后继，开始寻找出路。洋务派、维新派、新青年等诸多英豪渐次登场。他们的探索精神固然可贵，但由于没有经验，加上成功心切，最终未能找到正确的道路。他们没有对中国社会之现实做细致的考察，而是希图直接照搬西方的模式，与中国社会做简单的结合，甚至想直接用西方的模式替换掉中国原有的内容。这是一种战败后民族的应激反应，是盲目冲动下的非理智举动。坦率地说，这条路是走不通的。

任何一次社会改革都不是照搬一下别人的成果就能轻易成功的。要想取得成功，必须立足于中国国情，找到问题的症结，然后对症下药。我们要在中国的实际情况下找到适合变革的种子，并加以细心培育，直至使它生根发芽，开出现代性之花。这样的现代性之花才是真正根植于中国文化传统的深厚的土壤之上的，是具有中国特色的花朵。虽然这样的现代性之花并不拒绝世界主流的价值观，但也不会贸然照搬这种价值观。它的重心还是放在中国文化的现代性表达之上的。所以，在百年后的今天，终于到了我们反思百年前的那场大变革的时候了。我们要反思他们的改革，并将之调回正确的方向。

当然，或许会有人提出质疑，认为中国社会在历经百年波折后，存在断层。那就是说我们的社会历经了彻底的转变，这种转变是翻天覆地、造海移山的，所以我们再也回不去了。笔者认为，这种观点是部分正确的。毕竟在中华人民共和国成立以后，我们步入了一个新时代。但是，同样值得注意的是，这种变革无法彻底摧毁我们社会的基本结构。事实上，这些变革也的确想动摇这一基本结构。但毫无疑问的是，这些尝试虽然规模浩大，但无一成功。

那为何它们都失败了呢？笔者认为，合理的解释是，中国社会的基本结构是与中国的传统文化相关联的。这种文化是社会的基因，就像是一个人的基因一样，是难以改变的。要想改变一个人的基因，就必须改变他整个人的全部组成部分，包括每一个细胞。而要想改变一个社会的基本结构，就需要清理它的传统文化。而传统文化又是浸润在每一个人的思想中的，哪怕我们现在不读儒家的书，依旧懂得要孝顺父母；哪怕我们现在学的是西方的法律，但在实际生活中，还是想着"走后门"；哪怕我们现在住在现代化的高楼广宇中，还是会幻想自己有朝一日能有一处中式的大宅门。所以，毫不客气地说，虽然中国的文化精英不断致力于推进西学东渐，虽然我们的社会历经多番变革，虽然我们多数人现在已经不读四书五经了，但我们依旧是中国人，依旧浸润在中华文化这条长河之中。以往的变革只不过是往这条长河里引入了一些西方文化的涓流，却从未能将这条长河里的清流换成另一种浊汤。

所以，在本书的研究中，笔者换了一个视角，去重新认识那被我们长久遗忘的中国社会的本来面目。其结果是，笔者有很多新的发现，最终汇集成了这么一本书。

坦率地说，在我这个年纪，又在这么一个时间节点上，提出这么一套观点是需要极大的勇气的，因为这显然是在做一件"冒天下之大不韪"的事情。但是，思虑再三，我还是决定把这些发现公布出来，因为我认为学术研究是一条"求真"之路。而既然书中的这些内容是我探索到的"真理"，那我又为何要将真理弃置在我的书桌抽屉里，而不敢将它拿出来告诉世人呢？我要大胆地将这些东西讲出来，呼吁大家都来反思我们的慈善事业。当然，为此我也做好了去城外磨玻璃的准备。

另外，要特别说明的是，其一，本书多次提到了捭演论。这是本人将在下一本书里做出阐释的理论。本书要解决的是中国社会该如何演进的问题，而捭演论将解决的是为何要如此演进的问题。其二，本书所论及的新文化运动、新文化派，仅指五四运动前由资产阶级激进派领导的第一阶段，而不涉及五四运动后的共产主义思潮及运动兴起的第二阶段。在中国，共产主义运动有其特殊性，实非本书所能论的范畴。同样的，本书所论及的西方社会结构的理性轴线问题，亦不涉及共产主义。

最后，我要感谢埃德蒙·伯克，他的名著《反思法国大革命》给了我很多启发。

2018 年 3 月

于广州砚池

目 录
Contents

第一章 引论：我们想要什么样的社会？

第一节 神之共同体

一 慈善的根基

慈善是什么？慈善既不仅是扶危济困，也不仅是扶老助残。将慈善等同于这些外在的行为，是对慈善的浅化。事实上，我们通常不是为了慈善本身而去做慈善。我们这么做是为了回应一个更为深刻的问题，即我们到底想要一个什么样的社会？[①]

做慈善的正确逻辑是，首先把这个问题想清楚，然后再按图索骥，从慈善的角度，为建设这样的社会而不懈努力。所以，笔者认为，慈善是人们普遍向往的社会形态的一种实现手段。

那么问题是，我们到底想要一个什么样的社会呢？我们的想法又是否切实可行呢？

二 百年前的动议

自 20 世纪 80 年代以来，中国的知识精英多以西方社会为中国社会努力之方向，即他们想要的是一个欧化的中国。比如，李泽厚先生的"西体中用"说[②]、黄仁宇先生的"内卷化"论[③]、金观涛先生的"现代性"论说[④]，都是为了推进"传统文化的现代性转型"[⑤] 而努力的。此后的诸多学者皆以

[①] 比如，朱友渔就以"新国民精神"期许新时代的慈善事业，并认为在这种慈善事业的改造下，"一个崭新的中国正在崛起"（朱友渔：《中国慈善事业的精神》，商务印书馆，2016，第 104 页）。笔者认为，朱友渔至少看懂了"慈善皆政治"这一点。

[②] 李泽厚：《中国现代思想史论》，三联书店，2008，第 337 页。

[③] 黄仁宇：《我相信中国的前途》，中华书局，2015，第 51 页。

[④] 金观涛：《历史的巨镜》，法律出版社，2015，第 77 页。

[⑤] 金观涛：《历史的巨镜》，法律出版社，2015，第 77 页。

此为己任。他们大多认同中国的传统社会是一个"超稳定系统"①，这种系统的超稳定性阻碍了中国社会的进步，使所有人，包括政府，皆没有了"改造社会，提高生活程度的宏愿"②。于是，他们以西方为模板，意在将中国改造成为一个与西方社会类同的社会。其中稍微温和一些的，也赞同所谓的文化融合说。其中最具代表性的是"三种传统的融汇"之说③。但就算此种温和之论，依旧是在西方哲学层面开展的，毕竟言说者言之凿凿的还是"黑格尔哲学"。所以，总结而言，中国学界整体性的思潮皆是西方式的。

如果我们追根溯源，可知这种思潮的肇始并不在20世纪80年代，而在更为久远的百年之前。众所周知，中国社会的变革始于清末，至今已百年有余。变革之代表人物，首推郑观应与严复两人。郑观应为洋务派思想之集大成者。郑观应改儒为道，并在道的基础上研讨"中学为本，西学为末"④。由此点展开，他提出应引入西方思想的想法，其中最为主要的为商业与议会。⑤ 值得注意的是，郑观应的这一理论虽然亦坚称是以"中学为本，西学为末"，但其实与张之洞在《劝学篇》中提出来的"中学治身心，西学应世事"⑥ 全然不同。郑观应立足于道，其实已有西化的倾向，背弃了中国传统的伦理主线，背离科学主义的思路。所以，众人皆推郑观应为变革之首人。严复虽为改革派中的保守派，但亦为革新派的代表人物。严复旗帜鲜明地倡导科学主义，认为西学可以促进务实之风，使人人钻研学问，求得中国之发展。"救之之道，非造铁道用机器不为功；而造铁道用机器，又非明西学格致必不可。是则一言富国阜民，则先后始终之间，必皆有事于西学，然则其事又曷可须臾缓哉。"⑦

在此二人的基础上，乃有新文化运动等诸多思想流派的兴起。所以，将此二人奉为中国现代思想之开山人自毋庸置疑。只是，仔细品读这二人的思想以及前文曾提及的诸多名家的文章，颇为可疑的是，他们都没有提到西教。

---

① 金观涛、刘青峰：《中国现代思想的起源：超稳定结构与中国政治文化的演变》第1卷，法律出版社，2011，第35页。

② 黄仁宇：《万历十五年》，三联书店，1997，第60页。

③ 甘阳：《通三统》，三联书店，2014，第5页。

④ 任智勇、戴圆编《郑观应卷》，中国人民大学出版社，2014，第20页。

⑤ 任智勇、戴圆编《郑观应卷》，中国人民大学出版社，2014，第61、84页。

⑥ 张之洞：《劝学篇》，中华书局，2016，第317页。

⑦ 黄克武编《严复卷》，中国人民大学出版社，2014，第30页。

而且，严复先生还明确提及："是故西学之与西教，二者判然绝不相合。"①

既然诸多学者如此言之凿凿，认为西方社会就是一个以西学为主线建设起来的社会，而中国要想实现所谓现代化，急需引入西学，那我们自当略花一些篇幅，简单地讨论一下西方社会的基本样态。

三　神之共同体

现在笃信西学者，一般认为，西方的政治理论是以人为目的，并以人的理性为社会之主轴的。由此，便可以以人为原子，以理性为轴线，组织起来一个很大的共同体。这就是所谓的西方国家。在这个国家中的所有事务，当以人们的共同意见为基础，以人们的共同利益为皈依。虽然西学有诸多学派，如自然法学派、功利主义学派、实证主义学派，乃至晚近的新自然法学派、纯粹法学派等，但它们的论说基础莫出于此。在这众人当中，立场鲜明的莫过于洛克、边沁、斯宾塞、凯尔森等人。这几人将人的理性分析得鞭辟入里，甚至多有将理性作为激励之工具，以调控人们行为的主张。比如，边沁用一本皇皇巨著，借助人们的苦乐抉择，建立起了一个机械化的法律体系。② 而凯尔森则沿着这一思路，胆怯而颤抖地构建起了一套维护战后和平的规则体系。但是，无论他是如何胆怯，我们依旧不得不承认，他手中的工具是纯然理性的。他说："正义是一个理性的理想……从理性认识的观点来看，只有利益，因而就只有利益的冲突。"③ 综上，我们认为，这些人对理性的拿捏极为精细，超乎常人，也难怪这些作品成为西学之立论基础。

只是，令人奇怪的是，我们在对西方政治理论做系统性的梳理时，总是发现一些难以理解的现象。上述这些主流学者所讨论的都是理性，并将理性作为社会的主轴，而且西方社会数百年来，虽然偶有战乱，但总体也

---

① 黄克武编《严复卷》，中国人民大学出版社，2014，第 30 页。

② 参见〔英〕边沁《道德与立法原理导论》，时殷弘译，商务印书馆，2015。顺便提一下，奥斯丁、斯宾塞在这方面也着墨颇多。奥斯丁的命令说为边沁的这一框架提供了更为严谨的理论基础，参见〔英〕约翰·奥斯丁《法理学的范围》，刘星译，北京大学出版社，2002；而斯宾塞的社会达尔文观点则使功利主义得到进化，转而成为显明的精英统治。这是他的两位前辈学者所朝思暮想而不敢直言的。由此，我们不得不钦佩斯宾塞的勇气。参见〔英〕赫伯特·斯宾塞《社会静力学》，张雄武译，商务印书馆，2012。

③ 〔奥地利〕凯尔森：《法与国家的一般理论》，沈宗灵译，中国大百科全书出版社，1996，第 13 页。

运转顺畅，那为何有数量同样可观的主流学者表示由衷的担忧呢？

保守主义领袖柏克对只运用理性的体系表达了深刻的不信任："道德权能使没有争议的主权与自由意志服从永恒理性，服从信仰、正义、既定的根本政策的种种稳定原则。"① 柏克的这句话明显是在告诉世人，政治体系仅靠理性是难以持久的，还需要"道德权"。而这里所谓的道德权，实际是由情感引出来的外在表现物。

关于这一问题，法国的"二孔"皆是明白人。孔多塞将道德良心与宗教良心区分，并一口咬住道德良心不松口。② 由此可见，他明白大革命后的法国面临的深刻问题，即国家分裂问题。而孔德则比孔多塞更为高明。这位实证主义的创始人并没有表现出对理性的执拗，反而开放地将情感引入他的体系。他用情感作为人们否定自我的工具③，用情感形成对理性的制约，把情感做成了社会的黏合剂。

在现代社会，诸多西方学者有着类似的判断。其中最出名的当属富勒。他的半吊子的体系为现代性论证开了一个头。他区分了一般道德与愿望道德，从而重提道德命题，恢复了一度湮没在纯粹法学之中的关于道德问题的讨论。④ 布坎南似乎对重整现代社会也有兴趣。他的《同意的计算：立宪民主的逻辑基础》有着相当的科学性，因为这已然回归到数学层面。这种以激励为工具联结人的做法，为契约的维系提供了很好的基础。⑤ 只是令人遗憾的是，他求助的是理性工具，即理性的激励。想来，这样的人物自称不是保守派恐怕会令柏克感到快慰吧。最后，尤为值得一提的是罗尔斯，

① 〔英〕埃德蒙·柏克：《自由与传统》，蒋庆译，译林出版社，2012，第21页。

② 〔法〕孔多塞：《人类精神进步史表纲要》，何兆武、何冰译，北京大学出版社，2013，第54页。

③ 冯玮编译《科学·爱·秩序·进步——孔德〈实证主义理论〉精粹》，湖北人民出版社，第52~53页。

④ 〔美〕富勒：《法律的道德性》，郑戈译，商务印书馆，2016，第12~13页。令人惋惜的是，富勒在提出这一道德区分后，便开始展现出美国人的木讷。他显然没有抓住问题的本质，反而一味追求程序正义。于是，在本质上，富勒与凯尔森是一个套路，两者都是怯懦之人。

⑤ 〔美〕詹姆斯·M.布坎南、戈登·图洛克：《同意的计算：立宪民主的逻辑基础》，陈光金译，上海人民出版社，2014，第313页。

他关于道德的讨论真正复原了我们前面提到的情感理路。①

为何这些学者要对只以理性为调解的工具感到紧张呢？其实，在这众人之中，我们只需看懂孔德的反应便可明白其中缘由了。孔德内心通透。他明确知道一个社会如果只主张个人理性，那么人们就会深陷功利主义，而这种功利主义又会被欲望驱使，变得无法无天。于是，古代雅典的悲剧便会上演，而苏格拉底之死也就会再度变得顺理成章。在这方面，法国大革命后的社会局势就是明证。复辟派、吉伦特派、雅各宾派等数派相互纠缠，互不退让，终无宁日。而在每一个派别中，又有更多的小派别，造成更多的分裂。其实，我们还可以将这些派别做更小的细分，直至分成每一个功利的个人。所以，法国终于还是只能拜倒在一位强权的皇帝之下。这对于那些纯真烂漫的革命者来说真是一个讽刺！

要想将这些人都凝聚起来，只靠理性是不行的。理性背后是功利之心，不足以成为国家一体化的支撑。一个共同体要想维持统一的格局，还要靠情感，即人们的爱。

那么问题是，人们的这种爱从哪里来呢？在西方，人们可以找到的最直接的来源是上帝。在基督教的体系中，有一个精致的结构，即著名的"三位一体"。关于"三位一体"，阿奎那有一段清楚的解释。他在《神学大全》中提出：圣父是本体；圣子是道，在上帝之中，道的运行便被称为生育，而运行着的道本身便被称作圣子②；圣灵是爱，爱不是生育出来的，而是由圣父经由圣子发出的③；三者合为一体，故称"三位一体"。由此，我们便可搞明白基督教的基本结构是理性与情感并存，两根轴线相互纠缠，融合为一个整体。在这个结构中，理性是人们向上攀爬所倚赖的天梯，而情感则发挥了将神与人联系到一起，并借此将所有人都联系成为一个共同体的作用。由此而论，西方社会是一个神之共同体。在这个共同体中，理

---

① 参见〔美〕约翰·罗尔斯《正义论》，何包钢等译，中国社会科学出版社，2015。除笔者的上述简单梳理以外，丁轶还为我们梳理了一个由较冷门的派别提出的思路，即以身份认同作为联系人们的轴线。这个学派的著名人物包括：德沃金、霍顿、吉尔伯特、塔米尔、哈迪蒙等。参见丁轶《成员身份与政治义务：西方团体性政治义务理论研究》，东北财经大学出版社，2016。

② 〔意大利〕托马斯·阿奎那：《神学大全》第2卷，段德智、方永译，商务印书馆，2013，第9页。

③ 〔意大利〕托马斯·阿奎那：《神学大全》第2卷，段德智、方永译，商务印书馆，2013，第13～14页。

性和情感都发挥了不可替代的作用。

如果我们再向前推进一步，可知近现代西方主张理性的学者所做的不过是将理性从这个"三位一体"结构中抽离出来，并调整其指向。对于这一问题最好的解释自然是近代至关重要的命题——科学主义的起源问题。这一命题源自斯宾诺莎天才般的创设。他在那本著名的《神学政治论》中将上帝完全界定为理性，而将信仰的过程替换成了知识积累的过程。① 由此，才有了后来洛克等人近乎狂妄的举动。没错，斯宾诺莎从上帝的笼子里放出来一只狂兽！

所以，科学主义源自神学。这是毋庸置疑的。同样的，我们也应看到，那些保守派口口声声拥护的道德，其实也是源自神学。保守派想做的不外乎将神学那根原本被人们所挣脱的爱的纽带换个模样，重新给人们装上去。在这方面，涂尔干做得十分漂亮。涂尔干清楚地预见了当时的西方社会正在快速地奔向个人化、原子化。于是，他努力探索出一套将人们联系到一起的机制。"这就意味着，分工越是显得重要，我们就越应该彻底否定卢梭的前提。因为若要使这种社会契约成为可能，在某个特定时期内，所有个人意志都必须赞同社会组织的共同基础，继而所有个人意识也都为自己提出了一种普遍的政治问题。"② 他提出这一机制包括多根纽带：法律③、宗教和道德。其中，关于道德，他指出"因此，劳动分工也只能在现有的社会框架内产生出来。就此而言，个人之间不仅有着物质上的联系，也有着道德上的联系。"④

想来包括涂尔干在内的许多保守派所贪求的就是代替上帝，创造一个人造的神而已。他们想做的是要给功利主义的社会增加一根情感的纽带，

---

① 〔荷兰〕斯宾诺莎：《斯宾诺莎文集》第1卷，顾寿观、贺麟译，商务印书馆，2014，第58～59页。从这个角度来说，斯宾诺莎是近代政治、社会与哲学的教父。所以，他在城外磨玻璃真是值得的啊。

② 〔法〕埃米尔·涂尔干：《社会分工论》，渠敬东译，三联书店，2017，第160页。

③ 〔法〕埃米尔·涂尔干：《社会分工论》，渠敬东译，三联书店，2017，第163页。

④ 〔法〕埃米尔·涂尔干：《社会分工论》，渠敬东译，三联书店，2017，第234页。他也清楚地认识到了宗教的作用："宗教在本质上是社会的，它非但不追求个人的目的，反而每时每刻对个人做出限制。"〔法〕埃米尔·涂尔干：《社会分工论》，渠敬东译，三联书店，2017，第55页。

使原本赤裸裸的淡漠人情变得不那么冰冷。[①]

综上所述，我们认为西方的政治体系与社会结构都是从基督教里生发出来的，抛开基督教这一基础，便没有近现代的西方政治体系与社会体系可言。而就中国而言，如果不从西方将基督教引入，而只想直接引入西方的政治体系和社会体系，岂不是痴人说梦？所以，西方政治体系和社会体系之花在中国的土壤里是没有根的，中国人既不明白上帝是何物，又不懂得如何按照基督教的逻辑安排社会的结构，构建联系纽带。在此种情况下，我们又如何全盘移植西方的体系呢？这样做岂不是让中国碎成一盘散沙？这条道路是行不通的！

四　西教在中国的失败

中国人并不是一开始便只想引进这半截子的西方共同体模式的。事实上，自清末以来，我们曾有过两次系统性的引进基督教的尝试。而且，清末之变革也正是以引进基督教破题的。这是我们第一次系统性引进基督教的尝试——太平天国运动。

目前，学界公认的是，洪秀全的上帝教[②]之原型就是基督教。洪秀全读了《劝世良言》而深受影响，乃至最后创立了上帝教。这部《劝世良言》是一部基督教作品，是马礼逊版《圣经》之节选。[③]上帝教的很多教义亦来自基督教，有的甚至颇为类似基督教历史上的邪教，如洪秀全所做的《改邪归正》诗篇，颇有神人合作论的味道。这既说明洪秀全对基督教认识之浅陋，亦说明了其所创之上帝教的基础便是基督教。所以，我们认为，洪秀全的上帝教是个半吊子的基督教。

当然，导致上帝教不纯粹的原因不仅是洪秀全本人不太精通神学，还有杨秀清、萧朝贵往其中加入了民俗化的"巫术"表演[④]，诸如"天父下

---

① 只有从这个意义上来看，斯密在他那本著名的《道德情操论》里对于道德感做出的大篇幅的讨论才是可以理解的。也正是出于这一原因，斯密所标榜的"道德感"才得以成为近代资本主义的精神实质。参见〔英〕亚当·斯密《道德情操论》，石油工业出版社，2015，第369页。只是，在这里需要特别提出的是，斯密的道德感并非纯粹，因为他在道德感里混入了欲求，这是一种功利性的主张。参见〔英〕亚当·斯密《道德情操论》，石油工业出版社，2015，第128页。

② 据学界讨论，"拜上帝教"应为"上帝教"之讹。

③ 夏春涛：《天国的陨落：太平天国宗教再研究》，中国人民大学出版社，2016，第12页。

④ 夏春涛：《天国的陨落：太平天国宗教再研究》，中国人民大学出版社，2016，第38页。

凡""天兄下凡"之类的中国巫术的缘故。这使本已走样的基督教变得更为荒腔走板。

但是，这种情况在干王洪仁玕加入太平天国后有所缓解。洪仁玕本人受过正统的基督教训练，对神学有着系统的学习与领会。他加入太平天国后，上帝教便有纯粹化之趋势，乃至外国传教士纷至沓来。① 这又是人们不得不注意的。行文至此，我们可以得出一个基本结论，即上帝教源于基督教，但由于种种原因，对西教做了或多或少的调整。

这是中国人西教化的第一次尝试。而且，值得注意的是，这场变革声势浩大，牵涉南方多个省份，又牵动中国近1/3的人口。对于这场变革，洪秀全和洪仁玕比我们现今之学术精英思虑得更为深远。他们欲在上帝教的基础上，建立一个政教合一的现代化国家。"如果说，洪秀全是创立了一个太平版'基督教国家'，那么洪仁玕则有可能使它'改革开放'，实现'现代化'。"② 所以，其实他们想做的不只是引进西教，而是想从引进西教入手，再渐次引进西方的现代科技、政治与商业制度，因为显然这些都生发在基督教之上。③ 关于此点，洪仁玕在《资政新篇》中讲得最为明白："教行则法著。夫所谓上宝者，以天父上帝、天兄基督，又足以广人之智慧以善其行，人能深受其中之益，复见新天新地新世界也夫……夫事有常变，理有穷通，以资国政，庶有小补云尔，务去其心之惑以拯其迷也，误，有定而无定，又在奉行者亲身以倡之，真心以践之，则上风下草，上行下效矣。"④

所以，太平天国想做的绝不仅是一次粗陋的精神变革，而是一次彻底的社会变革。可以想象的是，如果这场变革能够取得成功，那么中国就能真正变成西方社会，而我们如今那些学术精英所希图的伟大的梦想在百年前便可以实现了。于是，我们这里的讨论便也变得无甚价值。

可是，颇具讽刺意味的是，这场变革是以悲剧收场的。这一悲剧共分为两幕。

第一幕是著名的天京内讧。一般认为，这场惨绝人寰的变局是由权力斗争引起的。这种理解分明没有看到天京内讧的实质。我们只需简单地看

① 〔美〕裴士锋：《天国之秋》，黄中宪译，社会科学文献出版社，2014，第68页。
② 周伟驰：《太平天国与启示录》，中国社会科学出版社，2016，第356页。
③ 周伟驰：《太平天国与启示录》，中国社会科学出版社，2016，第353页。
④ 洪仁玕：《资政新篇》，http://www.anhuilife.com/wan－392748957.html，2017年10月30日。

一下洪秀全与诸王（特别是杨、萧二人）在教义主张上的差异便可知其中关键了。现有大量的史料证明，杨、萧是以儒家血缘伦理为施政主轴的，这又加上了二人强势的作风，使他们与笃信上帝教的洪秀全之间产生了不和。① 这一问题在革命初期尚不足以爆发，因为外有强敌，需众人同仇敌忾，而一旦格局稍定，则立时矛盾锐化，危机一触即发。于是，一场惨剧便就此上演。所以，天京内讧其实是以西教与儒教的内斗为主题的，是一场与政治主见相关的残酷血案。②

第二幕是洪仁玕的改宗。进入太平天国后期，太平天国面临的最大难题是，一方面它离不开伦常，没有儒家文化的支撑，很多事皆难实行；另一方面这么做又会遭遇西方国家的冷面，而当时天国深陷困境，正需要西方国家的支援。

在伦常方面，洪秀全持性善论③，并以中国意义上的父子兄弟关系定义天神间的关系④，乃至于最后竟将一个好端端的一神教生生改造成了多神教。但正是这种父子兄弟关系，支撑起了太平天国的社会结构。比如，洪秀全本人自称天子，并由此而论及孝亲、敬天、敬主的关系："能知敬天，胜于孝亲……移孝作忠，能致其身"⑤，从而建立起一套森严明确的等级体系。想来，如果没有这套制度加以维系，太平天国将会快速解体，而政治也将崩坏。所以，虽然在天京内讧中，洪秀全屠杀诸王，但他自己亦不得不走上老路。

同时，洪秀全的《天朝田亩制度》是动员一干平民跟着天国造反之关键文本。而这个文本偏偏又是依据儒家的"大同社会"描绘出来的。⑥ 同样的反常现象亦见于曾做出《资政新篇》这一西式改革方案的干王身上。在执政一段时间后，干王出人意料地重开科举，并将中国古代典籍纳入考试

① 参见〔美〕裴士锋《天国之秋》，黄中宪译，社会科学文献出版社，2014，第63页；夏春涛：《天国的陨落：太平天国宗教再研究》，中国人民大学出版社，2016，第312～322页。
② 所以，令人遗憾的是，周伟驰的观点是存在偏差的。周伟驰所提出的"1856年天京内讧可以说是形而上的上帝教神学在形而下的政治现实中的失败"一说是站不住脚的。事实上，天京内讧要清除的，恰恰是以传统巫术为内容的教义，完成对上帝教的修补。但偏偏由此开始，天国一路往下，直至败亡，这不能不说是一种历史的讽刺。参见周伟驰《太平天国与启示录》，中国社会科学出版社，2016，第34页。
③ 夏春涛：《天国的陨落：太平天国宗教再研究》，中国人民大学出版社，2016，第74页。
④ 夏春涛：《天国的陨落：太平天国宗教再研究》，中国人民大学出版社，2016，第87页。
⑤ 夏春涛：《天国的陨落：太平天国宗教再研究》，中国人民大学出版社，2016，第308页。
⑥ 罗尔纲：《太平天国史纲》，岳麓书社，2013，第45页，第77页。

内容。"在洪仁玕主政下，孔子在太平天国将有一席之地。"① 这便是著名的干王改宗。对于洪仁玕的这一做法，现在我们亦是可以理解的。想来，在一个国人扎堆的社会里，非要凌空推行西化的系统，自是不接地气，罕有人接受的，更乏人配合。所以，虽然《资政新篇》写得甚好，可到头来，真正能够吸引当时之国人的还是科举与儒学。

不过，当时的太平天国又希望凭信仰的类似性博得西方国家的同情与支援。它深陷险境，如果没有外国人的支持，则恐怕难以支撑。可是，西方国家偏偏不领情，反以太平天国用传统文化改造基督教一事为口实，先是隔岸观火，继而出手夺利，将这个信教的小兄弟一把推向火坑。"英国一夜之间从满清的敌人，变成卖军火给清廷官方的贩子和有意拯救清廷的人。"② 这其中的戏谑真是令人深味啊，原来，太平天国竟不知西教以理性为主轴，而功利便是理性的表现之一！终于，太平天国在内忧外困下走向覆灭。

而令人感觉更为唏嘘的是，在太平天国的对立面，也即曾国藩，其所主张的正是复兴儒学。他在著名的《讨粤匪檄》中，细数了叛军对中国传统文化与生活方式的威胁，并明确提到："士不能论孔子之经，而别有所谓耶稣之说、《新约》之书。举中国数千年礼义人伦诗书典则，一旦扫地荡尽！"他的湘军以血缘伦理为纽带，要求每个人"事上如事父"③。偏偏信奉西教的太平天国又被信奉儒学的湘军碾成齑粉。这到底又是一种怎么样的历史选择呢？

所以，太平天国是中国历史上基督救国理念最彻底的一次试验。偏偏这也是败得最惨的、死亡人数最多的一次尝试。它的惨败明确地告诉国人，希图将中国社会西教化是不会成功的，反而会引发严峻的社会灾难。而欲论及其中原因，我们只能理解为，中国的社会结构以及人的组织方式不适合西教，强行将之植入中国社会，会引发强烈的排异反应，造成血腥与死亡。

中国第二次系统性引进基督教的尝试是"五四"新文化运动时期的基督教文化思潮。在这一时期，有人开始重提基督教的价值。而这次思潮之

---

① 〔美〕裴士锋：《天国之秋》，黄中宪译，社会科学文献出版社，2014，第172～173页。
② 〔美〕裴士锋：《天国之秋》，黄中宪译，社会科学文献出版社，2014，第326页。
③ 李志茗：《湘军：成就书生勋业的"民兵"》，上海古籍出版社，2007，第52页。

所以泛起，是因为科学主义、民族主义等对基督教的攻击。① 在此前，"中华基督教青年会"（原名为"基督教青年会"）经过数年发展，已拥有近 7 万的会员，并拥有 40 个城市青年会、197 个学校青年会。这也就意味着，在每 10 个中国学校中就有 1 个学校青年会，每百名学生中就有 12 名青年会会员。② 于是，有人组成了"非基督教学生同盟"，明确了非教的态度。而在 1920 年，《少年中国》也就"教徒不得入会"做了表态。③

于是，便有了所谓保教派的出场。其中，最为突出的就是真理社、生命社，以及《真光》杂志所做出的回应。它们对非教言论做出了驳斥，认为基督教是新文化运动的一个重要线索。他们指责"非基督教者"臆造了"哲学的信仰"与"科学的信仰"的区别，认为：这是"立心要干涉宗教的信仰自由"④。

但是，如果只将这场运动视为保教运动，即为了应对科学主义、民族主义等的攻击，那就是将这场运动矮化了。它的实际意义远不止于此。这是因为在这个时期，基督教被作为国人所考虑的救国救民的出路之一。⑤ 所以，明言之，这又是一场基督教救国运动。这场运动以言语辩驳为方式，试图在思想界化解知识精英对基督教的"偏见"，而在理性轴上加上神之爱，从而将中国改造成为一个"神之共同体"。

只是，令人哂笑的是，这一尝试理所当然地没有被一干知识精英所待见。它迎来的只是众人的口诛笔伐。比如，蔡元培提出"将来的人类，当然没有拘牵仪式，倚赖鬼神的宗教。替代它的，当为哲学上各种主义的信仰。"⑥ 陈独秀亦实名批判道："博爱、牺牲，自然是基督教教义中至可宝贵的成分；但是在现在帝国主义、资本主义的侵略之下，我们应该为什么人牺牲，应该爱什么人，都要有点限制才对，盲目的博爱、牺牲反而要造罪孽。"⑦

---

① 杨剑龙：《"五四"新文化运动与基督教文化思潮》，上海世纪出版集团，2012，第 134 页。
② 杨剑龙：《"五四"新文化运动与基督教文化思潮》，上海世纪出版集团，2012，第 56 页。
③ 杨剑龙：《"五四"新文化运动与基督教文化思潮》，上海世纪出版集团，2012，第 23 页。
④ 张亦镜：《驳蔡元培在非宗教大同盟的演说词》，载《真光》第 21 卷（第 10、11 合册），第 3 页。
⑤ 杨剑龙：《"五四"新文化运动与基督教文化思潮》，上海世纪出版集团，2012，第 227 页。
⑥ 辽宁大学哲学系编著《蔡子民先生关于宗教问题之谈话》，《中国现代哲学史汇编》第十册，1981，第 10 页。
⑦ 陈独秀：《基督教育基督教会》，《先驱》第四号，1922 年 3 月 15 日。

而且，更为重要的是，这一论战也深刻地反映出中国思想界执着于基督教与现代西方科学主义间相割裂的观念。这也正是前述严复先生所认同的观点，西学与西教不相同，中国应引进西学，而不应引进西教。

所以，经过这两次尝试，我们便可确知，无论是在社会结构层面，还是在思想界认知层面，都未为接受基督教作为国教做好准备。或者，更为直接地说，就是在中国并不适合大规模地推行基督教。中国社会深厚的血缘伦理基础阻断了"人人受造而平等"观念的传播。人们最多也只能认同有限的"人人生而平等"，却也素来不认为自己是上帝的造物，也不认为因为"受造"竟然要与他人平等。特别是在父子之间，更无此类平等可言。中国失去了"受造"这一主干，自然也就无法推演出基督教的其他枝节内容，更难以凭着上帝的"圣灵"而产生对邻人的爱，在邻人身体里活着。所以，基督教在中国是行不通的。

既然基督教是行不通的，由基督教演化而来的全套的西方政治制度也就在中国行不通了。诚如上述，西方共同体的一根重要轴线是基督教所宣扬的"爱"。没了这根轴线，共同体就容易解体，沦为一个个独立的个体。中国如果只学习西方的世俗政治，在精神上不引进西方的基督教，那也会陷入西方社会的老问题中难以自拔。所以，要想在中国建立一个没有基督教的西方式社会，是断不可行的。我们所能做的，只能是借鉴西方社会的一些具体做法与先进观念，在中国社会中做长时间的打磨，使之完全中国化，适合中国社会的实际情况，然后才可以使用它。所以，我们向西方学习的绝不能是全套的政治制度，也不能妄想吸收全部政治理念，造就一个欧化的中国。我们只能在不触及中国社会主轴的前提下，部分的改造中国的捭型，推动其捭动。而要这么做，我们就必须要首先认识中国社会的实际状况。

第二节　自由之家

一　传统的"国家"

要认识中国社会当下的状况，需先对传统社会有一个大致的了解。在传统中，中国是一个以血缘情感为主轴而形成的社会。这个社会的基本单元是单个的家。这里的"家"在传统意义上是"宗族"，即以父系血缘为主脉而形成的群落。

家不是固定的，而是层层扩大的。关于中国人的关系问题，儒学中有一个贴切的说法是"推己及人"。人与人的关系靠着一层层的"推"而形成。这是一个伸缩自如的结构。比如，我们可以说父母是一家人；往外一些，又可以说堂兄弟是一家人；再往外一些，甚至可以说朋友是一家人；这里还可以往外一些，说本地的同乡也是一家人；等等。所以，一个小家可以将关系往外推而形成更大范围的家。在这种逐步扩大的外推过程中，我们便将最小的单位"宗族"扩大到了全国，也即"国家"。所以，传统上，所谓国家，即指以国为形态之大家。这个大家立足于每一个小家之上，并以血缘情感为主轴而将各个小家联系起来。

这是中国人对国家的原初想象，这种想象在先秦时期成型，且流传至今。"宗法是周人家族制度中的重要项目，也可以说是一种继承制度……周人把这种家庭的继承制扩大到政治上去，把整个'天下'来个家庭化，即使说封建制度是靠宗法来维持的，也无不可。"[①]

如果我们深入社会的每一个基本单位，即宗族之中，还可以窥探到一个有趣的结构。在宗族中，其以直系血缘为纽带，形成了一个层级化的结构。位于这个结构顶端的是位于血缘关系顶层的"家长"，而在其下则是各种层级的"家子"。这些家子身份等级之差异，源于他们在血缘关系上的不同，即儿子要高于孙子，孙子要高于曾孙，诸如此类。[②]

这每一级关系皆以血缘为纽带，而血缘之本质又是情感，所以，我们认为国人间关系之维系纽带为血缘情感。在家中，家父对家子承担的责任是"爱"，即要以"爱"为初衷，教化家子，并使之幸福。而家子对家父承担的义务同样是"爱"，即要以"爱"为动因，孝顺家父，使之幸福。这是一幅父慈子孝的景象，也是中国传统意义上最美好的家的图景。

这一图景同样可以向外"推"，推到"国家"层面。在一个国家中，必有一个家父，然后有众多的家子。这共同的家父要爱全国的家子，教化家子，并使之幸福。家父的这种爱会通过层层叠叠的家的结构，向下传递。全国的家子也要爱这共同的家父，忠于家父，并为家父的幸福而努力。家子的这种爱也会通过层层叠叠的家的结构，向上传递。

---

① 傅乐成：《中国通史》，中信出版社，2014，第37页。

② 在家子层面，亦可细分为士人与寒门，现在又称为精英与平民。士人者，汉朝有门阀或外戚，为隋朝以前之大患；寒门者，在唐朝中期以后逐步崛起，为宋元明清时之首要势力。

在这里，需要注意的是，双方是以爱为自己行动的动因的。这便是说，双方皆在否定自己的本性，以成全对方。这是情感的重要作用，即所谓的"顾行而忘利，守节而服义"①。

由此而论，孟子"民贵君轻"之论不甚完整。孟子谓梁惠王："民为贵，君为轻"，此无甚问题，因为梁惠王是梁国家长，自应将自身放在较轻的位置，而将民众放在较重的位置。但如果将这话对民众说，则又应颠倒过来，即"君为贵，民为轻"。

同时，此点又说明了教化的意义。教化的目的并不仅限于使人懂知识，更要使人节制自身之本性。古之圣人认为"天降生民，倥侗颛蒙，恣于情性，聪明不开"②，所以要用圣人的道德给予教化引导。这一观点是古代通论。比如，祭公谋父在向周穆王进言时，曾言及："先王之于民也，茂正其德，而厚其性；阜其财求，而利其器用；明利害之乡，以文修之，使务利而避害，怀德而畏威，故能保世以滋大。"③

当然，需补充的是，家长在被视作具体的人时，也应被教化。但在传统上，此种教化是在家长的小家庭内或依靠家长本人之修行完成的。比如，皋陶向禹建言："於！慎其身修，思长，敦序九族，众明高翼，近可远在矣。"④

二 宗族到家庭

自清末以来，中国社会经历了巨大的现代化转型。这一转型的一个直接表现是宗族的逐渐消亡。导致宗族消亡的原因是多方面的。

第一是历史方面的原因。这一历史原因又是十分复杂而多元的。其中有革命基层动员的原因。革命的基层动员摧毁了土地制度中维系宗族的机

---

① 本句的意思是：考虑德行而忘记利益，守住节操而服从道义。贾谊：《新书》，中华书局，2012，第74~75页。

② 本句的意思是：上天生下世界上的人，最初非常幼稚无知愚昧冥顽，任意放纵自己的情欲和本能，见识智慧没有得到开发。扬雄：《法言》，中华书局，2012，第425~426页。

③ 本句的意思是：先王对于人民，勉励端正其道德，增厚其性情，增加其财物，改正其器物，让他们懂得'利'和'害'的道理，用礼法来教化他们，使他们用心致力于善事而避免做恶事，心怀德政而畏惧刑罚，所以才能保住先王的事业世代相承发扬光大。司马迁：《史记》，光明日报出版社，2015，第30页。

④ 本句的意思是：要谨慎对待自身修养，要有长远打算，使上至高祖下至玄孙的同族人亲厚稳定。这样，众多有见识的人就都会努力辅佐你。由近处可以推及远处，一定要从自身做起。司马迁：《史记》，光明日报出版社，2015，第13页。

制，其中尤以破坏公田制为最。"这些族产的目的，大致为祭祀教养恤孤济贫，但因为是族产之故，田权转移时很不容易，不能绝对自由地买卖，因此便形成一种具有特殊性的田权。"① 在基层动员时，我们从消灭宗法制度，将宗族原子化的目的出发，将公田分为私田，动摇了宗族内维系关系的经济基础，使宗族关系日渐疏远。类似的情况在中华人民共和国成立后的土地改革②及人民公社化运动③中也曾出现过。

其中也有历史动荡对宗族破坏方面的原因。自清末以来，我们经历了多次历史动荡甚至是大的战争。这些都导致宗族分离，并最终使宗族解体。

第二是观念革新方面的原因。自清末以来，我们历经了多次观念革新，其中，影响最大的是新文化运动。这场运动较为系统地引进了西学理论，对我们的传统文化形成极大冲击，自然也动摇了宗族的精神基础。比如，鲁迅先生曾高呼"父子间没什么恩"④；陈独秀也批评说："中国人之所以缺乏公共性，全是因为家族主义太发达的缘故"⑤。这些都对传统社会的基础产生了破坏作用。

中华人民共和国成立以后，我们又经历了多次观念变革。比如，"资产阶级和曾经为旧社会服务过的知识分子的许多人总是要顽强地表现他们自己，总是留恋他们的旧世界，对于新世界总有些格格不入。要改造他们，需要很长的时间，而且不可用粗暴方法……全国有几百万资产阶级和曾为旧社会服务的知识分子，我们需要这些人为我们工作，我们必须进一步改善和他们的关系，以便使他们更有效率地为社会主义事业服务，以便进一步改造他们使他们逐步地工人阶级化，走向现状的反面。"⑥

这些思想变革推动了中国社会在思想观念方面的现代化，也因此动摇了宗族的观念基础。受此影响，传统的宗族结构的影响力逐渐弱化。

第三是市场经济发展方面的影响。改革开放以来，中国的市场经济有了突飞猛进的发展。市场经济的改革是从农村包产到户开始的，然后扩展到城市工商企业改革层面。这一改革对宗族制度产生了两个方面的影响：

---

① 王建朗、黄克武：《两岸新编中国近代史（民国卷）》，社会科学文献出版社，2016，第 299 页。
② 〔美〕R. 麦克法夸尔、费正清编《剑桥中华人民共和国史》，谢亮生等译，中国社会科学出版社，1998，第 655 页。
③ 郑有贵主编《中华人民共和国经济史（1949 - 2012）》，当代中国出版社，第 58 页。
④ 《鲁迅经典全集》，华文出版社，2009，第 293 ~ 298 页。
⑤ 陈独秀：《新文化运动是什么》，《新青年》第 7 卷第 5 号，1920 年 4 月 1 日。
⑥ 《建国以来重要文献选编》第十册，中央文献出版社，1994，第 267 ~ 268 页。

①农村包产到户，土地以户为单位进行分配，使人情寡淡的宗族碎裂为情感真挚的小家庭；②城市经济的发展，在推动人口加速流动的同时，也撕碎了宗族关系。流入城市里的人口相互组成了无数相互间并无血缘关系的小家庭。

除上述原因以外，还有很多原因也都在导致宗族的逐渐消亡，比如互联网的发展，使人们的社会交往扩大，宗族的意义受到挑战。

综上，无论如何，时至今日，宗族已不复为国家之基础，取而代之的是家庭。这一转变的直接表现是宗亲关系的疏远，即除直系血亲以外的其他亲属间交往的减少，及感情的寡淡。据笔者了解，这种情况在南方沿海地区更为明显。① 这种转变导致多个方面的变化。

第一，家庭关系简单，身份等级观念弱化。随着宗族缩小为家庭，原本在宗族中存在的严格的等级观念也开始出现弱化。在每一个小家庭中，虽然等级观念依旧存在，比如父子之间在血缘关系上不平等，但在总体上变得更为单纯，也相对平等。相比原本等级森严的宗族，父子之间可以较少顾及双方的身份差异，减少很多繁文缛节，反而可以以真实的情感"拥抱"对方。

这种情况投射到社会上，便缔造出了一个类似于陌生人社会中的"人人平等"的观念。但是，实际上，在家社会中，并不可能产生严格意义上的平等观念，而只能有一个相对意义上的平等观念。正如前文所言，父子关系虽然较为平等，但依旧存在身份上的不平等。所以，家社会中的人人平等观念只是相对意义上的。比如，在同一个单位中，虽然在名义上下级与上级平等，实际上却存在多种不平等的现象，如共赴酒宴时的座次排列、共同坐车时的座位安排等。

---

① 社会学者多将这种情况总结为陌生人社会在我国的出现。比如程立涛、乔荣生提出："我国社会结构的当代转型以及'陌生人社会'的来临，从根本上需要新的伦理——'陌生人伦理'作为支撑。它是适应现代社会需要的、具有某种普遍性的伦理诉求，是一种全新的价值系统和行为方式。市场、贸易和契约等现代化动因，借助'由熟变生'和'由生变熟'的双向互动机制，推动亲近性道德向'陌生人伦理'的转换"。引自程立涛、乔荣生《现代性与"陌生人伦理"》，《伦理学研究》2010 年第 1 期。这是一种误解。因为正如我们在后文中将会提到的那样，中国的基础不是公民个人，中国也没有形成真正意义上的陌生人社会。尽管城镇里宗族关系减弱，但在人际交往中，人情往来依旧是重要内容，而人们在做事务决断时，关系之远近依旧有巨大的影响力，而法律制度则经常被各种灵活的解释所绕行。这些情况在共同体社会中是少见的，而在中国则是普遍性的。所以，我们只是改变了家社会的形态，而没有触及家社会的根本。要想真正动摇家社会的基础，非要施行胡适所谓的"焦土政策"才行。可谁又能说"焦土政策"对中国人而言不是又一次人间浩劫呢？

第二，礼法制度简化，自由观念大量普及。传统上，礼法制度的重要意义在于强化身份等级观念。"周衰，礼废乐坏，大小相逾"①。而随着身份等级观念的弱化，原本与这一观念配套的礼法制度逐渐简化。与此相对的是，在没有束缚以后，自由观念也开始崛起，成为受社会公众普遍认可的观念。

值得注意的是，在家社会中，自由观念同样不是绝对意义上的，更不是功利性的。关于自由观念的非绝对性，西方学者多有解释，比如英国功利主义大师穆勒曾提出，个人自由当以"彼此互不损害利益，彼此不损害或在法律明文中或在默喻中应当认作权利的某些相当确定的利益"② 为边界。值得注意的是，在这里，边界的产生源于对"利益"之保护。在家社会中，自由也不是绝对意义上的。但是，这种边界的产生并非因为对他人利益的保护，因为这样会使家社会的主轴变成功利性的理性。相反，这种边界的产生是因为家中的伦理，即自由不得触及伦理的底线，不得伤害家庭情感。比如，家子不得以自由为名，背弃对家父的情感，遗弃家父，不对家父行孝道。这就是说，在家庭中，各主体的确可以享有一定程度的自由，但这种自由应以不损害家的情感为界线。

同时，在家社会中，自由的表现也不是功利性的，而是伦理性的，即自由地爱对方，或自由地选择表达方式去爱对方。所以，此前中国对自由的主流理解存在根本性的偏差。③

第三，情感表达真实化，亲情关系更加密切。由于情感从依循礼法制度表达转变为自由表达，于是在家庭中，情感的表达也就变得更为真实了。父子之间的情感不再以是否符合礼法制度为判断标准，而是以是否真的增进对方的幸福为判断标准。这样一来，双方的情感也就变得更为真切了。

---

① 这句的意思是：周朝衰落后，礼乐制度遭到破坏，人们便不再遵守身份职位等级，彼此相互逾越。司马迁：《史记》，光明日报出版社，2015，第 183 页。

② 〔英〕约翰·密尔：《论自由》，许宝骙译，商务印书馆，2015，第 89 页。

③ 这种偏差在政治哲学和法学界表现得尤为明显。比如，政治哲学界曾大量探讨所谓的意志自由。参见李石《意志自由和行动自由——基于人类欲求之等级结构的分析》，《世界哲学》2010 年第 1 期；吴根友：《自由意志与现代中国伦理学、政治哲学、法哲学的人性论基础》，《文史哲》2010 年第 4 期。而法学界基于这一认识，对"法不禁止即自由"进行了探讨。参见汪习根、武小川《权力与权利的界分方式新探——对"法不禁止即自由"的反思》，《法制与社会发展》2013 年第 4 期；易军：《"法不禁止皆自由"的私法精义》，《中国社会科学》2014 年第 4 期；等等。令人遗憾的是，这些探讨并没有切中家社会的重点，而只是简单地将西方观念直接搬到了中国。

受此影响，双方的亲情关系也会变得更为牢固。双方因为爱而靠近对方，并密切地联系在一起。在爱的联系下，双方间的关系难以受到破坏。

综上所述，中国社会从来没有，未来也不可能成为一个共同体。相反，虽然社会的根基从宗族转化为家庭，但社会的整体形态依旧是家社会。在家社会中，人与人之间的关系主轴是情感。只是这种情感变得更为自由、真实，而与之相对应的人们的身份也变得更为平等。所以，我们认为中国的现代社会是一个"自由之家"。

三　家社会的稳定与发展

稳定与发展是家社会的两件头等大事，也是家长的首要职责。

（一）家社会的稳定

维持家社会的稳定，需注意三件事。

其一，改宗。改宗者，社会主轴之更替也。改宗乃天下大忌，一旦改宗，必使社会制度与社会实际脱节，使社会崩坏，国家动乱。故而，家社会之主轴必为情感，不可替换为理性，否则，便生改宗之祸也。

关于改宗，当汲取秦朝与南朝梁国祸乱之经验。秦朝改宗法家，试图以法家之一元理性节制人民，构建法治化、理性化的社会。法家起于道学之名实论。这可以从韩非子之言中得到证据。韩非子曰："道者，万物之始、是非之纪也。是以明君守始以知万物之源，治纪以知善败之端。故虚静以待，令名自命也，令事自定也。"[1] 故法乃使名实相符之术也。

在道家层面，对儒家素持批判之态度。老子曰："大道废，有仁义"[2]，即大道废黜后，乃有仁义得到提倡。老子此乃将仁义等而下于道学也。

循此理路，法家对于儒学之仁爱观亦持排斥态度。韩非子曰："贤、势之不相容"[3]；商鞅曰："国有礼、有乐、有《诗》、有《书》、有善、有修、有孝、有弟、有廉、有辩。国有十者，上无使战，必削至亡；国无十者，上有使战，必兴至王。"[4] 故而，秦皇以法家为国家之本宗，背弃了秦国本有之情感基础，实乃取亡之道。秦二代而亡，自不足奇也。

---

[1] 《韩非子》，海潮出版社，2012，第25页。
[2] 《老子》，中华书局，2014，第71页。
[3] 《韩非子》，海潮出版社，2012，第494页。
[4] 《商君书》，中华书局，2011，第40页。

南梁武帝希图以释学之空论改造人性，转识成智。通读释学，可知释学也属理性根脉。然而，释学又高于理性。其虽生发于理性之认识，却超然于理性之上，化而为零。其遁入空观，以妙有中观为自身之主见，便也破除了对理性之执着。故而，释学是高于理性的另一种体系。方东美先生将之称为"超本体论"①，真甚为准确。

释学的这一特点在空宗中表现得更为明显，因为空宗悟破四大因缘之后，直道空门。而有宗则较此稍显折中，以一层如来藏作为遮挡与过渡，但终于也不免达致六相圆融之境地。所以，般若与涅槃虽生发于理性认识，却终于超然于理性。

当然，当释学超然于理性之时，自然也悟空情感，对情感无甚执着。由此，《四十二章经》乃有"辞亲出家，识心达本，解无为法，名曰沙门"之语。小乘如此，大乘亦然。

由此而论，释学之引进对于道家与儒学挑战甚大，动摇道儒二家之根本也。如此，便也不难理解中国历史上多次儒释道之争了吧。② 而由此也可知无论空宗、有宗，都难以与情感主轴全然融合。施用释学治国，实乃改宗之道，取乱之径也。萧衍之台城之困、侯景之乱便是历史对改宗的自然反应。

晚近以来，中国一干知识精英以进步为名，希图以西方的科学理性、功利理性替换中国社会的情感主轴，行改宗之事。此恐为社会崩乱之源。作为家长之政府应明晓利害，妥善选择社会主轴，以避改宗之祸。

其二，平衡。维持社会力量之平衡是西方政治的重要命题。在共同体社会中，平民与精英的力量常彼此对立，故需要设计一套制度以形成相互制衡之格局。此提法最先见于亚里士多德的《政治学》。他提出："最好是把政体保持在中间形式。惟有中间形式的政体可以免除党派之争；凡邦内中产阶级强大的，公民就少党派而无内讧。"③

在西方历史上，到目前为止，最为著名，也最为成功的制衡结构当属联邦党人的天才创设。他们出于对人性之深刻洞察，而对美国各社会阶层表达了同样的不信任。他们认为，"堕落的野心家"与被"狭隘的不信任精

---

① 方东美：《中国大乘佛学》，中华书局，2012，第 313 页。
② 潘桂明：《中国佛学思想史稿》，凤凰出版传媒集团，2009，第 435 ~ 504 页。
③ 〔古希腊〕亚里士多德：《政治学》，许宝骙译，商务印书馆，2007，第 210 页。

神传染"的平民同样可怕，所以不可被单独托付权力。① 他们遂设计出一套制衡机制，精致而严格。这便是如今之美国宪法。

在家社会中，人性问题亦是永恒命题。关于此点，当汲取王莽新朝、司马氏晋朝的历史教训。王莽新朝代表了当时社会上最主要的两股社会精英力量，即外戚和士族的利益。王莽自身为王氏外戚，又在士族门阀中久负盛名。王莽之得权正符合这两股势力的政治利益诉求。

可是，汉朝精英之得权是社会败乱之起始。"盗贼解，辄复合。问其故，皆曰愁法禁烦苛，不得举手。力作所得，不足以给贡税。闭门自守，又坐邻伍铸钱挟铜，奸吏因以愁民。民穷，悉起为盗贼。"班固此番记述足见当时天下平民之愁苦。②

终于，刘氏作为皇权宗族与平民合谋，夺回政权，恢复汉制。于此方面，刘秀独特的身份颇显深意。刘秀系刘氏皇族后嗣，却又出身贫寒。这一独特的身份恰好与王莽外戚兼士族精英的身份形成对照，由此可见当时人心向背。

司马氏晋朝亦曾生此祸也。司马氏家族代表汉末以来的士族门阀势力，故在其支持下，篡位得权，开创晋朝。这是中国历史上第二个短命王朝，也是中国历史上政治最混乱的时期之一。司马家族放纵士族门阀，导致上层奢侈败坏，下层愁苦不已。其中，最著名的当属石崇与王恺斗富以及八王之乱。③ 其中，前者奢侈，后者败坏。而在晋朝国内疲弱之时，以石勒为代表的胡人便也觅得机会，终有永嘉之变。五胡乱华之病灶不在于胡人，而在于萧墙之内也。

由此而论，在家社会中，家长应以自身为中心，联系两极，约束人性，以保障社会之稳定。在这其中，平抑与扶持同样重要。家长的这种做法不同于西方之制衡。制衡者，二元之相互制约也，并无一方为永久之主导者；平衡者，家长为永久之中心也，各方环绕家长周围，而家长亦以自身为支点，牵动各方。

其三，支撑。家长欲平衡力量，维持社会稳定，需有支撑。关于此点，

---

① 〔美〕汉密尔顿、麦迪逊、杰伊：《联邦论》，谢叔斐译，吉林出版集团有限责任公司，2014，第 2~3 页。
② 班固：《汉书》，中华书局，1962，第 4150~4151 页。
③ 房玄龄等：《晋书》，中华书局，1974，第 85~114 页、1004~1008 页。

当汲取秦皇之教训。

秦朝新立。丞相王绾等言："诸侯等破，燕、齐、荆地远，不为置王，毋以填之。请立诸子，唯上幸许。"① 然秦皇不许，一味迷信法家，而不设支撑，又取改宗之祸。故两祸并起，终致二世而亡。司马迁评曰："孤独而有之，故其亡可立而待。"②《汉书》亦言："因矜其所习，自任私知，姗笑三代，荡灭古法，窃自号为皇帝，而子弟为匹夫，内亡骨肉本根之辅，外亡尺土藩翼之卫。"③ 此二论实深中肯綮也。

然支撑之事，实不宜固定一家，而应审时度势，勤加调整。关于此点，当汲取汉朝之教训。汉朝先后引宗族、外戚、太监为支撑。然承平日久，便有七国之乱、王莽篡政、窦宪之乱④、梁冀之乱⑤、党锢之祸等诸多事端。故家长当广纳贤才，择其中贤人以为股肱。

以上三点，为家社会稳定之要义，经年不变。

（二）家社会的发展

家社会的发展，当选定合适的捭型，并又以动力、内容、路径与目标等为核心命题。此问题过于复杂，此处仅以合适的捭型为讨论之内容。

在关于捭型，家长当自我节制。于此，可引宋元明清之政治为借鉴。自宋以来，强干弱枝之政，使国家凋敝，了无活力。而所谓强干弱枝，正是家长过强，不节制。所以，神宗改革失败之根源，实在于痼疾难除也。⑥自神宗以降，强干之政日甚，至明朝乃达到顶峰。⑦ 至清朝，虽因清人势大，敢于略微放松，致有康乾盛世，但强干之政未曾革除，弊端依旧。于是，中华乃有清末之外侮矣。

故孝达所谓"无心、无性、无能，是将死于忧患，何生之足云"⑧ 实为

① 司马迁：《史记》，光明日报出版社，2015，第66页。
② 司马迁：《史记》，光明日报出版社，2015，第74页。
③ 班固：《汉书》，中华书局，1962，第393页。
④ 范晔：《后汉书》，中华书局，1965，第812页。
⑤ 范晔：《后汉书》，中华书局，1965，第1178~1192页。
⑥ 宋初确立的祖宗之法虽保障了宋朝社会之稳定，却也阻碍了宋朝之发展。参见赵明《文人政治的一曲悲歌：王安石变法启示录》，北京大学出版社，2013，第24~25页。
⑦ 黄仁宇先生说："这一帝国既无崇尚武功的趋向，也没有改造社会、提高生活程度的宏愿，它的宗旨，只是在于使大批人民不为饥荒所窘迫，即在'四书'所谓'黎民不饥不寒'的低标准下维持长治久安。"黄仁宇：《万历十五年》，三联书店，1997，第60页。
⑧ 张之洞：《劝学篇》，中华书局，2016，第187页。

肺腑之言，而"穷则变，变通尽利，变通趣时，损益之道，与时偕行"① 亦是深中关键。要想形成合适的掉型，非得重新组合主轴与次轴，使之近于中位不可。若诚能如此，则社会自由、稳定，而又不乏动力。这时再以合理的目标作为指引，又加上对世界之正确认识，且择定正确之路径，家社会自能徐徐向前。但要这么做，非全面改造儒学与西学不可。此事自非百年前之孝达所能胜任。深叹之。

四 慈善的政治属性

在本书开头，我们曾提及慈善皆政治。所以，欲开展慈善事业，推动慈善改革，必先考虑慈善所代表之政治属性。而审定慈善之政治属性的关键，又在于审视慈善所根植的社会基础。如果社会基础是共同体社会，那慈善之政治属性自然应是功利性的；如果社会基础是家社会，那慈善之政治属性便应是伦理性的。

习近平在党的十九大报告中明确提出："中国特色社会主义政治发展道路，是近代以来中国人民长期奋斗历史逻辑、理论逻辑、实践逻辑的必然结果，是坚持党的本质属性、践行党的根本宗旨的必然要求。世界上没有完全相同的政治制度模式，政治制度不能脱离特定社会政治条件和历史文化传统来抽象评判，不能定于一尊，不能生搬硬套外国政治制度模式。要长期坚持、不断发展我国社会主义民主政治，积极稳妥推进政治体制改革，推进社会主义民主政治制度化、规范化、程序化，保证人民依法通过各种途径和形式管理国家事务，管理经济文化事业，管理社会事务，巩固和发展生动活泼、安定团结的政治局面。"②

习主席的这段讲话表明，中国在决定中国慈善事业的政治属性时，"不能脱离特定社会政治条件和历史文化传统"，也"不能定于一尊，不能生搬硬套外国政治制度模式"。我们需要"长期坚持、不断发展中国社会主义民主政治，积极稳妥推进政治体制改革，推进社会主义民主政治制度化、规范化、法治化、程序化"。这便是说，中国要发展的慈善事业必须立足于中国的社会现实结构，虽可以将根植于西方社会基础的慈善事业作为参考，

① 张之洞：《劝学篇》，中华书局，2016，第225页。
② 习近平：《决胜全面建成小康社会 夺取新时代中国特色社会主义伟大胜利——在中国共产党第十九次全国代表大会上的报告》，人民出版社，2017，第36页。

却不可全盘照搬；而且还要改造中国传统的慈善，使之符合中国社会基础元素家庭化的趋势。笔者以为，这才是中国慈善事业改革的主旨。

那么，中国的慈善事业具体该如何改革呢？我们既有的改革思路又该做何种调整呢？这些是本书要回答的主要问题，我们将在此后各章中做出探讨。

第一卷

慈善价值：家中之爱

慈善的价值导向是什么？学界多认为，慈善活动是一种公益活动，即以公共利益为目的的活动，所以慈善的价值导向是公共利益。

基于这一观点，学界又将"个人互助""个人求助"等行为剔除慈善事业之外，因为这些都属于私人之间的行为，不符合"公共利益"的概念界定。

当然，如果我们再行向下，又能发现更多古怪，比如政府的某些爱民行为亦被划在慈善事业之外。

于是，我们不得不反思："公共利益"真的是我们所要的慈善价值吗？将慈善事业只限定为以公共利益为目的，真的有利于推动中国慈善事业的发展，有助于促进中国社会的稳定、繁荣吗？

第二章　家父之爱

第一节　被遗忘的慈善价值

一　第一个疑惑

我们为什么要发展慈善事业？是为了实现幸福，即为了实现个人和全社会的幸福。我们每一个人都想要过幸福的生活，但现实社会又经常是不完美的，所以我们才要发展慈善事业，消除这些不幸，实现共同幸福。

那么，什么样的慈善事业才能实现这种幸福呢？学界多认为，以公共利益为目的的慈善事业能够实现这种幸福。但实现了公共利益，就真能实现社会幸福吗？

二　公共利益

什么是公共利益？要解释这一问题，必须从公共利益的起源说起。公共利益不是从来就有的。它的出现源于共同体的崛起。在西方国家近代化的过程中，有一项关键内容是共同体的崛起。所谓共同体，即指由个体以社会契约为基础而组成的一个共同的实体。

共同体的基础在于社会契约。对此，洛克精准地提及："任何人放弃其自然自由并受制于公民社会的种种限制的唯一方法，是同其他人协议联合组成一个共同体，以谋他们彼此间的舒适、安全与和平的生活，以便安稳地享受他们的财产并且有更大的保障来防止共同体以外任何人的侵犯。"[1]

所以，人们通过交换的方式组成了共同体，而人们交换的代价是彼此的自然权利，特别是无限制的"自然自由"，由此获得的回报是"舒适、安全与和平的生活"。对此，卢梭甚至赤裸裸地称之为"交易"："他们所做的

---

① 〔英〕洛克：《政府论（下篇）》，叶启芳、瞿菊农译，商务印书馆，2005，第 59 页。

并不是一项割让而是一项有利的交易，也就是以一种更美好的、更稳定的生活方式，代替了不可靠的、不安定的生活方式，以自由代替了天然的独立，以自身的安全代替了自己侵害别人的权力，以一种由社会的结合保障其不可战胜的权利，代替了自己有可能被别人所制服的强力。"① 基于此，人们便形成了共同体。

现代西方国家皆为共同体。人们生活在共同体之中，以共同体为自我限制与权益保护之依凭。若无此共同体，人们便立刻回归自然状态，成为一个个独立的个体。

为了更好地管理共同体事务，人们在共同体中成立了政府。政府是由人们授权建立的，代表人民意愿而负责管理共同体的事务。对此，卢梭论述道："公共力量就必须有一个适当的代理人来把它结合在一起，并使它按照公意的指示而活动；他可以充当国家与主权者之间的联系，他对公共人格所起的作用有点像是灵魂与肉体的结合对一个人所起的作用那样。这就是国家中要有政府的理由"。②

有了共同体和政府之后，才出现了公共利益。所谓公共利益就是共同体的利益。对此，洛克的界定是："它（统治权）之所以交付给一个人，只是为了公众的福利和安全"。③ 边沁也提出，公共利益是"组成共同体的若干成员的利益的总和；不理解什么是个人利益，谈共同体的利益便毫无意义"。④ 约翰·贝尔教授同样认为"公共利益"凸显一个社会的基本价值，这些价值可以进行归纳，但无法穷尽。这些价值是维持和提升共同体所必需的，而不是让一部分人为另一部分人的幸福买单。⑤ 所以，公共利益是与共同体这一概念密切相关的。没有共同体，便无公共利益。

公共利益并非个人利益的简单组合。虽然公共利益提升的是共同体的利益，并间接地实现个人的利益，但公共利益之实现必须先否定部分个人的利益，然后才能实现他的其他利益。这是因为共同体的基本运作逻辑是：人们欲实现公共利益，需先行让渡自己的部分自由与权利，否定部分个人利

---

① 〔法〕卢梭：《社会契约论》，施新州编译，商务印书馆，2016，第41页。
② 〔法〕卢梭：《社会契约论》，施新州编译，商务印书馆，2016，第72页。
③ 〔英〕洛克：《政府论（下篇）》，叶启芳、瞿菊农译，商务印书馆，2005，第69页。
④ 〔英〕边沁：《道德与立法原理导论》，时殷弘译，商务印书馆，2000，第58页。
⑤ 刘连泰：《"公共利益"的解释困境及其突围》，《文史哲》2006年第2期。

益，然后再在推动公共利益实现的过程中，实现其他利益。这也就是上述卢梭提及的"交易"的过程。

在西方的慈善史中，公共利益这一概念也是随着共同体的崛起而逐步进入其中的。最早出现的类似于公共利益的概念是"公共目的"（public use），具体出现在1615年的判例中。然后，这一概念便被引入慈善立法中。此后，在1736年的立法中，又出现了更为精准的"公共利益"的表述。①须知，这一时期正是英国从都铎王朝传统王权国家转型成为近代国家的关键时期。

综上，我们认为，公共利益是以共同体这一社会形态为基础的。没有共同体，即没有公共利益。所以，以"公共利益"为标准来界定慈善事业，便等于在承认中国社会是一个共同体。

三　尴尬的"公共利益"

令人遗憾的是，诚如前述，我们的社会形态与西方不同。中国不是一个共同体，而是一个家，或者，更为准确地说，它是一个"自由之家"。

所以，在中国社会，用纯粹西方的概念来界定中国的慈善事业，会引发一系列问题。至少我们不得不遗憾地看到很多真正的"慈善组织"被生生地排除在慈善事业之外。比如，广州市妇女儿童福利会的"广州妈妈爱心互助计划"。

（一）"广州妈妈爱心互助计划"

广州市妇女儿童福利会（以下简称"福利会"）成立于1981年3月，原为广州市儿童福利会。福利会是一家非营利法人社团，主管单位是广州市妇联。作为一家有着数十年历史的老牌机构，福利会在广州市妇女工作领域颇具影响力。而且，它还运营着一个规模巨大、创新度较高的项目，即"广州妈妈爱心互助计划"（下简称"互助计划"）。

福利会发起这个项目的首要原因是广州市妇联原主席在担任广州市工会副主席期间，曾接触过一个类似的项目，即"广州市女职工安康互助保障计划"。该计划的做法是以互助保障的方式，覆盖女职工的两癌治疗费用，即加入该计划的女职工需缴纳30元互助保障金。如果其在保障期（3年）内确诊罹患两癌的，则可以获得由该计划提供的一笔补助金。该项目

---

① Jonathan Garton, *Public Benefit in Charity Law*, Oxford University Press, p. 18.

在女职工群体中反响甚好，而参与群体也近 71 万人。但是，它只面向女职工，有年龄和资格限制。而女性两癌的高发群体是社区散居人群、农村群体等，这些群体多非在职的女职工。为了帮助更多妇女、向她们提供福利，该领导在转任妇联后，便想通过妇联这个平台发起一个覆盖面更广的同类项目。

该项目由妇联下属的福利会负责发起和运营。这个项目有以下几点值得注意。

第一，覆盖的群体主要是其他保障没有覆盖到的人群。这个项目覆盖的群体主要是社会保障和商业保险没有覆盖到的人群，特别是退休后的社区妇女、农村妇女。中国政府原有的社会保障体系不够完善，基本没有覆盖到农村妇女等群体；商业保险又多以 60 岁为限，一般不接受退休后的女性入保，但恰恰这个群体最需要保障。于是，福利会的该项目以该人群为主要保障对象。福利会的互助计划没有年龄与资格限制。无论是高龄妇女，还是农村非职工妇女或社区散居妇女，都可以参保该项目。

此外，据了解，目前每月福利会发放的补助约为 100 例，资金超过 100 万元。在这其中，接受补助的 91.8% 的人为社区散居人员、农村人员，且年龄普遍较大。其中，甚至有 90 多岁的高龄妇女。

第二，覆盖的疾病是高发癌症。在项目设计阶段，福利会通过广州市卫计委，向广州市 12 个区（市）的 6 家大型医院调查广州市妇女在 2010 ~ 2011 年罹患恶性肿瘤等数据。通过该项调研，她们了解到，女性群体有四类癌症相对高发，即原发性乳腺癌、卵巢癌、宫体癌、宫颈癌，占妇科癌症的比例为 80%。于是，福利会选定以这四类癌症为覆盖范围。

第三，将"互助"界定为"捐赠"。福利会重新界定了"互助"。该计划名为互助，但福利会并不将之理解为"互助"。比如，福利会并不将加入计划的妇女缴纳的 30 元视为"保险费"，而将之界定为"捐赠"；又比如，它并不将互助计划支付的费用视作"保险赔付"，而是将之作为"补助金"。之所以这么定性，是因为福利会并不想发起一个商业保险项目，也不想发起一个"互益型"项目，而是想要发起一个慈善项目。妇联的相关负责人提出："每个人都有慈善心。我们想要发动大家捐赠，然后我们再提供一份额外的保障。保障的对象可以是捐赠者自己，也可以是她指定的任何一个符合条件的人。"①

所以，该项目采用的是吸纳捐赠人"捐赠"的做法，捐赠金额不设上限，鼓励多捐。捐赠人可以指定自己或其他任何一名符合条件的人作为受益人，然后由福利会提供一份"额外保障"。在受益人患病后，福利会会支付一笔补助金，一般为 1 万元，但受益人持有广州市低保、低收入证明的，将提高到 1.2 万元。补助金额度不因捐赠额的多少而变化。

第四，不断扩大保障内容。该项目第一期为期两年，共救助了 559 名妇女，支出 601.1 万元，剩余资金 400 多万元。由于项目剩余资金较多，为了帮助更多的人，福利会决定进一步扩大保障内容。①扩大覆盖面。原来该项目只覆盖四类癌症，到第二期的时候，该项目覆盖了与女性生殖器有关的所有原发性癌症；②延长保障年限。原来该项目是 30 元保障 2 年，到第二期的时候，该项目调整为 50 元保障 3 年；③去除免责期。第二期项目取消了免责期，加入该项目的妇女可直接享受相关保障。

此外，在第二期实际运行中，由于资金宽裕，福利会也放宽了补助发放的范围，比如，有妇女采用非手术治疗，即靶向治疗，虽按照合同约定不应给予补助，但考虑到靶向治疗费用较小，而且部分妇女只能接受该项治疗，所以福利会也决定给予 1 万元的补助；又比如，针对患有非原发性癌症并去世的妇女，福利会也决定发给 1000 元补助资金。福利会先后共发放了近 10 例此类补助款。

该项目自 2012 年运行至今，共完成两期。它不仅救助了数千名妇女，还积累了 2000 多万元资金。更为关键的是，该项目还带动上百万妇女群体参与其中，牵动了整个广州市户籍女性中近 22% 的人群。而且，所有参与其中的妇女都表示支持这一项目。运行 4 年多来，妇联未收到一例投诉，也没有曝出任何的负面信息。

由于项目取得的效果良好，它获得了政府的高度认可。2015 年，它获得了广东省妇联创新案例第一名；2016 年，它再次获得了广州市市直机关服务群众品牌项目称号。同时，它也获得广州市政府资金的支持，共计 100 万元。

---

① 访谈记录，2016 年 9 月 16 日。

（二）属性讨论①

关于福利会的"互助计划"，首先需明确的是，它不是商业性质的保险项目。互助计划的确类似于商业保险项目，但它并不属于商业保险项目。它与商业保险项目有以下不同之处：①它的缴费不属于保险费，而是捐赠；②它覆盖的人群全是商业保险所不愿涉及的高风险群体；③它取消了免责期；④它不断扩大覆盖范围，甚至主动违约，向因患有非原发性癌症去世的患者提供补助；等等。这些做法在商业保险项目中是不可能出现的，因为商业保险项目皆以盈利为目的。"利润最大化"是商业保险项目的天然价值取向。而互助计划做了这些事情，则正说明它不是以盈利为目的，而是以惠益妇女群体为目的的。

但问题是，互助计划是慈善项目吗？按照慈善组织"公共利益"的界定，互助计划绝不是一个慈善项目。在互助计划中，我们找不到任何"公共利益"性的元素。它不为共同体的利益而运营。相反，它为某些具体的个人的利益而运行，即参与该计划的妇女。这个计划覆盖的妇女群体无论有多大，都依旧是数目清楚，且是一个个"有名有姓"的个体。这便是说，它不是为不特定的人运营的，而是为参加这一项目的人服务的。它不具有公益属性，相反倒具有相当的"互益性"。所以，这个项目按照西方慈善的界定来看，只能算作"互益型"项目，而不能算作公益型项目。

照此逻辑，我们似乎得出了一个确定的结论：互助计划由于服务于具体的个人，而只能算作"互益型"项目，难以归于"公益型"项目之下。但问题是，这个界定真的准确吗？

---

① 作为对比，我们还调研了北京的两家基金会的两个类似的项目。我们简称为 A 项目和 B 项目。其中 A 项目是由某公司发起的。该公司为规避非法集资的风险，将资金托管给该基金会。该基金会仅提供一个名义，且不收取任何管理费，也不获得任何公益捐赠收入。所以，这个项目完全是商业性质的。该项目的运行会给该基金会带来巨大的舆论风险，因为由一家基金会"运营"一个商业性质的保险项目，是有违该机构的慈善宗旨的。B 项目是由另一家公司发起的。该公司同样是为规避非法集资的风险，而将资金托管给该基金会。不过，与 A 项目不同的是，通过该项目，该基金会能够得到两项好处：管理费、资金投资收益。该基金会宣称会将这些收入用于与其宗旨相符的慈善目的。该项目是互益性质的，但有很强的商业属性。至于它是否将部分盈利用于慈善目的，本身不影响对该项目性质的界定。所以，它的运行也会给基金会带来潜在风险，特别是在资金管理不善的情况下。福利会的"互助计划"与这两个项目有着本质差异。在这些项目中，"互助计划"的特殊性是十分明显的，因为它表达出了政府对人民的浓浓的"关爱之情"。关于这一点，我们在下文中有详细分析。所以，我们认为，并不是所有互助形式的项目都符合我们这里的讨论。

在互助计划中，我们找到了很多有趣而奇怪的元素。

第一，该项目的发起方是官办机构。该项目的发起方是一个官办组织，即广州市妇联下属的福利会。这不符合我们对互益型组织的传统理解。按照传统观念，互益型组织既然是互益性的，应由参与者共同发起，共同管理。但该项目的发起方竟然是政府下设的官办组织。其代表政府来发起该项目，运营该项目。而且，在实际运行过程中，福利会又经常与妇联混同。据了解，该项目名义上由福利会发起和运营，实际上负责该项目设计和运营的却是广州市妇联发展部。而且，在审核补助金发放时，所有申请必须经过由妇联的发展部、纪检部、办公室以及福利会代表共同组成的会审会议审查通过，形成会议记录，上报给广州市妇联党组审查批准后，才能予以发放。这些情况显然都不符合互益型组织的特点。

第二，发起该项目的目的是增加妇女福利。诚如前述，福利会要发起这一项目，首要原因是广州市妇联原主席在担任广州市工会副主席期间，曾接触过一个类似的项目，即广州市女职工安康互助保障计划。但是，它只面向女职工，有年龄和资格的限制。为了帮助更多妇女，向她们提供福利，该领导转任妇联后，就想通过妇联这个平台发起一个覆盖面更广的同类项目。这也不符合互益型组织的传统做法。互益型组织并不需要一个外来的"领导"抱着提升人们福利的目的来发起一个项目。互益型组织都是由人们自发组织，为解决共同的社会问题而成立的。在这类组织中，并没有任何一个人是外来的"领导"。

第三，尽可能覆盖高危人群和高危疾病。为了向妇女群体提供更多福利，福利会选择的服务人群是高危人群，主要是社区散居人群、农村群体等；选择的疾病是高发疾病，即原发性乳腺癌、卵巢癌、宫体癌、宫颈癌，占妇科癌症的80%。这也不符合互益型组织的传统做法。互益型组织从来不抱着为某个群体提供福利的想法。它是为了解决人们共同关心的问题。比如，拼车组织是为了帮助大家共同节省汽油开支，才组织人们拼车出行。互益型组织并没有提供福利的想法，而只有以相互交换来实现人们各自的同时也是共同的利益。

第四，经常扩大福利范围。与上述第三点类似，福利会出于向妇女群体提供更多福利的想法，经常扩大福利范围。这同样不符合互益型组织的特点。互益型组织的规则都是经过众人商议形成的，非经过共同决议不能随意修改规则。

第五，"互助"的本质是"捐赠"。诚如上述，福利会重新界定了"互助"。该计划名为互助，但福利会并不将之理解为"互助"。该项目采用的是吸纳捐赠人"捐赠"的做法，捐赠金额不设上限，鼓励多捐。捐赠人可以指定自己或其他任何一名符合条件的人作为受益人，然后由福利会提供一份保障。这也不符合互益型项目的特点。在互益型项目中，没有捐赠，只有互助。而人们加入互益型项目与否，关键在于利益计算。捐赠的界定恰恰否定了这一利益计算，与互益的本质相冲突。

综上所述，我们一共找出了互助计划中五大不符合互益型项目之处。将这五点加起来，已然可以否定互助计划属于互益型项目这一结论。

在我们得出这一结论之后，另一个问题便接踵而来：按照西方正统分类标准，各类组织可以被分为营利组织和非营利组织。非营利组织又可以被分为互益型组织和公益性组织。但根据我们上述分析，互助计划既不符合营利性组织的标准，也不符合公益性组织的标准，更不符合互益型组织的标准。那么，请问福利会的这个项目到底是什么呢？

四 家人福利

我们的探索推进到这一步，已经有一个初步的发现，即西方正统的理论不能给我们提供一个看似正确的答案。或者更为准确地说，西方的理论体系无法解释中国问题。所以，在这里，我们不得不切换频道，重新回到中国的理论上来。

我们需要重新思考中国的社会形态。诚如上述，中国是一个"自由之家"。在自由之家中，我们无法用公共利益来界定慈善事业。在家中，没有公，只有私。家中没有公共利益，只有幸福生活。如果父母子女之间动辄用公共利益来论及彼此之间的关系，实是有违人伦的。

此外，在一个家中，必然有"家父"和"家人"。家父应为提升幸福水平而努力。这通常表现为家父提供救助、补贴等。这是家父的义务，是"国本"，即"乐贤而哀不肖，守国之本。今君爱老，而恩无所不逮，治国之本也"。[①] 这些举动是慈善性的，所表达的是家父对家人的爱。须知，家父不是共同体中的一员，也不是出于对共同利益的关心而做出行为的。家

---

① 本句的意思是：能喜欢贤人而怜悯不幸的人，这是执掌国家的根本。如今君主能怜惜老人，您的恩德就能无处不到，这是治国的根本。参见《晏子春秋》，中华书局，2011，第330页。

父全然是出于对家人的爱才做出行为的。

比如，某官办组织发起的一个救助类项目。该项目部分吸取社会资金，但主要由政府提供资金支持。该项目虽然看似略带公共利益的属性，却显然不属于公益项目。它由政府发起与支持，政府发起与支持该项目不是为了共同体的利益，或者为了实现公共利益，而是为了表达爱，是为了提升人民群众的幸福水平。所以，这样的项目不属于公益项目。

总之，在家的层面，我们没有看到"公共利益"，而只看到了"福利"，即家人的幸福及与幸福相关之利益。

依照这一逻辑再去理解福利会的互助计划，我们便能找到合理的解释。

第一，项目发起方。该项目的发起方是身为官办组织的福利会。在实际运行中，福利会又经常与广州市妇联混同。为何会如此呢？这是因为发起与运营该项目的目的是为家人提供福利，它本应该由政府发起，并由政府的机构来运营。在实践中，妇联与福利会虽然在名义上确有不同，但其职责是一致的。此种混同纵然在规则上略不合理，在实践中却属应然。

第二，项目理念。发起该项目的目的是为妇女提供福利。妇女是家人。政府作为家长，应该爱她们。所以，这一点也不符合互益型组织的特点，倒符合福利型组织的特点——因为只有这样，才算是提供福利。所谓福利型组织，即指家长以为家人提供福利为目的而设立的组织。

行文至此，或许有人质疑：该项目虽由政府发起，实际的补贴资金却来源于参加该项目的成员，这符合福利型组织的界定吗？关于这一问题，我们可以援引妇联相关负责人的一段表述来作为回应："以往活动多为自上而下的、全面动员的方式。例如针对妇女重大疾病帮扶，一般采取'我给你'的方式，即由妇联组织筹集资金，再拨付补助给患病妇女……'广州妈妈爱心互助计划'是市妇联创新载体和服务手段的尝试，与传统方式最大的不同在于把'我给你'变成'我和你'"。[①] 这一表述说明了，福利会在发起互助计划时，是站在政府的角度，以提升家人的福利水平为目标的。至于这种福利水平的提升是以互助的方式，还是以政府直接提供的方式实现的，对于该计划的慈善属性界定并无影响。

第三，实际运行。在实际运行中，该项目不断调整。这些调整看似微小，且似有违合同的约定，但都十分重要与正确，因为它们都是围绕提升

---

① 袁微：《让妇女群众的评价进入评价体系》，《中国妇女报》2015 年 8 月 24 日。

家人福利展开的。无论是将项目覆盖的范围扩大到之前没有约定的患有非原发性癌症而去世的成员，还是将疾病覆盖的范围做相应扩大，都符合提升家人福利这一核心目标。所以，就算这些调整看似违背契约，看似不符合商业逻辑，看似不符合互益或公益，但只要它满足中国慈善的根本宗旨，即增加家人福利，那它就是合理的，就是值得家长尝试和开展的，就是有助于中国社会和谐与稳定的。

第四，捐赠属性。福利会重新界定了"互助"，将之界定为"捐赠"。这一界定看似在偷换概念，是将"互助"歪曲成了"捐赠"。但如果我们站在家的视角来看，那既然这个项目符合"成员福利"的界定，是一个慈善项目，向它缴纳的款项便应算作"捐赠"。

所以，我们的结论是，如果以"家人福利"来界定慈善事业，那么，福利会毫无疑问是慈善组织。

五 结论与建议

根据上述分析，我们认为，将慈善事业限定为以公共利益为目的是不正确的，因为它移除了中国政府作为"家父"的主要职责之一，即"仁政爱民"的合法性。这一做法又是危险的，因为它以慈善事业为入口，动摇了"家父"的地位。而且，它试图以彻底的"共同体"式的社会结构替换中国"家"社会的基本结构。我们认为，这一想法既不契合中国社会的现状，也不符合中国社会的发展方向。贸然在中国扩大共同体结构，非但不能促进社会幸福，反而会引发严重的社会危机，危及中国社会的和谐与稳定。

在慈善改革中，政府应始终占据主导位置。慈善事业的开展，应以维护和巩固政府与社会公众的情感联系，强化"家长"与"家人"的伦理联系为主要目的。这是慈善改革的核心目标，所有的改革举措都应该围绕这一目标展开。所以，在下一步的改革过程中，我们必须深化对这一目标的认识，要确保所有的改革举措围绕这一目标进行，避免出现方向性的偏移。

在庆祝中国共产党成立95周年大会上，习近平主席提出，我们要"坚持不忘初心、继续前进"，要坚持"四个自信"，即"中国特色社会主义道路自信、理论自信、制度自信、文化自信"。所以，我们认为，如何在下一步慈善事业改革中有效落实这"四个自信"，考验的是改革者的大智慧。

第二节 庸俗的功利慈善

一 第二个疑惑

在第一节中，我们讨论了将慈善简单界定为"公共利益"可能导致的问题，即会破坏"家"的结构稳定性，不利于实现社会幸福。同时，我们认为，如果将"公共利益"调整为"家人福利"，就能有效避免这一问题。

但如果我们的讨论仅停留在这一层面，那无疑是浅陋的。因为这依旧无法回答另一个疑惑，即慈善与公益的区别问题。

二 庸俗的"公共利益"

满足"利益"是慈善事业正确的价值取向吗？敢于对这一问题给出肯定回答的人是庸俗的。事实上，在西方思想家中，慈善与公益是被区别对待的。

施特劳斯深刻地洞察到了以利益为慈善之价值取向的弊端，所以，他借助对马基雅维里文本的分析，提出："根据人们实际上如何生活的方式，我们必须首先着眼于一个事实，即德行固然远远不是文明社会的终极目标，然而却是在非道德意义上，实现共同福祉的一种必要手段。"[1] 显然，施特劳斯已经洞察到了利益取向的弊端，那就是功利主义。或者，更为直接地说，就是让功利代替对人的同情心，成为道德的唯一评判标准。

相比之下，穆勒那句令人震颤的名言要显得卑下的多。他说："我把功利视为一切道德问题的最高标准"[2]。这样的宣言，见证了人们的骄傲和卑下。但是，就算如穆勒这样的功利主义宗师，依旧不得不在众口滔滔之中承认一个事实："有人认为这种学说自私冷漠，认为这种学说主张人们在生活中，彼此行为毫不相干，除非涉及他们自身的利益，否则他们就不应关心彼此的善行或福祉"[3]。

在施特劳斯眼中，问题显得更为严重。他自然明白，这一问题的病灶绝非仅在于单纯的功利主义那么简单，而应追溯到人觉醒的原初。

---

[1] 〔美〕列奥·施特劳斯：《关于马基雅维里的思考》，申彤译，译林出版社，2016，第409页。
[2] 〔英〕约翰·穆勒：《论自由》，正梅译，上海世纪出版集团，2012，第11页。
[3] 〔英〕约翰·穆勒：《论自由》，正梅译，上海世纪出版集团，2012，第76页。

功利主义的崛起，是伴随着人的自我发现而产生萌芽的。这里所谓的人的自我发现，不过是人的理性扯断了与情感的联系，从良心中独立出来。那是一种无比骄傲的情绪，是人在神面前的又一次自大。在这样一种自大的情绪的怂恿下，洛克终于振聋发聩地提出了一个这样的口号："道德是可以解证出的"① 而我们上述的公共利益，或曰功利主义，就暗藏在这种凭借人们的理性而"解证"出来的道德之中。

在这一逻辑线索中，我们可以明显地看到一个问题，即情感与理性的分离。而与之相伴的一个事实是在人的良心之中，虽然理性独立出来了，但情感依旧存在。情感是一股独立的脉络，只是被骄傲的人遗忘罢了。

难道骄傲的人便可以就此获得幸福吗？孔多塞的焦虑说明了一切。作为法国大革命的领导人物之一，孔多塞在浸润在自由的激昂情绪之中的同时，又显露了一丝恐惧与焦虑。显然，他亲眼看见了人们的疯狂。于是，他不得不喊出了这样的问句："正犹如数理科学能使我们用于我们最简单的需求的那些技术得以完善化一样，道德科学与政治科学的进步对于引导我们的情操和我们的行动的那些动机所起的同样作用，难道不也是同等地属于自然界的必然秩序吗？"②

孔多塞恐怕是当时为数不多的能够听懂伯克的劝告的人了。当伯克转身研究人们的情感的时候，他显然也意识到了同样的问题："心智的提升应是人类探究领域的主要归宿……但我想，除了终极目标以外，还有必要对感情的原理进行思考，因为所有原理都固定地影响着感情的变化。"③ 在伯克眼里，对人的理性的过度吹捧，是引发社会混乱的关键所在。因为人一有理性自由，就会自大。也正是出于这一原因，上帝才要将人的始祖们逐出伊甸园。"这不是因为这棵树本身是邪恶的，而是为了倡导一种纯洁的、简单的服从，这是由创造主创造的理性生灵的最大美德。他们虽然没有摸邪恶的东西，但是他们摸了禁止他们摸的东西，这种不服从就是罪。"④

所以，在施特劳斯看来，要想得到幸福的生活，绝不能仅求诸功利主义。相反，人们还需要某些其他的东西。这些其他的东西就是"必然性"：

① 〔法〕洛克：《人类理解论（下册）》，关文运译，商务印书馆，2015，第582页。
② 〔法〕孔多塞：《人类精神进步史表纲要》何兆武、何冰译，北京大学出版社，2013，第153页。
③ 〔英〕埃德蒙·伯克：《伯克文集》，廖红译，北京理工大学出版社，2014，第35页。
④ 〔古罗马〕奥古斯丁：《上帝之城》，王晓朝译，人民出版社，2006，第563页。

"必然性不仅使人们具有德行才干，而且也使人们成为好人。一般而言，人们不具有趋向善的自然本能。所以，只有通过必然性，他们才可能被造就成好人，并且维持这个好的状态。"①

这里所谓的必然性，其本质就是对人骄傲的理性的一种压制。这也就是归正宗所谓的"自我否定"。"自我否定使我们能帮助自己的邻舍。当我们想要帮助邻舍时，尽这本分是很艰难的！除非你能忘记自己，并在某种程度上离弃自己，否则你将一无所得……爱邻舍不是看邻舍是否应得，乃是仰望神而行。"② 自我否定的意义，在于限制人们的理性，使人们听命于最高存在的命令。这里的最高存在，就是"神"。

这一自我否定的过程，是归信的过程，也是上帝赐予恩典的过程。在这一过程中，上帝会将爱赐予人们，使爱从圣父之中经由圣子流出。这是圣灵灌入人的灵魂的过程。所以，人是靠上帝的爱活着的。上帝是爱人的，而人又借着神的爱，像爱自己一样爱邻人。这种爱并不是为了人自己，而是为了以此表达上帝对人的关切。同时，在这一过程中，人也就表达了对上帝的爱。所以，这种爱是三向的，即神爱人，人爱人，人爱神。

对此，路德做了准确的描述，"只要有真实无伪的信仰，就有真实无伪的爱。由此，保罗在《哥林多前书》中这样谈论爱：'爱是不求自己的益处'。因此，我们可以得出结论，基督徒并不是在他自己里面活着，而是在基督和他的邻舍里面活着；否则，他就不是基督徒。他借着信心在基督里面活着；借着爱在他的邻舍里面活着。他借着信心得到提升，到达上帝那里，借着爱下降到他自己之下，到他邻舍里面去。"③

这种爱是西方慈善的重要根据。这种以爱为基础的慈善与以公共利益为基础的公益是两种完全不同的形式。以公共利益为基础的公益，是人的自爱的表现，追求的是利益，但为了实现这种利益，又不得不拟制了所谓的"公意"："唯有公意才能够按照国家创制的目的，即公共幸福，来指导国家的各种力量……公意永远是公正的，而且永远以公共利益为依归……"④ 所以，以公共利益为基础的公益是理性的，是功利化的，是庸俗的。

而以爱为基础的慈善，是人的他爱，追求的是自我否定。人们认识到

① 〔美〕列奥·施特劳斯：《关于马基雅维里的思考》，申彤译，译林出版社，2016，397 页。
② 〔法〕加尔文：《基督教要义》，徐庆誉、谢秉德译，三联书店，2009，第 686～687 页。
③ 〔德〕马丁·路德：《路德三檄文和宗教改革》，李勇译，上海人民出版社，2010，第 243 页。
④ 〔法〕卢梭：《社会契约论》何兆武译，商务印书馆，2016，第 31～35 页。

自己的罪——"自大"，并感受到上帝的爱，于是真心悔过。人们爱上帝，也借着上帝的爱，去爱别人。人们的一切行动都不是为了自己，哪怕他是在追求所谓的"成功"。"个人与国家的财富被视为蒙上帝特别恩待的记号。'成功神学'于20世纪70年代在美国诞生……我们必须明白，财富是上帝的旨意。上帝完美的旨意，正是要使人的一生在方方面面都富足。而这里所指的主要是物质与经济的富裕。"① 在这一动机下，人们的慈善行为中满是情感的表达，即爱的情感。这种爱是无私的，是感情化的，是圣洁的。

所以，西方的公益慈善事业是由两股脉络组成的：一股脉络以理性为基础，以功利为导向，追求所谓的公共利益；另一股脉络以感情为基础，以无私为导向，表达所谓的爱。中国学者大多只看到了第一股脉络，却对第二股脉络浑然不知，乃至做出了慈善应以公共利益为目的的界定。这真是令人遗憾啊。

三 价值教育型组织

关于西方慈善组织的分类，我们一般认为有三种：服务型组织、倡导型组织与支持型组织。这种分类是狭隘的，因为它只囊括了公共利益脉络下的组织类型。事实上，在上述另一股脉络下，我们还可以找到其他的组织类型，比如价值教育型组织。

所谓价值教育型组织，一般包含各类教会组织，如救世军、卫理会等。在西方社会，每年捐赠给这些组织的资金通常占社会捐赠总额的一半以上，由此可见这类组织的体量。这类组织每年开展大量的慈善活动，如济贫、助残等。但值得注意的是，这些组织在做这些事情的时候，主要目的是传播价值理念。这看似价值倡导型组织的做法，但如果我们仔细地观察这些组织的做法，便会发现其实两者是针锋相对的。这表现在以下几个方面。

第一，认同社会共同价值。价值教育型组织奉行一个基本理念，即社会有共同的价值取向。其成立的目标就是为了实现这一共同价值，维护这一共同价值。所以，这种组织仅在拥有共同价值的社会中才会出现。相反，价值倡导型组织认同多元价值，并以促进价值的多元化为目标。

第二，推动社会认同共同价值。价值教育型组织的主要使命是通过各

① 〔英〕阿利斯特·麦格拉斯：《加尔文传：现代西方文化的塑造者》，甘霖译，中国社会科学出版社，2009，第253页。

种方式，开展多种活动，推动社会公众认同共同的价值。这就是说，这种组织的主要价值是改变不同社会群体间价值认同的分野，使大家的观念趋向一致。与此相反，价值倡导型组织是通过各种方式宣传多元价值，乃至最终走向游说行动，以促进政府立法或出台政策，保护价值多元。

第三，价值认同的基础在于爱的纽带。价值教育型组织能够成功地使大家的观念趋向一致，其所依靠的不是理性的利益计算。如果依赖利益计算，不同群体间的利益诉求又相差甚远，那它就很难实现各群体间关系的弥合了。所以，它依靠的是"情感"①。价值教育型组织以上帝与人之间的爱为纽带，不断教育人们要"爱、信、望"。在这种精神力量的感召下，人们心中充满了感恩的情感，也就会做出各种善行。这些善行都是"爱"的表达，发挥的是塑造社会情感纽带的作用。相比之下，价值倡导型组织以理性为基础，以利益为导向。人们之所以敢于推动政府立法，是因为人们对个人理性充满自信，而这种对理性的自信又使人们致力于追求个人价值的实现。于是，当政府政策所主张的价值致力于与个人的价值诉求产生冲突时，人们就会行动起来，采用价值倡导的手段，游说政府改变立法或出台新政策。

第四，价值教育型组织的工作是自上而下的。这是因为当社会有共同的价值的时候，教育内容的选择、教育方式的设计、教育对象的遴选、教育效果的评判等工作只能由共同的中心来决策与完成。所以，这并非一个自下而上倒逼的过程，而是一个自上而下传导的过程。与此相反，价值倡导型组织采用的是自下而上倡导价值的方式。虽然价值倡导型组织也经常向公众传播价值，但其最终目的是发动群众，向政府施加压力，推动立法或出台政策。

所以，价值教育型组织与价值倡导型组织是两类完全不同的组织。这两类组织对于西方社会来说都是不可或缺的。如果只有价值倡导型组织，而没有价值教育型组织，那么西方社会就会分裂且陷入疯狂。

说西方社会会就此分裂，是因为以功利为追求的社会容易分裂为多个小共同体，或虽勉强共处，也是党派分立。对此，美国的国父杰斐逊眼见美国建国之后不久便产生党派分裂，于是在倡导理性的自由主义的同时，不忘在他那篇著名的《第一次就职演说》中补上一句："我们受一种仁慈的

---

①　事实上是理性与情感的合并。但这一问题过于复杂，这里不展开论述。

宗教启发，虽然教派种类繁多，但是所有这些教派都诲人以诚实、节制、感恩和仁爱；我们承认和崇拜主宰一切的上帝，上帝以其所行之道证明他乐于看到人们现世的幸福和来世更大的幸福"①。想来，一个笃信苏格兰启蒙运动思潮的政治家竟然在现实的逼迫下，拜倒在神的脚下，这其中的深意实在是值得人们品味的。

说西方社会会就此陷入疯狂，我们在上文中论及孔多塞之忧时，已经谈及了。不过在这里，我们依旧可以引用伯克的一句话来做出进一步的阐释："我们听闻了这些新导师在不停地吹嘘着自己的宽容精神……由蔑视生出的善举，并不是真正的慈善……惯例一旦被动摇，那么将没有什么财产可以在面对穷困潦倒的权力者时，独善其身。"②

所以，西方社会无论如何进步，无论如何现代化，都保留有以"爱"为内核的慈善组织，保留有价值教育型组织。这类组织是社会的稳定器，是教育人们遵循一元价值的基石。"要抵挡肤浅的尘世，需要的不是高洁的理性，而是一种强烈而实际的宗派之爱，它只把本群体成员凝聚在一起，紧靠他们信仰的上帝。"③

就中国而言，在前文中，我们已经讨论了既有的两大类公益慈善组织：一类以家人福利为导向，一类以公共利益为导向。在这两大类组织中，无论哪一类组织，都有相当的利益成分。而按照我们上述分析，慈善仅以利益为导向，不足以维持社会的稳定。这等于缺少了维持感情纽带的工具，是社会堕落、败亡的起点。子曰："道之以政，齐之以刑，民免而无耻；道之以德，齐之以礼，有耻且格。"④ 所以，政府如不能以道德教化民众，反而一味关注利益，甚至以公共利益代替情感传播，便只能使"无耻"的民众越来越多。这样的社会非但不是幸福的，反而是令人痛苦的。

现实印证了我们的判断。改革开放以来，中国的经济水平不断提高，人们的幸福感却没有因此提升。相反，社会上还出现了更为严重的问题，即人们对社会的认同感逐渐消失。这说明我们的内心缺少情感的激荡，相

---

① 〔美〕托马斯·杰斐逊：《杰斐逊选集》，朱曾汶译，商务印书馆，2012，第 317 页。
② 〔英〕埃德蒙·伯克：《反思法国大革命》，张雅楠译，上海社会科学院出版社，2014，第 178～179 页。
③ 〔美〕韦恩·A. 米克斯：《基督教道德的起源》，吴芬译，商务印书馆，2012，第 120 页。
④ 本句的意思是：用政令来治理百姓，用刑法来整顿他们，老百姓只求能免于犯罪受惩罚，却没有廉耻之心；用道德引导百姓，用礼义去规范他们，百姓不仅会有羞耻之心，而且会被感动而真心顺服。

互间也并没有维系情感的纽带。人们是缺少爱的，社会也是缺少爱的。"故德教废而诈伪行，礼义坏而奸邪兴，言无仁义也。"①

这里所说的爱不仅指的是对社会公共事务的关注，更重要的是指对国家的认同。所以，现在我们相互之间缺少的是爱的纽带。我们不仅看到不同个体之间没有爱，还看到每一个个体对共同的家父也没有爱。在这种情况下，我们依旧大力倡导慈善组织"公共利益"的属性，实有火上浇油之嫌——如果一个慈善活动，是以"利益"为导向的，那这种慈善活动传播的就是理性计算的价值取向，而不是"爱"。

那我们该怎么办呢？是要照搬西方的价值教育型组织，在中国人心中复制西方人的情感吗？诚然，我们中国人作为同样的人，能够部分地复制西方的理性做法。但是，中国社会作为独特的文化实体，却无法照搬西方人的情感。或者，更为确切地说，我们中国人无法全然变成基督徒！

既然这条道路是走不通的，我们又该如何办呢？我们只能回头来关注中国的传统文化，并在传统文化中，提炼出符合现代社会的精神元素，以教化的方式重新唤起人们心中的爱。"治民之道，务笃其教而已"②。事实上，以爱为基础的慈善事业在教化方面可以发挥重要的作用。慈善所表达的正是家长对家人的爱，或者家人的互爱。生活在这个家中的人，在这种爱的浸润下，自然也会受到感染，被教化成为一个"有耻且格"之人。

所以，笔者以为，这种以爱为基础的慈善文化，应该成为中国政府大力倡导的慈善文化，也应该成为整个社会价值教育中的最为基础性的文化内容之一。

令人遗憾的是，在慈善事业中，我们对慈善文化的关注依旧阙如，对慈善文化所能发挥的教化功能亦缺乏关注。近年来，虽然中国的慈善事业有了长足的进步，但对慈善文化的梳理、推广工作，始终处于起步阶段。目前，中国尚无系统化的关于中国传统慈善文化的研究成果，也没有系统化的慈善文化推广项目。相反，我们花了很多力量在推广西方的慈善文化上，宣传社会创新、公益理念。这么做俨然是本末倒置的。

须知，功利化的公益慈善事业是没有灵魂的，它只能调动人们的理性

①　本句的意思是：因此，废弃了道德教化就会导致奸诈作伪盛行，礼义崩坏就会导致奸邪兴起，这是没有仁义的后果。桓宽：《盐铁论》，中华书局，2015，第519页。

②　本句的意思是：治民的方法，不过是务求厚于教化而已。桓宽：《盐铁论》，中华书局，2015，第515页。

利益计算，却不能培育不同人群之间的爱的纽带；只能进一步加剧社会不同群体间的分裂，却不能重构各群体对共同的中心的认同。要想真正实现社会幸福，助力社会和谐、稳定，就必须重新确立中国传统慈善文化在中国慈善事业中的核心地位，并基于此建立符合中国社会特色的价值教育型组织。

那么，这样的文化是什么呢？这样的组织又是什么样的呢？

四　中国的慈善文化

中国的慈善事业所面对的是一个日渐功利化的人群，所以它应着力解决重构人们之间的情感纽带，重塑人们对家长的认同的历史命题。对于这样的命题，仅凭功利化的慈善事业是断然无法完成的。慈善没有爱，就会沦为某些人的工具，成为危及社会稳定的武器。

"理性是受情感指导的。"[1] 慈善事业只有牢牢抓住爱的情感，将理性置于情感的指导下，才能成为助力社会稳定与和谐的工具。而这种慈善事业的外在表现就是价值教育型组织。

问题是，我们无法求诸西方人的情感。中国的文化背景与社会环境是不同于西方的。而慈善事业，作为一项重要的政治安排必须立足于中国的现实环境之中。"人民的脾性应当是……一个政治家的首要研究对象。"[2] 那我们应该依赖于什么样的情感呢？

这种情感就是家的情感。中国人的文化是立足于家的情感之上的。子曰："色难。有事弟子服其劳；有酒食，先生馔，曾是以为孝乎？"[3] 故而，子女对父母之孝道，不在于物质，而在于情感。"色难"一说，重点正落在由心而生发于外的情感表达之上。

家中的情感是相互的，而非单向的。《尚书·康诰》提及："元恶大憝，矧惟不孝不友。子弗祗服厥父事，大伤厥考心；于父不能字厥子，乃疾厥子。于弟弗念天显，乃弗克恭厥兄；兄亦不念鞠子哀，大不友于弟。惟吊

---

① 〔美〕杰西·诺曼：《埃德蒙·伯克：现代保守政治教父》，田飞龙译，北京大学出版社，2015，第 242 页。

② 〔美〕杰西·诺曼：《埃德蒙·伯克：现代保守政治教父》，田飞龙译，北京大学出版社，2015，第 261 页。

③ 本句的意思是：孔子说，"长期在长者面前保持和颜悦色是很困难的。只在长者有事时，年轻人才替他们劳动；只在有美酒好食时，才让长者享用，难道这就算是孝顺了吗？"

兹，不于我政人得罪，天惟与我民彝大泯乱。"所以，子女当孝父母，父母亦应爱子女。

中国人的这种情感并非限定的。相反，它可以向外泛化，"推己及人"。孟子曰："古之人所以大过人者无他焉，善推其所为而已矣"。在这一种外推过程中，人们所表达的也是家中的情感，即"老吾老以及人之老，幼吾幼以及人之幼"。

由此，在中国传统文化中，有一个以自我为中心、以家中情感为基石、逐步向外泛化的情感网络。"这个'家'字可以说最能伸缩自如了。'家里人'可以指自己的太太一个人，'家们'可以指伯叔侄子一大批，'自家人'可以包罗任何要拉入自己的圈子，表示亲热的人物。自家人的范围是因时因地可伸缩的，大到数不清，正是天下可成一家。"①

这是中国人的情感形式。任何试图摒弃这一基础，另创一套的改革尝试必然会撞上现实的坚冰。

不过，值得注意的是，在当下，我们还应对中国的传统文化做出一些调整。自西学东渐以来，中国社会受西学等的冲击，社会基础不复为宗族，而改为家庭。由此，家中情感也不复为宗法礼教所束缚，而表现为"自由之爱"。所谓自由之爱，即指家父或家人自由地表达对对方的爱，而不囿于具体的形式。自由之爱的主轴依旧是情感，且是真挚的情感。只是这种情感之表达不复为宗法礼教所束缚，框定于具体的形式，而是随表达者之心愿，以最有利于对方，也即最能表达自身情感的方式来表达。

"自由之爱"的捭型结构甚为复杂，其中既有次轴对主轴的节制，又有主轴对次轴的利用，此处不赘述。只是，我们需要明确的是，无论如何，自由之爱以情感为主轴，实现的是个人的情感的自由表达。而且，这种表达亦是向外推的，与中国的传统文化密切关联。

我们认为，中国的慈善文化唯有建立在这一基础之上，才能够弥合社会上不同阶层人群之间的情感裂痕，助力社会的和谐、稳定。而与此相违的慈善文化以及由之生出的慈善改革，是有违中国社会的现实需求的，是十分危险的。毕竟，道德深植于历史之中，人的理性也不能再生道德。

---

① 费孝通：《乡土中国》，北京大学出版社，2012，第41页。

五 中国的价值教育型组织

中国的教育型组织应是以上述文化为传播内容的组织。目前，由于历史原因，这类慈善组织在中国较少见。在这其中，宝安区慈善会是一个特例。

宝安区慈善会对中国既有慈善模式弊端之认识十分深刻。慈善会会长张洪华明确提出："捐款捐物的慈善事业不走心，没有感情的着力点。"① 他认为，中国既有的慈善事业过度注重资金的募集，却不注重对慈善文化的建设，放弃了对人们感情的培养。所以，中国现有的慈善事业也就放弃了弥合社会情感裂痕，重构共同文化与精神的重要功能。

基于这一认识，从 2013 年 4 月起，宝安区慈善会着手梳理总结慈善文化，发起了一项名为"慈善文化进校园"的慈善项目。该项目的目标就是"推动青少年道德教育，促进青少年树立正确的人生观、价值观和道德观，营造学校、家庭、社会三位一体的慈善文化氛围。"这一目标值得深入研讨，因为其展现了家社会慈善文化的几个面向。

第一，小家之爱。宝安区慈善会想要做的第一件事，是在小学中开展慈善文化教育，并以此为切入点，以"小手拉大手"，反向推动家长，强化每一个小家庭中的爱的纽带。它希望从孩子入手，让孩子对家长表达自己的感恩之爱，并催发出家长对孩子更浓郁的情感，从而成功培育出小家庭中的"爱"的纽带。所以，小家之爱集中表现为父母对孩子的"慈"，以及孩子对父母的"孝"。对此，慈善会秘书长刘国玲明确表示："我们之所以要讲孝道，是因为只有爱父母的人，才会去爱人。"这是人们爱的情感的一种表达，也是中国传统文化的精髓。

第二，相互之爱。宝安区慈善会领会了中国传统文化中的"推己及人"观念，提出要想重建社会的爱的纽带，必须以个人为支点，逐步推动人们对他人的爱。这具体表现为人们走出家庭，帮助身边有困难的熟人或陌生人。这些人可以是社区里的邻里，或福利院的残疾孤儿，或车站中拎着包裹，急着回家过节的路人。

第三，大家之爱。宝安区慈善会认为，爱的传递并不应止步于对人的爱，还应扩大为对国家的爱。在实践中，它鼓励该项目的合作方采取多种

---

① 调研记录，2016 年 10 月 27 日。

方式，培养孩子们的爱心。在这一观念的引导下，坪洲小学教育孩子们要节约用水，爱护环境。这就是对大家的爱。

综上所述，在宝安区慈善会的思路中，我们发现以下两点。首先，它是以中国人传统的"家中的爱"作为慈善文化的根基的。这种爱是对小"家"的爱，集中表现为对父母的血缘情感。其次，在这一根基上长出了两个果实：①推己及人，为相互之爱；②大家之爱，为公民的爱国心。

那么，宝安区慈善会是如何运营这一项目的呢？它这个项目的内容是在小学生群体中传播慈善文化，所以它与多家小学达成合作，共同运营这一项目。我们将从两个角度来介绍这个项目。

（一）慈善会部分

2013 年 5 月，宝安区慈善会与坪洲小学取得联系，开展了初步调研。通过与坪洲小学校长及教师代表接触，宝安区慈善会敏锐地发现，它可以与小学形成优势互补。它虽然在慈善事业方面具备相当的专业性，对慈善文化的认识也比较深刻，却对教育规律不甚了解，对孩子们的心理也不够熟悉。相反，学校在这些方面却具有优势。所以，它与学校达成了这样的一个分工，即宝安区慈善会负责组织与提供专业的慈善文化教育内容，而学校负责开展慈善文化教育活动。因此，宝安区慈善会的慈善文化进校园活动，虽然是由宝安区慈善会发起的，但方案的制定、实施、评估、考核则都是由学校独立完成的。

宝安区慈善会提供的慈善文化教育内容主要集中在一本名为《我和慈善一起成长》的读本中。这一读本是由宝安区慈善会自己编制的。该读本主要有两个方面的内容：①关于立身处世的道理，特别是讲述如何对父母师长表达感恩之情；②关于助人为乐的道理，也即如何热心地帮助身边的人。在解释这两方面的内容时，宝安区慈善会以小故事、名言警句等易懂的形式加以呈现，比如，联合国秘书长安南的故事，免费午餐发起人邓飞的故事，孟子、刘备、康熙的名言警句等。

此外，为了迎合现代孩子的特点，取得孩子们的认可，宝安区慈善会与企业家合作，邀请日本专业动画人设计了一对慈善娃的形象，取名为"宝宝"与"安安"。这两个慈善娃一个是男娃，一个是女娃，正好对应不同性别的小学生。在此后的活动中，宝安区慈善会将这两个慈善娃的形象运用其中，提出了"日行一善，天天向善，人人争当慈善娃"的口号。

在项目管理方面，为了有的放矢地推进慈善文化教育，宝安区慈善会还总结提炼了该项目的管理原则，包括：教育提升原则、自愿参与原则、实践体验原则、体现特色原则。

其中，所谓教育提升原则，指的是通过教育引导，让参与者感受爱、表达爱、提升爱的能力。这里提及的爱，指的是一种生活化的爱，并由此及彼，从小到大。这一原则的提出，改变了传统德育过程中只讲大爱的做法。传统德育教育的这种做法脱离现实生活，难以取得好的效果。而宝安区慈善会的这一做法，从生活入手，注重感情与习惯的培养，弥补了传统德育教育的不足。

所谓自愿参与原则，指的是参与者自愿参与各项活动，且活动开展形式多样。爱的培养，是一个推动人的内心产生情感，并自愿表达内心情感的过程。这一过程并不能基于强制之上，否则，便不能形成真正的爱。不过，在实践中，考虑到小学生教育的特点，学校采用了统一学习和自愿参与相结合的做法，即在学习基础理念时，采用统一授课的方式，而在表达爱时，则以自愿行动为主，鼓励采用多样化的形式。比如，坪洲小学就采用了统一授课加自愿参与活动的方式。

所谓实践体验原则，指的是以实践活动为基本活动形式，让参与者不知不觉地受到教育与启发。设定这一原则，是因为仅采用授课的形式，会使参与者感到乏味，所以，要开展多样化的活动，以提升参与者的积极性。

所谓体现特色原则，指的是让慈善文化有计划、有步骤地渗入学校的教学活动，在小学生心中播种善念，德育教育融入慈善文化、慈善文化提升德育教育。这就是说，允许各学校结合自身特点，开展不同形式的教育活动。

此外，宝安区慈善会还建立了走访、交流、总结等机制。宝安区慈善会每年会定期走访各家合作的小学一次，了解他们在德育方面的工作情况，并提出意见和建议。另外，每年年底，宝安区慈善会还会召开一次总结座谈会。召开总结座谈会，一方面是为了总结该项目经验，另一方面也是为了在各试点小学间交流经验。比如，在 2015 年的总结座谈会上，坪洲小学分享了它近年来慈善文化教育方面的经验，给了与会者很多启发。大家在听取坪洲小学的经验之后，纷纷丰富了各自的方案。

目前，该项目已经覆盖了 16 家小学，近 2 万名小学生。其中，公立小学 14 所，民办小学 2 所。由于这一项目的成效非凡，2016 年，深圳市民政局牵头与各区签订协议，准备在深圳市全面推广这一项目。

（二）学校部分

我们走访了多所小学，其中坪洲小学的实践颇有特色。坪洲小学是一家公立小学。这所小学在慈善文化教育方面，与国学紧密结合，提出了一套独特的理念，即"日行七善，天天向善"。所谓七善，指的是颜善、言善、心善、眼善、身善、食善、物善。这七善都是生活化的小善行，倡导的是从小事做起，全员参与学做人。校方在设定这七善的内容时，特意选择了值得做、有效果的内容。这七善分为四大方向。

（1）个人修养。坪洲小学认为，慈善文化培养应从孩子们个人修养培育入手，即注重颜善、言善和身善。在颜善方面，它提出"平日勤洗澡换衣，衣着朴素、整洁、大方，头发、脸面、脖颈清洁，手和指甲干净，不留长指甲，指甲缝隙无污垢"等基本规范；言善包括"讲文明话、普通话，对别人多说鼓励的话、安慰的话、称赞的话、谦让的话、温柔的话"等内容；身善指的是"有好的身体、好的行动、好的仪表体态"。

（2）尊重长辈。坪洲小学，倡导孩子们尊重长辈，即要做到心善。这指的是要"懂得称呼长辈，懂得爱护弱小；每逢吃饭入座必须让长辈先入座，主动为长辈添饭；到家必须先向家长报平安，每逢出门必须要告诉家里的长辈，并说再见；外出玩耍、办事必须告知地点、时间和同伴，迟归时必须及时告知原因"。这里值得一提的是，坪洲小学提出的上述行为规范是结合现代小学生的行为习惯来设计的。现在，有的小学生外出时经常不给家长打招呼，甚至还出现过孩子夜不归宿、家长报警的情况。为了改变孩子们的习惯，坪洲小学提出了"外出玩耍、办事必须告知地点、时间和同伴，迟归时必须及时告知原因"等内容。

（3）助人为乐。在上述内容的基础上，坪洲小学进一步提出了助人为乐的内容，即眼善。这指的是要"以善意友好的眼光去看别人；拾金不昧，扶老年人过马路，在车上要让座，见到别人有需要，能给予力所能及的帮助"等规范。

（4）公共意识。最后，坪洲小学还提出了一些基本的公德规范，即所谓食善和物善。其中，食善提到"不剩饭菜，不浪费水"；物善提到"保持家园校园环境整洁；取用物品归还原处；爱护公物，不在课桌椅、墙壁等处乱涂乱画"等规范。

综上所述，坪洲小学的这七善，恰恰应和了宝安区慈善会对慈善文化的基本界定，即由小家之爱扩大为大家之爱。结合这一基本思路，坪洲小学开展了以下几个方面的活动。

第一，校级——宣传交流。在学校层面，坪洲小学安排了一系列的宣传交流活动，包括：①每月一次的周会课，即在班主任的带领下学习慈善读本。②每周四的红领巾广播，通过征集学生的心得体会，交流对慈善读本的学习感悟。③通过家校通，每周一条慈善短信，布置爱心作业。所谓爱心作业，是学校在特定时间布置给学生们的一项自选内容的作业。比如，在母亲节的时候，要求学生为母亲做一件事。学生可以自选事情的具体内容，如为母亲做家务、为母亲洗脚等。而且，在做完这件事后，学生需在微信群里分享做事的照片。④专题讲座。学校先后聘请了刘国玲秘书长、张云鹰校长、深大石海平教授等人士在全校教师、家长大会上宣讲慈善文化相关内容。

第二，班级——主题活动。在班级层面，坪洲小学组织了一系列学习交流活动，包括：①每周二、周四中午各班级开展的"与爱同行"自主阅读、学习交流；②各班教育活动，比如，以"我的中国梦""我心目中的宝安"为主题的读书征文、主题班会、故事会、演讲比赛等活动；③每周一次的主题班会，即以视频、课件等形式，传授感恩理念。

第三，家庭——亲子诵读。上述两个部分的主要着力点是传递爱的理念。在此基础上，坪洲小学又在家庭层面推动了爱的实践。它请家长与孩子一起参与慈善文化教育活动，并在活动中加入了很多亲子互动的内容。这些内容包括：①每月安排《慈善读本》亲子诵读活动，由家长与孩子共同学习、交流；②每逢节假日布置特殊德育作业，让学生帮家长做一件事，或结合慈善读本，写一篇感想体会；③结合坪洲小学已有的"亲子城堡"活动，新增慈善文化的元素，如由家长带领探访福利院，在社区里一起做义工等；④特色主题家长课程，即利用家长的资源，由家长给孩子们讲课。比如，有家长带着烤箱，教孩子们如何烤面包，有家长给孩子们做电脑培训，等等。

第四，个人——实践体验。坪洲小学还安排了相当数量的个人实践活动，以使学生更好地参与慈善实践。这些活动包括以下几个方面。①校园实践岗位。学校为学生提供了不少校园实践岗位，也即校长小助理志愿岗。这些岗位包括：礼仪长廊、开放书吧、仪容示范、校园十景、两操卫生等。②校园慈善实践。学校设计了一些校园内的慈善实践活动，如"我为妈妈做靓装""最美妈妈我装扮""跳蚤市场爱心义卖"等。其中，"我为妈妈做靓装"活动，就是让孩子们动手，以废弃材料帮助母亲设计一件时装。这既培养了家庭情感，也培育了孩子们对环保的关注，树立了孩子们对社会的责任心。"跳蚤市场爱心义卖"主要是让孩子们在市场上出售自己不用的文具和玩具，并鼓励孩子在收到的钱中拿出一部分用于慈善捐赠。③社会慈善实践。学校开展了一些社会实践活动，如走进社区、走进西乡客运站、走进污水处理厂、走进福利院慰问演出、走进福永凤凰山等。其中，仅以走进西乡客运站为例。这一活动是在过年时，让家长与孩子一起，在客运站做义工，帮行李多的旅客提拿行李。

除此之外，坪洲小学还针对家长开展了一些培训，包括：①对家长义工的培训，比如请宝安区妇联的领导来教家长如何做义工；②家庭教育讲座，即告诉家长如何在家庭中更好地教育孩子，在孩子心中培育起爱的情感，陪伴孩子共同成长。

坪洲小学还设计了一套评价机制，包括：自我评价、伙伴评价、班级评价、家长评价等几个方面。这些评价的成绩汇总后，交由学校德育处统一评定，选出校级爱心小天使。同时，各班级也会评选出班级爱心小天使。

经过近两年的培育，坪洲小学的家长与学生都出现了明显的变化。

在家长方面，变化表现在两个方面：①态度变化。一开始，家长对加入这些活动并不太理解。此后，在经过近一年的互动后，家长明显看到了孩子们的变化，于是纷纷变得主动起来，不断出人、出力、出车。②身体力行。家长们不仅变得主动了，还身体力行，直接参与慈善活动。比如，家长们纷纷报名做义工，在宝安区义工联登记注册成为正式义工。据统计，从 2014 年至今，坪洲小学的家长义工从最初的不足 50 人，上升到现在超过两百人。由于家长义工数量太多，学校无法安排每一位家长都参与学校的义工工作，于是甚至有家长跑来学校，主动要求被安排义工工作。

在学生层面，变化主要体现在他们懂得了感恩。比如，有孩子主动向老师表示希望不被留堂，因为一旦留堂，他母亲就要来学校接他。他母亲工作很累，如果还要来接他，就会给她增加额外的负担。这令他的母亲感动不已。又比如，有老师在上课时不停咳嗽，第二天，有学生主动给老师买来咳嗽药。这令这位老师感动不已。再比如，坪洲小学的黄同学患有地中海贫血症，需要做骨髓移植手术。手术所需费用达 60 万元。为了给黄同学筹集费用，学校发动师生捐款。仅这一次活动，该校师生就为黄同学筹集了 9 万多元善款。

除坪洲小学外，翻身实验学校（以下简称翻身小学）也颇具特色。翻身小学是一所民办小学。这所小学在慈善文化方面，也做了很多工作。比如，它设定了四大原则，包括教育提升原则、课程体验原则、实践体验原则、体现传统文化原则等。再比如，它提出了七大融合，包括慈善文化与学校人文教育相融合、慈善文化与学生思想品德相融合、慈善文化与主题班会相融合、慈善文化与校园六节相融合、慈善文化与国旗下讲话等主题活动相融合、慈善文化与家庭教育相融合、慈善文化与三好学生和五星班级评选相融合等。

在翻身小学的这些精心安排中，最具特色的是它设计的 16 个主题，48 项活动。据此，按照小学生一年 8 个月在校时间计算，平均 2 年可以完成一轮全部主题。所以，每一个学生在校期间，可以经过 3 轮此类活动。要安排这么多活动，是因为学校认为，慈善文化教育必须持之以恒。只有这样，才能有影响力，起到预期的效果。

在这么多活动中，其中有一项活动是感恩节活动。在感恩节活动上，学校提出要做到五个"一"。所谓五个"一"，指的是：①做一份送给父母的礼物；②给父母写一封信；③看一场感恩主题的电影；④进行一次感恩题材的诗文朗诵；⑤进行一次感恩主题的演讲。

在这五个"一"中，最重要的是给父母写一封信。学校要求孩子们不仅要写一封这样的信，还要读给父母听，并请父母在旁点评。之所以做出这种要求，是因为现在很多孩子都不知道如何向父母表达感恩之情，而采用这种方式，就能疏通沟通渠道，提供表达的机会。据了解，经常有家长在听到孩子们念的信后，感动得声泪俱下。

同时，与坪洲小学一样，翻身小学也会请家长共同融入亲子互动的过程。比如，学校搞了家长开放日、主题班会等活动。在主题班会上，学校会邀请家长与孩子一起表演节目，互相表达心声。

同时，学校也鼓励学生开展慈善实践活动。比如，学校设立了文明礼仪督察岗、低碳指导员等，让学生上岗实践。学校还组织家长和孩子一起去福利院参观；组织学生开展表演活动，请市民们观看；等等。

经过学校一年多的培育，一方面，学生知道如何向家长表达感恩之情，家庭的情感变得更为融洽了，另一方面，家长也变得愿意主动互帮互助了。有一次，深圳市下暴雨，翻身小学的校门被淹了。于是，就有一些家长自发组织起来，在校门口背前来上学的学生进校门。

（三）运作机制

基于宝安区慈善会这个案例，我们可以提炼出中国价值教育型组织的运作机制。

第一，推己及人。在中国社会中，要推动人们之间构建爱的纽带，必须要采用符合中国传统文化的方式。这在慈善领域，主要是推动"推己及人"理念的传播。这就是说，要重塑人们家中之爱的情感，并往外推，以爱家人的方式去爱人。

在宝安区慈善会的这个项目中，我们看到，它的基本思路是"营造学校、社会、家庭三位一体的慈善文化氛围"。这就是从小家到大家的"推己及人"，而且在这个过程中还实现了爱从孩子传递到家长，再由家长传递到其他人的效果。

在坪洲小学的慈善文化教育实践中，我们也看到了类似的逻辑。学校首先是从对孩子们的教育入手，然后加入家长与孩子互动的内容。由此便构建起了家中爱的纽带。然后，学校又鼓励并组织家长与孩子共同到社会上实践慈善，比如到车站、福利院等。这显然是为了推动爱从小家中走向大家，实现"推己及人"。

第二，自愿接受。爱的情感的培育必须立足于自愿。如果是强制推进，反而会起到负面效果。所以，宝安区慈善会在运作该项目时，反复强调自愿参与原则。它还给各小学以自由权，充分尊重各小学的意见，让它们根据自己学生的特点，有的放矢地开展教育活动。

第三，实践体验。爱的情感的培育不能仅停留在理念教育层面。仅停留在理念教育层面的培养不能外化为有效的情感纽带。要想将这种内心的爱的情感变成外在的爱的纽带，必须要落实为被培育者的实践行动。只有让人们在爱的实践中相互交往，才能真正有效地建立此类爱的纽带。所以，培育者必须要创造多种机会，让被培育者开展实践活动。

在该项目中，慈善会重点提出了实践体验原则。同时，坪洲小学设计了校园实践岗位、校园慈善实践、社会慈善实践等实践渠道，翻身小学设立了文明礼仪督察岗、低碳指导员等实践岗位，并组织家长和孩子一起去福利院参观，组织学生表演等各类活动。它们这么做的根本目的都是一样的，即在实践中，让被培育者的爱外化为与社会公众之间的爱的纽带。

综上，我们认为，价值教育型组织的运作机制是这样的：以情感培育为基本目标，以自愿接受为情感入口，以实践参与为情感出口，最终实现

"推己及人"（见图2-1）。

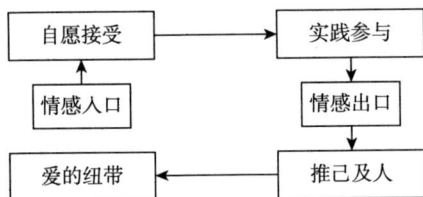

图2-1 价值教育型组织运作机制

六 结论与建议

综合本章所述内容，可知中国的现有的慈善组织至少包括四大类：家人福利型组织、价值教育型组织、社会服务型组织、价值倡导型组织（见图2-2）。

其中，家人福利型组织、价值教育型组织是家层面的两类组织；社会服务型组织、价值倡导型组织是共同体层面的两类组织。我们认为，既然中国是家社会，自然，应以家层面的组织为最主要的组织类型，令其占据社会的核心领域，而现在共同体层面的组织则占据了核心地位，这是不妥当的。

同时，结合上述分析，可知公共利益对中国慈善事业而言，反而是其次的，我们应把重点应放在爱的培养与表达上。这就是说，家长要爱家人，家长还要教化家人，让其懂得爱。这才是中国慈善事业当仁不让的天职。

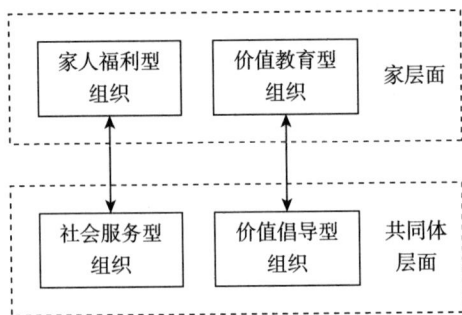

图2-2 中国现有的四类慈善组织

总之，在下一步改革过程中，有必要加大对价值教育型组织的培育力度，争取在未来一段时间里，培养出一批有号召力的价值教育型组织。由此，我们可以通过价值教育型组织来宣传党和政府所倡导的思想道德观念，实现对人民群众的思想道德的教育。习近平主席在十九大报告中提出：要

"加强党对意识形态工作的领导，党的理论创新全面推进，马克思主义在意识形态领域的指导地位更加鲜明，中国特色社会主义和中国梦深入人心，社会主义核心价值观和中华优秀传统文化广泛弘扬，群众性精神文明创建活动扎实开展"①。在这一方面，慈善组织可以发挥很大的作用，所以，中国的民政部门应该高度重视这项工作。

---

① 习近平：《决胜全面建成小康社会 夺取新时代中国特色社会主义伟大胜利——在中国共产党第十九次全国代表大会上的报告》，人民出版社，2017，第 4 页。

第三章　家人之爱

第一节　伦理体

一　第三个疑惑

按照一般理解，在社会领域，抛开政府不谈，公民公益应该是最符合公共利益界定的公益事业了。所谓公民公益，就是以公民参与为形式，以公民对公共利益的关注与行动为内容，以公共利益的实现为目标的一种公益形态。

公民公益事业在中国已酝酿多年。中国有大量的专家学者一直在大力呼吁推广这一事业。比如，有人曾提出：市场经济推动了普通人更多的身份平等，这也使得公益慈善事业不是富人的专利，而是人人都能参与的全民公益。这种全民公益的实质就是公民公益，它强调普通的公民通过志愿行动来实现公共利益或者公共价值。他们认为，公民公益寻求共识，强调以政府、市场和公民社会合作的方式来解决社会问题，化解社会矛盾，为普通公民参与公共生活提供了一条柔性、理性的管道。

既然公民公益的作用如此巨大，那它在中国的发展情况如何呢？深圳市作为中国改革开放的前沿阵地，与世界接轨程度较高，是一个比较理想的观察点。而环保事业是符合公民公益的社会事业之一。这一事业关涉公共利益，又经常有赖于社会公众的普遍参与，并经常依靠对话来实现推动自身的发展，所以，它是一个合适的研究对象。因此，笔者以深圳为调研地点，深度访问了5家专注于社区环保参与的组织。

通过调查，笔者发现这5家组织的情况可以用"举步维艰"来形容。它们普遍面临如下三大问题。

第一，社区居民主动参与环保治理的积极性不高。据反映，在各个社区中，居民们主动参与环保治理的积极性并不高。这又可分为两种情况：①如果这一项目是由社区内的居民发起的，且居民间关系较熟，则居民们会有一定的参与意愿；②如果这一项目是由社区外的陌生组织发起的，则应和者寥寥。只有当该组织找到了社区里的一名居民帮助引荐时，才会有居民报名参与。

但是，无论上述哪一种情况，都难以真正地实现社区内居民环保自治。这一点又与下述情况相关联。

第二，社区居民基本不愿意出资建设社区环保设施。要在社区开展环保治理，必须要有社区环保设施。这笔资金不大不小，但对居民们来说也算是一个负担。多数居民都不愿意分摊这笔资金。其中据一家组织的调查显示，在其驻点的几个社区中，有超过83%的居民认为，这笔资金应该由政府来承担。

另外，据反映，在社区中，有格外关心环境问题的个别居民会自己动手安装设施。但这些设施只为他自己服务，而不会分享给他人。比如，某个社区的某位居民特别关心雨水回收利用的问题，于是自己出资在自家的屋顶上安装了一个雨水处理设施。

这一情况恰好与上述第一点相对应，说明了社区内居民参与环境自治的情况较差。

第三，有经济价值的项目能较好地开展。与上述情况相对应，一旦该项目有一定的经济价值，则能较好地开展起来。比如，深圳市是较早推进垃圾分类的城市之一。不过，深圳市目前还处于理念推广阶段，只是让居民进行分类，而在最终处理时，并不做真正的分类。所以，笔者调研的这几家组织所入驻社区的居民都虚与委蛇，谁也不去真的做分类处理。不过，笔者发现，当地居民会自发地将一些有经济回收价值的垃圾挑出来，交给这些组织处理，以换取一些小礼品。这说明只要有经济利益的驱动，居民还是愿意做垃圾分类处理的。

上述三点都说明深圳市的社区内居民参与环境自治的情况并不理想。居民只有在三种情况下才表现出较大的主动性：①熟人关系；②自身相关；③经济回报。而在其他情况下，则并没有太多的主动性。

诚如上述，环保公益是较能体现公民公益的社会领域之一。它与共同体的"公共利益"高度关联，且具有较强的公民参与性。而深圳市又是中国开放程度较高，与国际接轨程度较高的城市之一。那为什么在如此开放的城市中，在如此具有代表性的领域内，公民公益的发展情况竟然如此的不理想呢？

二 "新乡贤"的辉煌[①]

要解答上述问题，我们必须回到中国社会的现实中来。在这里，我们要引入一个参照案例，那就是由古村之友全国志愿者协会（下简称"古村之友"）运作的"新乡贤计划"。

古村之友原本是一家专门做古村落保护的民间机构，在深圳市登记注册。但是，后来由于要扩大业务范围至全国，且又牵涉公益诉讼等业务内容，所以就主动在中国科协主管的中国生物多样性保护与绿色发展基金会下设立了一个二级机构，即上述古村之友全国志愿者协会。

同时，经过几年的运作，古村之友发现，要想保护古村落，不能靠传统的"居民发动 + 资金投入"这种模式，而应深入乡村，培养合适的基层人才。所以，在 2015 年，古村之友提出要以互联网技术为支撑，培育一批古村创客。此后，又经过近一年的探索与调整，到 2016 年 8 月，古村之友正式引入了"贤"的概念，提出以道德品质作为古村保护人才培育的支点。由此，"新乡贤计划"得以出场。

之所以会提出"新乡贤计划"这个项目，是因为古村之友发现，导致乡村祠堂变少、家谱失落的关键原因，不在于资金投入少，而在于乡村人心涣散。由于受城镇化的影响，乡村既有的社会结构正在瓦解。这种内在困局的外在表现就是宗族文化的弱化。而要解决这一问题，其关键也不在于投入资金的多寡，而在于如何重新凝聚人心。

那要如何凝聚人心呢？诚如笔者在第一章中所述，中国家社会的基础已经从"宗族"转为"家庭"。在家庭之中，血缘联系固然强劲，但在家庭之间，这种联系已明显弱化。所以，要重新凝聚人心，不能仅靠自然血缘，还要重塑情感。我们需要培育一批领导者，扮演小家长的角色，使其在带领大家共同走向幸福生活的过程中，培养此种情感。这就是新乡贤计划的主要工作内容。

根据古村之友的规定，新乡贤都是从报名者中筛选出来的。它认为，作为小家长的新乡贤应具备如下几个特点。

第一，要在经济上发挥带动作用。古村之友提出，新乡贤必须具备互

---

① 本案例不涉及古村之友的市场目的等其他层面，而仅关注其在基层农村重建方面所开展的工作及发挥的作用。事实上，我们认为，民间机构应谨慎选择市场层面的宗旨。

联网技能，且需要具备可持续的运营安排能力。

要求新乡贤具备互联技能，是因为现代社会资源分布广泛，所以新乡贤只有会使用互联网，才能吸引足够多的资源，带动乡村发展。

要求新乡贤具备可持续的运营安排能力，是因为古村之友要求他提出来的项目不能是因为一时情绪冲动为之，而应是可持续的。所以，古村之友要求新乡贤具备市场营销、民俗工艺、文化传承、建筑修复、活动会展等能力。

古村之友认为，新乡贤只有具备上述两项能力，才有可能推动项目的自给自足，带领村民们共同致富，比如，以互联网众筹、募集资金、修复乡村旧屋等方式，将之开发成民宿，并植入多重文化元素，从而带动乡村旅游的发展等。

第二，要在道德上起带头作用。古村之友提出，新乡贤不仅要有经济上的能力，还应具有道德上的先进性。它认为，新乡贤应该"义利并重，以义为先"。

这里所谓的"义"，指的是四种精神，包括：仁爱、担当、奉献、牺牲。这四种精神是递进关系，其中仁爱注重内修；担当重在职责；奉献主张额外付出；牺牲提倡献出一切。

关于古村之友提出的这四种精神，有两点值得注意。①这四种精神不包含西方式的道德价值，如正义、公平、民主等。关于这一点，古村之友创始人汤敏的解释是："这些价值偏规则，虽然也很好，但没有力量。而我提出的这四种精神则偏伦理精神。只有伦理性的精神，才有感召力。"①②义对利来说是重点，利是为义服务的。汤敏认为，中国乡村存在明显的乡土结构。村民的关系不同于纯粹的市场经济主体间的合作关系，而是更注重感情纽带。所以，村民看到别人有钱，还不顾一切地挣钱，不帮助大家，就会感觉人情冷漠。长此以往，相互间的情感纽带就会断裂。而这时，如果新乡贤具备上述四种精神，那他就会出手帮助大家，修补这种情感裂痕。比如，有新乡贤在修民宿后，额外开辟空间，作为村里老人的活动场所；有新乡贤捐款设立基金，关照有困难的乡亲；等等。这样原本受到影响的人情关系就能得到修复，大家心中都会感觉舒服。

第三，在乡村治理中扮演带头人角色。古村之友希望新乡贤在乡村治

---

① 访谈记录，2017 年 3 月 1 日。

理中扮演带头人的角色。过去，当乡村引入外来投资人时，难免会出现投资方的强势导致村民吃亏的现象。而这又是社会矛盾的隐患，容易引发群体性事件。另外，在乡村日渐原子化的今天，投资方要在乡村开展工作，也需要投入大量的时间，依次去找村民协商。而在这时，如果乡村有一个带头人，则可以这个带头人为支点，撬动整个乡村。新乡贤可以发挥至少两个方面的作用：①代表村民与投资方谈判，协商利益，如采用"租金保底，利润分成"方案①；②代表投资方，向村民招工等。

此外，政府也可以借助新乡贤，开展乡村的协调工作。乡村是一个熟人社会，人与人之间有层层叠叠的关系网络，政府作为外来者，很难对这些关系网络有全面的把握，更难直达乡村的底层。而新乡贤作为众人情感的牵引者，则具有这项优势。所以，政府可以借助新乡贤在乡村开展工作，起到稳定乡土社会、复兴乡村文化、发展乡村经济的作用。

此外，汤敏还提及，新乡贤对于乡村也是一个活化剂。原本乡村是沉寂的，大家都没有奔头。但是，现在新乡贤通过一个项目，发动村民共同加入，让大家发现原来日子还是有奔头的。于是，人们就团结到一起，为发展乡村一起努力。

第四，打破传统的乡绅阶层的固化。古村之友认为，新乡贤不是传统的乡绅。传统的乡绅是通过科举、财富积累等方式获得身份的。这个身份是固化的，而这个阶层也是不流动的。② 所以，他们这个阶层固然也发挥了稳定社会、传承文化的作用，但也阻碍社会进步。而新乡贤是流动的，所以，一旦有更为出众的人物出现，也就会产生新乡贤位置的更替。

古村之友就是根据这四个标准去选择和培育新乡贤的。据介绍，它目前已经培育了200多名新乡贤，分散在全国各地，但主要集中在东部地区。这些新乡贤，根据人员来源划分，可以被分为三类。

第一，在场的新乡贤，即本土新乡贤。这类人是生于本土，扎根本土，在村民中脱颖而出的能人。这类人有较高的责任感，但整体数量不多。其数量不多的主要原因在于：①完全本土培养的人较难沟通；②缺乏使用互联网的能力；③对外界情况了解不多，不足以反思本地情况。

---

① 所谓"租金保底、利润分成"，指的是在外来投资者进入投资项目后，当利润低于租金时，村民可以正常收取租金；而当利润高于租金时，村民可以转而收取分红。这是一种保护村民利益的机制。

② 这就是笔者在第四卷提及的爱的形式化的问题。

第二，不在场的新乡贤，即外出又返回本土的能人。这类人有较高的责任感，又有较好的视野，且掌握了现代技能和一定的资本，能够发挥较好的引领作用。这类人的数量较多。

第三，外来的新乡贤，即外来迁入的能人。这类人能力较强，但与本地居民有一定的文化、阶层方面的区隔。而且部分外来者存在不择手段，利用本土资源谋利，而不顾本地长远发展的情况。这会引发本地人与外来人之间的矛盾。所以，古村之友在选择外来的新乡贤时比较慎重，一般限定为年轻的外来官员这个群体。

在选出了这么一批人之后，古村之友做了多项培育工作，包括以下几点。

（1）不少于1次的线上推广和募款。古村之友会联合腾讯公益、火堆公益等募捐平台，带新乡贤在网络上募捐，同时还联合腾讯公益、地方政府等，提供配捐。

（2）志愿者团队就近帮扶。古村之友会帮助新乡贤对接志愿者资源，比如，有新乡贤要修缮旧屋，古村之友就帮助他对接房屋设计师等资源。

（3）帮助已经在乡村树立了口碑的新乡贤实现项目商业化运作。古村之友启动了项目商业化计划，协助新乡贤设计商业方案，寻找投资。比如，有新乡贤在修缮旧屋，且获得村民的信任后，古村之友帮助他通过土地流转，运营起了一个农场。此外，为了推动社会资金的进入，古村之友还发起了新乡贤社会价值投资平台，与阿里巴巴、众筹网、松禾资本、财鹰资本等达成合作。

（4）由古村研发与支持中心提供商业化的后续运营服务。古村之友联合诸多第三方运营服务商，帮助将新乡贤的产品推向市场，以获取利润。比如，针对新乡贤搞的农场，古村之友的支持中心提供了农产品设计服务，产品展示推广服务，网店推介服务等支持。又如，针对古村酒业，古村之友提供了平台、展会推介服务，投资机构中介服务，采购方中介服务，包装、文案设计服务，网店、线下空间展示服务等支持。

此外，为了向外推介新乡贤，古村之友还做了大量的推广活动，包括以下几点。

（1）召开新乡贤公益互助大会。首届新乡贤公益互助大会在深圳召开，国务院扶贫办、北京绿十字、北京大学深圳校友会、阿里巴巴、腾讯、铁汉生态、华侨城、众筹网、松禾资本、财鹰资本、华堂古村镇产业投资、众志基金会、爱佑基金会、火堆公益、南都基金会、绿盟公益基金会、爱德基金会等多家机构派人到场。

（2）开展古村大会、古村艺术节，启动古村出版计划，录制古村影像等。这些活动以新乡贤为案例，或者以新乡贤作为当地的组织者，将新乡贤作为核心进行包装与推广。

这一项目获得了丰富的产出，具体包括以下几个方面。

第一，经济产出：推动当地经济发展。新乡贤在帮助保护古村的同时，还带动当地经济的发展。比如，张会是 2016 年来到贵州黄泥塘村出任镇党委副书记的。她发现当地的水族客厅很有特点，就发动水族村民，一起加入水族客厅的项目。她发起了一场筹款活动。当时，正好深圳市龙岗区社工委主任赵雄也在当地，于是便将该项目介绍给古村之友。古村之友介入后，向她开放了火堆公益平台，并帮助她开展筹款活动。该项目获得了 72 名村民的捐助，又通过多方资源筹够了 10 万元，又获得配捐 3 万元。同时，该项目还得到了新乡贤金奖，奖金为 3 万元。在水族客厅修复完成后，该项目还与飞越彩虹合唱团达成合作，植入了文化元素。于是，水族客厅变成了当地的一个旅游景点。

据古村之友介绍，据统计，全国目前已经完成 40 个新乡贤项目，其中有 10 个达到 500 万元年产值。所以，目前新乡贤项目的年产值高达 5000 万元。同时，据保守估计，在 5 年内，它将在全国推动 20 万名新乡贤，即每个县 3 名新乡贤，并将带动 200 万人就业。

第二，文化产出：复兴当地文化元素。新乡贤在当地站稳脚跟后，在古村之友的推动下，会着手复兴当地的文化元素。比如，新乡贤会带头组织修订家谱、修建祠堂等。

古村之友认为："古村当中以祠堂为文化的精神高地，以家谱为史志来励志以及传承文化，以祖训和诗词匾额、雕刻作为高级的文化表达形式来传递精神的价值观。"乡村是以这些文化元素作为情感纽带之载体的，所以，推动这些外在形式的恢复，对于家的情感的传承是很有必要的。

当然，情感纽带的形成，对于经济发展也是有裨益的：一方面，史志传说、文化典籍、祖训诗词和艺术作品等本身就是文化旅游、文化产业、文化活动中的重要元素。如果在文化旅游中穿插进一场新村庙会，会给旅行者增添很多乐趣；另一方面，将人们重新凝聚在一起，也可以对接资源，带动一群人共同从事某一行业。比如，在南方某些地区，经常能看到以地区为界的行业聚集，如房地产村、医药村等。这些都说明情感纽带对于推动经济发展的意义。

第三，精神产出：恢复当地的传统道德。在功利主义的压迫下，传统的宗族伦理道德是在步步后退的。这时就需要有人主动站出来，做出改变。

古村之友在这方面的产出是很明显的。但凡有新乡贤介入的地方，当地的价值观就得到了更新，比如，人们会变得更为关心村内事务，也愿意彼此关心。

正是由于"新乡贤计划"切合中国社会的现实需求，所以该项目一经推出，立刻赢得了政府的欢迎。目前，已有多地政府与古村之友达成了合作。比如，山东省扶贫开发基金会与古村之友合办了第一书记扶贫创客大赛；山西省郓城市市委宣传部与古村之友合办了新乡贤大赛。而且，政府不仅出钱兴办活动，还向参加活动的项目提供配捐，甚至是直接资助。比如，在福建柘荣书院修复项目中，政府发现该项目获得大量传播，且带动当地村民积极参与，所以，省、市两级政府共同投入 30 万元，帮助修复该书院。

三　慈善的伦理性

那么，新乡贤是不是一个公益项目？它有一些看似公益项目的元素，比如，它带动公众参与，努力推动社会问题的解决；它的产出是具有公益性的，满足了相当多的社会公众的利益诉求，比如带动经济、兴修书院等。但我们认为，仅凭这些公益元素不足以使它成为一个公益项目。新乡贤计划的落脚点不是公共利益，而是伦理道德。我们有三个理由。

第一，新乡贤计划主旨的重点不在于实现公共利益。在前文中，我们提及，新乡贤计划的主旨是"义利并重，以义为先"。这说明其主旨的重点不是公共利益，而是伦理道德，否则"义"就不应放在"利"之前。

第二，新乡贤计划的基础不是人们对公共利益的主张。新乡贤计划虽然也调动人们的利益诉求，即以推动乡村经济发展的方式，实现社会关系的重建，但站在宏观的角度来看，利益诉求却不是这个项目最重要的支点。新乡贤计划的重要落脚点是人际关系与情感纽带的培育。新乡贤计划将较大的力气投入在遴选和培育上，并以此为着力点，建立新乡贤周围的关系网络和情感纽带。这些做法是传统的公益项目不会涉及的。传统的公益项目会将目光聚焦在项目上，以促进公共利益的最大化，而不是分出大量的精力去培育人际关系。这也说明新乡贤计划依托的不是公共利益，而是情感纽带。

第三，新乡贤计划的主要成果不是公共利益。新乡贤计划的成果有很多。其中有不少是有关利益的内容，如乡村书院、乡村文化、土法工艺等。但这些都不是最主要的成果，因为这些成果的产生都是为另一个更为重要的成果做准备的，即伦理体。

所谓伦理体，又称为伦理体系，即以家中的情感为内核，以家人为元素，以伦理关系为经纬的集合体。要理解伦理体，必须先理解中国社会。众所周知，中国社会是一个熟人社会，即一个以"家"为基本形态的伦理体。我们中国人分辨与他人关系的亲疏远近，重点在看对方是不是"自己人"。如果是自己人，便予以信任；反之，则会疏远对方。而这种是不是"自己人"的判断，其背后潜藏的是一种伦理关系构建与否的判断，即对方是否也将自己纳入其"自己人"的范畴。基于上述认识所凝聚形成的群体也就是所谓的伦理体，或曰"家"。新乡贤计划最重要的成果正是培育了这个伦理体。新乡贤计划的所有产出，包括经济、文化、道德等都是围绕这一目的做准备的。如果这一产出不能出现，其余产出便没有意义，这个项目就是失败的。

只有理解了这一点，我们才能理解新乡贤计划为何要提出那样古怪的宗旨，要做那样费力的培育工作。其实，它并不是想要做什么公益事业，它想做的就是培育这样一个牢固的伦理体。这个伦理体是中国社会的根基，只有能够重构这样的根基，中国社会才能长久稳定与持续发展。

而只有搞明白了这一点，我们才能搞明白，新乡贤计划的主要成果断乎不是公共利益，因为公共利益只讨论"正义"，而不涉及这种家人之间的伦理问题。公共利益要构建的社会形态是契约式的共同体，而不是家。

所以，我们认为新乡贤计划绝不是一个公益项目。那么，它又能是一个什么项目呢？

我们认为，它是一个慈善项目，而且是一个中国式的慈善项目。它将重点放在了"家"的伦理上，并围绕它做了两件事情。第一，培育熟人关系网络。熟人关系网络是伦理体的基础。人与人之间只有先熟络起来，才可能建立起所谓的家人间的伦理关系。这种关系网络的建立，需要双方都敞开心扉，将对方纳入自己的熟人圈，当作"自己人"看待。

新乡贤计划在这方面出了很多力。比如，新乡贤计划只选择能够凝聚村民的申请人成为新乡贤；新乡贤计划帮助新乡贤筹集资金，共同完成乡村保护项目；新乡贤计划带动新乡贤修建祠堂，修订家谱，复兴乡村文化等。

第二，在关系中填入"爱"的情感。有了熟人关系网络，不代表伦理体已然成型，因为这时我们只塑造了伦理体的形式，却没有填入伦理体的实质。这一实质就是"爱"的情感。一个伦理体中的人，只有相爱，才能凝聚。

笔者在这里提及的爱不是西方所谓的"博爱"，而是家人之爱。在家的结构下，人们的爱都指向自己的家人。人们爱自己的家人，并愿意接受家人的爱。只有这样，才能形成一种符合中国社会特点的伦理体。

新乡贤计划在这方面也做了很多工作。比如，新乡贤计划主张以义为先；新乡贤计划梳理并公开新乡贤的四种精神；新乡贤计划要求新乡贤不能只顾自己挣钱，必须要注重乡村情感平衡，要回报村民；新乡贤以家谱、祠堂等为载体，重新凝聚人心，汇成一个爱的网络。

所以，新乡贤计划所做的主要事情是建立了一个以熟人关系网络为基础的，以对家人的爱为内核的伦理体。这是新乡贤计划的主要内容，也是慈善事业的一个重要面向。

基于上述分析，我们得出了一个初步结论，即慈善事业不能仅有利益这一个单一面向，而更需要情感这一面向。慈善事业的重要依凭是伦理体，而它的重要作用也正是修复伦理体。[①]

由此，我们看到，乡亲之间的救助，立足于同乡之情，表现为"爱"的情感的注入。而这种救助之反以能够达成，正是由于立足于两人同属于一个伦理体这一基础之上；而其作用也正在于巩固这一伦理体。

相反，如果这一事情是出现在两个纯粹的陌生人之间的，人们便会考虑利益得失，而不愿意轻易出手。究其原因，正在于两者不属于同一个伦理体，而慈善的伦理性也无的放矢。

同时，我们认为，人的抉择皆是由两条脉络支撑的：情感与理性。在情感全然退场的情况下，人们就只有凭借理性来做出决策了。这就是利益选择之由来。只有明白了这一点，我们才能找到公民环保公益困境的根源。

———————————

① 在慈善领域，一旦资金是由政府主办的，则慈善事业既体现为家长对家人的爱，也有助于伦理体的构建。不过，此处仅讨论慈善事业的社会层面。下同。

四 环保组织困境的根源

公民环保公益举步维艰的根源何在？我们认为有以下几点。

第一，为何居民只有在有熟人关系作为基础的情况下，才愿意参与环保治理呢？这是因为只有有了熟人关系，人们才能感受到伦理体的存在，也才愿意为共同归属的伦理体做点事。在那些居民的心中，其实他并不认为这是在帮别人，而是认为这是在帮自己，因为帮自己的"家"就等于帮自己。

第二，为何人们都不愿意出资建设社区环保设施呢？问题出在两个方面。①人们认为环保组织不足以成为伦理体的领导者，即小家长。相反，人们认为应该由政府来当家长并出这份钱。②环保组织对伦理体的构建重视不够。如上所述，人的抉择皆是由两条脉络支撑的：情感与理性。在情感全然退场的情况下，人们就会凭借理性来做出决策。所以，如果在社区中人们之间的情感纽带足够强韧，那人们通常是不太计较个人得失的。相反，只有在情感淡漠的时候，人们的理性才会出场。在笔者调研的这几个深圳社区，大多存在情感淡漠等情况。这说明这些环保组织虽然依托熟人关系进入社区，却没有在情感培育上下足功夫。它们希图以西方式的社区自治为形式，以公民的利益诉求为基础，推动公民环保公益。这显然是走错了路。要知道，想要真正调动中国公众，要么就要切中公众各自的切身利害，要么就要诉诸家中情感。两者当择其一。而这些社区的环保公益组织，既不涉及大的切身利害，又没有诉诸家中情感，又如何能够取得成功呢？

第三，为何有经济价值的项目能比较好的开展起来呢？在利益与情感没有冲突的情况下，人们自然愿意多得一些好处。所以，人们这么做，有其合理性。

通过上述分析，我们看到，深圳市这些社区的环保公益组织，走得是契合公共利益的道路。它们以公民参与为形式，将着力点放在唤起公民对社会公共利益的关注上。但是，遗憾的是，这种口号缺乏号召力。它不能唤起人们内心中最本真的情感，反而让中国最底层的利益计算泛了起来。于是，人们纷纷选择袖手旁观，坐享其成。

所以，我们认为以环保公益为代表的公民公益，并不太契合中国社会的基本结构。它从利益角度切入，希望调动人们的理性抉择，却遗忘了情感，将社会伦理抛之脑后。慈善事业如果仅以这样的形态示人，效果多不理想。

五 结论与建议

综合前述三节的讨论，我们认为符合中国传统文化的慈善事业共有三类：家父的爱；爱的教化；家人互爱。但我国主流学界将慈善事业界定为以"公共利益"为目的的事业。这不仅抹杀了政府慈善行为的伦理属性，剔除了慈善的教育意义，也抹杀了家人互爱的慈善属性。根据这一界定，我们会看到很多滑稽的现象：一人在街头看到沿街乞讨者，遂发善心，捐出一块钱，竟然不属于慈善；一人听闻邻人家的小孩学习刻苦，但生活困难，心有不忍，捐出一学期学费，竟然不属于慈善；一人听闻同族远房叔伯老无所养，内心煎熬，为其养老送终，竟然也不属于慈善。那么，这些真的不属于"慈善"吗？

在笔者看来，这些统统属于慈善，且是最契合中国社会现实情况的慈善。它们都富含"家中情感"，符合伦理体的基本含义。而偏偏主流学界却将这些情况都排除在"慈善"定义之外，乃至不得不在"慈善募捐"之侧又人为地新设"个人求助"这样一个从未被人们所闻的概念。这种做法不仅破坏了人们的共识，践踏了原本严谨的认知体系，还抹杀了慈善的伦理价值，撕裂了不同群体之间的情感纽带。这一做法看似无心之失，但如果深切品味之，乃可见其背后暗藏的深意。

我们认为，慈善的一个重要价值是以强有力的情感纽带，弥合社会各阶层、各群体之间的裂隙，使人们不再一味地关注利益，而忘却了"爱"。而现在，主流学界强行将慈善的这一功能剥夺。这等于是将社会各阶层又推向了矛盾乃至冲突的深渊。它所销毁的何止是"慈善"，更是我们每一个人的生活。而一旦我们的生活被毁，或者我们的社会结构被破坏，作为"家父"而存在的政府又如何独存呢？所以，其实真正被破坏的是我们政府的执政基础啊！

环顾现实，我们现在身处的是这样一个充满"爱"的社会，所以，我们需要慈善来使这个社会的"爱"更为充盈。我们现在需要做的事就是重新界定"慈善"的定义，将上面这些情况重新归于慈善。同时，我们还认为，在下一步改革过程中，有必要进一步明确我们的改革方向，使改革重新回到巩固社会伦理关系，强化政府的统治基础这一方向上来。这也就是说，我们要让中国式的慈善重回正统。

第二节 伦理的地域性

一 第四个疑惑

在上一节中，我们得出了一个结论，即在中国，慈善是具备伦理性的。抹杀了慈善的伦理性，便会损及中国社会的基础。

那么，问题是西方社会也是有伦理的，那可否将西方社会的伦理搬到中国呢？比如，近年来慈善界热议的市场伦理。近几年中，慈善界一直在探讨慈善事业市场化的可能性，认为应将市场伦理引入中国慈善领域。他们认为，市场伦理中特有的优胜劣汰取向可以促进慈善事业的专业化、规模化，能满足社会公众对慈善提出的新要求，从而更大限度地实现公共利益。那这么做是否可行呢？围绕这一问题，我们对东莞市的社工服务做了一次调研。

二 东莞社工服务的成败

东莞市是全国率先启动政府购买服务的地级城市之一。2009 年，东莞市制定出台了《东莞市人民政府关于加快社会工作发展的意见》（以下简称《意见》）。根据《意见》，东莞市要通过三个阶段的探索，在全市推进购买服务。其中，仅在探索试点阶段，即 2009～2010 年，政府就要在全市范围内购买 500 人以上的社工服务；而到最后阶段，即 2013～2014 年，则要实现全市社工人数达到 2500 人的目标。此目标就东莞市的体量而言可谓宏大。

为了实现这一目标，东莞市政府配套了大量资金。据了解，截止到 2015 年底，东莞市已经投入了超过 5 亿元的资金用于购买服务，共购买了 1353 个社工岗位，先后培育了 41 家社工组织，有 6000 多名注册社工。

为了促进并规范购买服务，东莞市出台了著名的"1 + 7"文件。其中，所谓"1"，是指上述《东莞市人民政府关于加快社会工作发展的意见》，而所谓"7"，是指 7 个配套文件，包括《东莞市财政支持社会工作发展的实施方案（试行）》《东莞市社会工作人才专业技术职位设置及薪酬待遇方案（试行）》《东莞市社会工作人才教育培训方案（试行）》等。此后，东莞市政府还先后制定出台了《东莞市社会工作服务机构行为规范指引》《东莞市社会工作督导工作职责手册（试行）》等规定。

在这一系列文件中，有两个要点值得关注。

第一，政府明确提出要"坚持政府主导与民间运作相统一"。其中，政府的主导作用体现在充分发挥政府在营造环境氛围、提供财政支持、制定政策法规、监督规范实施等方面的作用；而民间运作则以"政社分开"为原则，按照"社会化、市场化运作的模式"，通过"大力培育发展公益性社会组织"，以及通过"政府购买服务的方式"，来实现"社会工作由公益性社会组织主体推进"的目标。

所以，东莞市的购买服务是政府管控与市场运作并重的。其中，政府发挥了领导、支持和监管的作用；而市场则发挥了推动市场竞争，提升服务绩效的作用。根据传统理论，政府的行政手段与市场机制相结合，能起到良好的调控市场的作用。所以，可以想象的是，按照这种模式来运作，东莞市的社工服务应该能够结出甜美的果实。

第二，针对社工组织、社工个人，政府制定了严格的规范。在该"1+7"文件中，我们看到有至少两份文件对社工组织和个人的行为进行了规范。此外，《东莞市社会工作服务机构行为规范指引》等文件，更是对社工组织和督导做出了进一步的规范。比如，《东莞市社会工作服务机构行为规范指引》规定："社工机构应本着精简、高效、合理的原则，配置结构合理、素质优良的管理人员。一线社工人数在100人以内的社工机构管理人员不得低于一线社工人数的8%，一线社工超过100人的社工机构管理人员实行分段计算，其中100人以内部分按8%计算，超过100人部分按超过部分的5%计算，所得结果取四舍五入后的整数。机构管理人员中持有社会工作者职业资格证书者不低于50%。""社工机构应有效合理地使用政府购买社工服务款项，原则上直接用于支付机构社工福利薪酬和社会工作业务的经费不得低于政府购买社会工作服务支付总额的80%。"

此外，为了加强对社工组织以及社工的管理，东莞市民政局成立了东莞市社工协会，负责对社工组织开展行业管理，并采用期中抽查评估的方式，加大对购买服务的监察力度。

综上所述，我们认为，东莞市政府围绕社工购买服务建立了一套相对完善的管理体系。这一套管理体系在某些方面，甚至比广州、深圳等更为严格、完善。比如，在岗位购买管理方面，东莞市对岗位种类建立了清楚的分类体系，对岗位级别、薪酬等也有严格的规定。如此精细的规定在其他地方是不太常见的。而且，值得承认的是，东莞市政府也切实运用了市场机制，即通过市场竞争与淘汰的方式，来遴选优秀的社工组织。据了解，东莞市目前有 7 家实力较强、历史较长、影响较大的社工组织。这几家社工组织在全省乃至全国都获得了不少荣誉。所以，相比其他地方，东莞市的社工购买服务还是比较成功的。

通过上述描述，我们可以发现，东莞市的购买服务是市场化、规范化的，也基本符合我们对于购买服务的正统理解。可以想象的是，凭借这一做法，当地的社工市场必将蓬勃兴旺，社工组织也将在竞争中变得日渐专业且壮大，而社会公民也将在优质的社工服务中享受幸福的生活。如此，便可实现公共利益之目的了。所以，市场化是符合公共利益宗旨的。

但是，理想是丰满的，现实是残酷的。东莞市的购买服务在实际运行过程中，多次出现尴尬的困局。这些频出的困局让上述理想在现实面前显得破败不堪。关于这一点，我们要从当地的禁毒社工界的一场巨变说起。

东莞市的购买服务共有两种模式：一种是岗位购买，一种是项目购买。其中，岗位购买又分为两种类型：一类是在市直机关服务的社工岗位，如民政、教育、卫生、劳动等部门的岗位；另一类是针对特定服务对象的社工岗位，如在社会福利与社会救助机构、残疾人服务机构、学校、医院部门的岗位。其中，我们这里要重点讨论的禁毒社工，就属于第一类社工岗位。

为了配合政府开展禁毒工作，从 2009 年开始，由东莞市禁毒办牵头，以岗位购买的形式，在虎门、厚街、万江、中堂、莞城、凤岗、常平等镇街禁毒办购买了 14 名禁毒社工的服务。这批禁毒社工被派驻到各街镇的公安分局（最初为政法委和综治办），负责开展社区帮扶、预防吸毒等工作。

禁毒社工是一类专业性较强的工作岗位。据了解，一般一名禁毒社工从入职到初步上手，最快也需要三个月的时间。其间他要经历三个阶段。①机构培训。机构要向社工提供工作职责、专业技能、领域特点等的培训；②熟悉用人单位。社工要通过前期接触，熟悉用人单位的情况；③社会关系网络初步构建。社工需要接触各个合作方，如学校、娱乐场所、强制戒毒所等，以建立社会关系网络。

但是，这仅是初步上手。事实上，禁毒社工要想把工作做好，需要花更多精力，建立更深层的关系网络。

第一，在社区帮扶工作中，社工需要与个案建立稳定的情感联系。禁毒社工是需要介入对方生活，得到对方真心接纳的。所以，社工需要用相当长的时间，通过一对一的服务，来培养出与个案的"真感情"。

东莞市横沥镇隔坑社区服务中心（以下简称"隔坑社工"）的社工督导助理郑美珠就通过这种方式，成功地帮助了一名吸毒人员。她的服务对象名叫阿军，有 20 多年吸毒史。为了接触阿军，郑美珠在社区戒毒的美沙酮发放点蹲点守候，与阿军接触。在多次接触后，阿军发现郑美珠十分友善，才慢慢放下了警惕。与此同时，郑美珠与阿军的妻子阿兰开始接触，并建立了稳固的联系。通过不断的接触，郑美珠通过阿兰了解到，由于阿军吸毒，一对儿女在人前抬不起头来。有一次，儿子小明特别委屈地对母亲说，他很想像其他同学一样，由爸爸带他们去喝一次早茶。儿子的话深深地刺痛了母亲阿兰的心。郑美珠认为这是个突破口，并将这番话告知了阿军。阿军受到明显的触动，决定痛改前非。同时，郑美珠还将阿兰拉入帮扶服务中，规劝阿兰及子女转变对阿军的态度，重新接纳他，并且还要多给予他表扬和称赞。通过郑美珠和阿兰等的联合努力，阿军逐步戒除毒瘾，找到工作，恢复了正常的生活。①

第二，在预防吸毒工作中，社工需要与服务对象接触并磨合。预防吸毒需要面对三类不同的群体，即普通公众、重点人群（通过娱乐场所、快递行业、学校等宣传预防吸毒，告知服务人员如何识别毒品）、戒毒人员及其家属（进入强戒所，对预备处所人员提前介入）。这也需要相当长的时间，通过不断的磨合，才能构建出最优化的合作机制来。

比如，某禁毒社工在与当地学校建立联系后，又通过一年多时间的工作，逐步熟悉了学校的情况。他发现，可以结合学校的科技艺术节、法制周等活动来开展宣传。正好省里也在要求学校每学期开展一定课时的法制教育课程。所以，该社工主动将自身工作与学校的工作相结合，提出了一套工作方案。他的这一想法受到了学校的欢迎，学校主动将之纳入了学校的教学方案。

据称，一名禁毒社工要想真正顺畅地开展工作，至少需要 1~2 年的时间。而且，值得注意的是，要想使预防吸毒工作的效果有所显现，则需要更长的时间。之所以这么说，是因为预防吸毒宣传不同于打击毒品，需要逐步地改变人们的观念，最终培育出一种普遍的社会意识。这绝非一朝一夕所能实现的。

---

① 谢颖：《东莞禁毒社工助"瘾君子"重生》，《羊城晚报》2014 年 4 月 8 日。

正是认识到禁毒社工工作的特殊性与挑战性，从 2009 年承接这一工作时起，隔坑社工便特意花重金聘请了一名香港社工督导，由其深度参与工作开展，协助制定服务规划，进行社工培训。所以，在很短的时间里，首批入驻的 14 名社工的专业水平得到了明显提升。此后，隔坑社工的人员又用了 5 年时间，深度介入禁毒社工领域，通过耐心的培育，最终成功建立了上述两重关系。于是，围绕隔坑社工，当地形成了一个巨大的社会关系网络。各种熟人关系，千丝万缕，通过隔坑社工联系到了一起。

此外，值得一提的是，隔坑社工还是东莞 7 家老牌社工组织之一。它实力强劲，在政府开展的评估中每次都能取得高分。

但是，在 2016 年新一轮的购买服务竞标中，原本志在必得的隔坑社工却遭遇了滑铁卢。另一家实力更强劲的社工组织——东莞市普惠社会工作服务中心（下简称"普惠社工"）——在竞争中胜出。据了解，普惠社工也是 7 家老牌社工组织之一。它的影响力在隔坑社工之上，获过的奖项也更多。而且，由于普惠社工的规模更大，承接的服务项目更多，所以它具有规模优势，给出的报价也就比其他社工组织低。此外，普惠社工在标书撰写方面也相对更为专业，更容易获得评委的青睐。综合上述多方面的原因，普惠社工在这一竞争中胜出了。

按照市场逻辑，在竞争中胜出的强者自然能够降低服务价格，改善服务质量，扩大服务规模，将禁毒社工的工作引向更好的方面。但现实的情况似乎并没有朝这一方向发展。在 2016 年服务机构替换过程中，出现了如下几个现象。

第一，有丰富经验的禁毒社工流失。在隔坑社工出局后，共有 4 名禁毒社工主动选择放弃既有岗位，随隔坑社工一同出局，其中不乏个别有丰富经验的禁毒社工。作为替换，普惠社工派了 4 名新人入驻岗位。而据前文介绍，这 4 名新人在入驻后，要想真正上手，又至少需要 1 年的时间。

第二，留下的社工很难适应新机构。在本次机构替换中，有 10 名社工不愿意改变工作岗位。于是，他们只能从隔坑社工跳槽到普惠社工。但是，普惠社工和隔坑社工的机构文化不同，管理模式不同，管理人员的特点也不同。比如，隔坑社工原来没有使用电子网络系统，而普惠社工则使用了一套这样的管理系统，所以，从隔坑社工跳槽来的社工们大都表示用不惯这套系统。他们要想适应新的工作环境，还需要一段较长的时间。

第三，留下的社工工资减少。据了解，在社工的工资中，有一项是工龄工资。留下的社工由于换了机构，所以他们的工龄就只能重新从零开始起算。这导致跳槽者的工资减少。对于这一情况，留下的社工难免有一些不满情绪。这又间接影响了他们工作的效果。而社工又处于关系网络的中心，所以社工的负面情绪自然会影响整张社会关系网络的稳定性。

第四，隔坑社工带走了绝大多数资料。隔坑社工落败后，对评标结果很不满意。它曾与政府沟通，了解相关情况。在结果难有改变后，隔坑社工带走了属于它管理的个案材料。这种做法的合法性毋庸置疑。但在个案资料被隔坑社工带走之后，不仅老的社工需要较长的时间来重建档案，而且新的社工更是无的放矢，只能重新开始调查。

在出现了这么多情况之后，东莞市禁毒社工的工作陷入了一长段重整期。在这一段重整期中，原有的成果几乎被废弃。而其中最令人揪心的是社会关系网络的破碎。原本购买服务应该为促进专业化，巩固社会关系与服务成效做出贡献的，可到头来，它却将关系网络撕碎，使原来服务的成效一概归零。

而通过更深入的调研，我们发现，事实上，这样的情况还不止出现在禁毒社工一家。在其他社工服务领域中，也都出现过类似的情况。比如，东莞市妇联购买的白玉兰家庭服务中心的社工岗位也曾出现这样的情况。当初，东莞市大众社会工作服务中心（下简称"大众社工"）通过东莞市的公益创投项目，建立了一套反家暴的服务体系。此后，它通过妇联的购买服务，将之转化为庇护中心项目，即植入白玉兰家庭服务中心，成为其中的一个面向单亲母亲、留守儿童的服务项目。在服务数年后，它却面临普惠社工等几家机构的竞争，最终被迫出局。大众社工在离开时不仅带走了相关资料，还解散了为开展工作而成立的多个居民群。由此，相关工作一度陷入停滞。而且，如果我们站在全国的角度来看，这种情况绝非东莞市所独有的。在中国各地的政府购买服务中，我们经常能看到类似的情况：老的服务机构因为各种各样的原因被新的服务机构替代。然后，老的机构在离开的时候，多少会牵扯出一些问题来。周而复始，永无宁日。

三　伦理体的地域性

为什么政府开展的购买服务会产生如此后果呢？站在市场的角度来看，难道东莞市政府不是做了一个合理的市场选择，推动了优胜劣汰吗？

我们认为，要解决这个问题，必须要对社工服务的伦理性有一个清楚的认知。社会工作领域的学者曾提出："社会工作专业的本质是一种道德实践，其对意识形态的介入及专业实践中所涉的道德价值判断和伦理抉择使之不同于一般的专业。社会工作在专业化的进程中包含诸多的伦理议题，可概括为：社会工作的道德特质、伦理困境、伦理抉择等。这些构成了社会工作复杂的价值与伦理议题中的核心议题。"①

需特别说明的是，这里的伦理是有地域性的，即不同的地方有不同地方的伦理，相互间不可随意混同。之所以这样说，是因为伦理与文化高度相关，而文化又是有很强的地域性的，所以伦理亦有地域性。这便是说，西方的伦理不适于中国，而西方的市场伦理更是如此。西方的市场伦理立足于功利主义之上，表达的是一种对利益的关切。在这种对利益的关切中，既有人们对个人利益的关切，即私利，又有人们对公共利益的关切，即公益。这种伦理与中国的家的伦理有着天壤之别。与此相对应，中国的社工服务的伦理性也具有中国特色，这主要表现在以下两个方面。

第一，培育熟人关系网络。与其他慈善领域一样，中国的社工服务要想顺利开展，必须要建立一种以"人情关系"为基础的网络结构。

比如，在上述阿军的案例中，我们可以看到这一熟人关系的建立。一方面，郑美珠敞开心扉，将阿军和阿兰作为自己的家人来对待，真心诚意地帮助他们，不停地找他们交流，直到将两人感动；另一方面，阿军和阿兰也渐渐敞开心扉，真心地接受郑美珠的介入，将之当作自己的"亲人"来看待。由此，双方间建立起了情感纽带，而社工服务也才得以真正落地，顺利开展。

第二，在关系中填入"爱"的情感。与其他慈善领域一样，在有了熟人关系网络后，社工们还需要往里面填入"爱"的情感。比如，在上述阿军的案例中，我们可以看到，郑美珠成功地向阿兰传递了爱的情感。她感动了阿兰，并通过阿兰影响阿军。同时，她又向阿军传递爱的情感，并通过阿军影响阿兰。由此，在这一对夫妇间本已几乎破裂的关系重归于好，这一个小家庭里又重新充满了爱。所以，中国的社工服务具有独特的伦理性，即其依赖熟人关系网络，并以对家人的爱为内核。社工服务的一大作用是培育伦理体，并通过对伦理体的培育而日渐显出成效。

由上述两点，我们可以看到，我国社工服务的伦理性受伦理体特点的

① 谢莒莎：《社会工作伦理困境及其解决方式》，《社会工作》2009 年第 6 期。

影响较大。而要培育一个伦理体，需注重如下几点。

第一，培育伦理体所需时间较长。伦理体是建立在情感之上的，而情感的培育又需要很长的时间。所以，要培育伦理体，需要投入大量的时间和精力。

第二，培育伦理体缺乏规律性。伦理体是立足于人的情感的，而人的情感又是因人而异的。所以，要培育伦理体，需要根据具体情况做出调整，难有统一的规律可循。这也就是说，不是机构大、实力强，就一定能做好构建社会关系、培育伦理体的工作的。

第三，伦理体具有属人性。伦理体一旦构建完成，就专属于某个具体的人。为这个伦理体中的人所接受的是某个具体的人，而不是任何其他人。所以，在完成这一构建后，轻易不能换人，否则就会面临伦理体受损的问题。

第四，伦理体不太稳定。伦理体是立足于人的情感之上的，而人的情感是多变的，容易受到多方因素的影响，如利益、情绪等。这就会导致伦理体不太稳定，稍有变动，便可能引发伦理体震动乃至坍塌。

这是伦理体的特殊性。这四大特殊性同样影响了社工服务。社工要培育成熟的伦理关系，建构一个成熟的伦理体，需要投入大量的时间，且需要因时因地因人而变。而当这个伦理体建立起来以后，其也具有明显的属人性，易受外部力量的影响。总之，伦理体有特殊性，而理解这些问题，是我们搞明白东莞难题的关键。

四　东莞难题的根源

在得出上述结论后，我们就可以来分析东莞市难题的根源了。如前所述，东莞市政府在购买禁毒社工岗位时，将隔坑社工替换为普惠社工，从而造成了一系列问题。同时，政府在购买白玉兰家庭服务中心社工岗位时，也出现了类似的情况。我们认为，导致这一问题的根源是政府用市场伦理替代了家的伦理，破坏了伦理体的稳定状态。

东莞市政府不了解社工服务要以家中情感为渠道，具有相当强的家的伦理性。它以为社工服务与市场上的商品一样，可以以价格高低、质量优劣做简单的评判。关于这一点，我们可以从东莞市政府的相关文件中看出端倪。诚如上述，东莞市政府反复强调社工服务的经济性。比如，东莞市政府明确提出要运用"社会化、市场化运作的模式"，并大量使用市场机制和管理工具，比如采取项目评估、行业自治等。但是，我们并没有看到东莞市政府强调社工服务的伦理性的相关表述。事实上，这些文件对社工服务的伦理性只字未提。由此，我们便可以理解东莞市政府为何仅凭普惠社工实力更强、规模更大、价格更低、标书更专业就将隔坑社工调整为普惠社工了。这分明是将家的伦理替换成了市场伦理了啊！所以，东莞市的难题分明是市场伦理对中国家社会造成冲击的难题。

坦率地说，我们不赞同东莞市的做法。须知，人们愿意信任社工，是因为他们与社工之间建立了熟人关系，也即我们与社工同属于一个伦理体。这一伦理体中的身份是具有专属性的，只建立于特定的社工与居民之间。这种伦理关系能否建立并不取决于社工机构的实力强弱、政府是否支持，而是看双方间能否达成互信，是否愿意为对方倾注感情。

要培育这种关系，需要花大量的时间，经过一个复杂且漫长的过程。而且，这种关系并不稳定，一旦牵扯利益纠纷，或者出现情感上的损伤，就会受到冲击；甚或负责事务的社工被调走了，那这种关系便会彻底崩塌。

东莞市政府显然没有认识到这一点。它仅因为隔坑社工的专业性不如其他竞标对象，就替换掉该社工组织。于是，这一经过长时间苦心经营起来的伦理体瞬间崩塌，人们参与社会生活的这一渠道也随之消弭。结果，我们就看到了当地伦理体的坍塌。这表现为两个方面。

第一，当地的熟人关系网络被严重撕裂。在上述案例中，当地的熟人关系网络受到严重破坏：①有至少4名社工流失，原本存在于他们周围的熟人关系网络彻底碎裂；②隔坑社工带走了绝大多数资料，导致熟人关系网络遭到进一步破坏。此外，在大众社工被替换事件中，熟人关系网络的碎裂更是严重，因为大众社工在离开时不仅带走了相关资料，还解散了为开展工作而成立的多个居民群。

第二，"爱"的情感荡然无存。在上述案例中，原本应向社会传递"爱"的情感的社工组织被迫出现了"利益之争"。比如，隔坑社工在落败后，对评标结果不满意，多次向政府反映情况。同时，隔坑社工还带走了属于机构自己管理的个案材料。在这里，我们非但没有看到任何"爱"的传递，反而出现了明显的功利化的倾向。虽然我们并不怀疑普惠社工在入驻后，会尝试重新构建"爱"的纽带，但功利的种子已经种下了，其必将影响"爱"的情感，令这种感情中掺杂进诸多异样的元素。

所以，东莞市政府是好心办了一件"坏事"。它原本想找一家实力更强的机构，以为这样一来就能为人民谋更大的福利，却因为未能深入领会中国社会之基本形态，而误用了一些工具，造成了不良的影响，比如令社会基础动摇。所以，以市场伦理替换家的伦理，为祸甚烈。

五　结论与建议

中国社会的伦理体是立足于情感之上的，具有地域性，不宜用外来的伦理替换原有的内容。所以，政府如果不注意这一问题，试图以完全市场性的工具介入其中，纵以公共利益为名，亦只能造成如下后果：使用这种符合"公共利益"的理性工具越彻底，中国社会的伦理体也就越会陷入被撕裂的困境。长此以往，中国社会的根基将大受动摇，政府的统治基础自然也会变得不稳。

所以，我们认为，政府在推进下一步改革之初，有必要深度调研和了解中国社会的伦理体系。未来的改革都应立足于这个伦理体系之上，改革举措要与这个伦理体系的特点相契合。这也就是说，我们的改革措施不应主要以利益为方向，而要以情感为主轴，以推动人们情感纽带的建立或修复为目标。

另外，根据本节的分析，我们建议，政府还应该控制社会领域市场化改革的深度与广度。社会领域的确需要部分引入市场机制，以提升其活力。比如，政府应该引入购买服务这种机制，来推动市场竞争，使服务质量更好、效率更高的组织脱颖而出。但是，政府在使用市场机制的同时，也应密切注意市场机制对中国社会独有的伦理体系的破坏。如果市场机制的引入会破坏这一体系，则不应该引入这一机制，或要对这一机制做出调整。政府应该明确地知道，伦理体系是中国社会的基本结构，不可轻易动摇之。一旦动摇之，必然伤及根本。在这一方面，着力推动市场化改革的东莞市给我们提了一个醒。

本卷结论：欧化的中国？

20世纪初，林语堂在写给钱玄同的书函中，曾提及要将中国彻底欧化，以实现一个"欧化的中国"[①]。在新文化运动后的近百年时间里，国人无不在为这一目标而努力，洒下无数的汗水与鲜血。但是，现在回头来看，我们不禁要问，这一目标真的适合中国吗？

现今中国学界显然也是在这一思想的影响下提出了对慈善事业"公共利益"属性的界定。它将慈善事业严格地框定为"公共利益"。如此一来，政府对家人的爱的表达便被剔除于慈善界之外，家人们相互之间爱的表达亦被划出于慈善界之外，更不用提政府传递爱的情感的做法了。这样的慈善事业不牵扯情感，只涉及利益，不关涉家人的福利，只涉及公共利益。

于是，竟有被命名为"个人求助"的怪胎诞生；而官办慈善亦受到冲击，因为慈善事业应以公共利益为准绳，所有与之相违的活动皆非慈善。这一看似合理的界定，挑战的绝不仅是中国社会公众的普遍内心认同，更动摇了中国政府的根基和社会的基本结构。它其实就是要通过慈善事业来打造一个"欧化的中国"！

那我们是要继续放任公共利益不断蔓延，最终彻底塑造一个"欧化的中国"呢，还是捍卫中国传统文化的正统地位，建立一个"自由之家"呢？我们到底该是谁呢？我们到底要做谁呢？这些问题值得我们所有人深思！

---

① 钱玄同：《钱玄同随笔》，北京大学出版社，2010，第91页。

第二卷

家：临场之父

基于"公共利益"的价值主张，学界一直主张政府应实行某些"正确的"慈善改革。其中，主要的几项改革内容包括：官办慈善组织应去行政化；民办慈善组织应保持独立，并与政府平等合作等。这些改革建议还得到了众多慈善实务人士的支持。

　　但是，在前文中，我们已经证明了，公共利益并非中国最重要的政治价值，其代表西方共同体社会的价值诉求，与中国家社会的伦理取向存在内在冲突。那么，在这种情况下，上述改革主张还有多少正确性就是值得怀疑的了。至少我们认为，在中国社会中必然有相当一大块领域是不契合公共利益价值的。在这块领域中，依照公共利益这一政治价值来开展改革，将会造成严重的后果。那么，这块领域是什么呢？在这块领域中，我们又该如何开展改革呢？在本卷中，我们将依循家的伦理，来反思学界提出的这些改革建议，并完成上述两项搜寻工作。

第四章 反思官办慈善组织改革

第一节 去体制化的反例

一 第一个疑惑

关于官办慈善组织改革，学界一般认为应以去行政化为起点。而所谓去行政化改革，普遍的理解是官办组织应脱离体制，成为独立的社会主体。这种观点认为，官办组织不去行政化，就没有活力，不适应中国社会现代化转型的要求。既有体制束缚了官办组织活力的发挥，所以要将改革的重点放在去体制化上。所以，去体制化便为去行政化之要义。

于是，我们便产生了一个疑问：难道不去体制化，官办组织真的就没有活力吗？或者，更为准确地说，去行政化改革真的要走到去体制化这一步吗？

围绕这一问题，我们走访了中国妇女发展基金会（以下简称"妇女基金会"）。妇女基金会由全国妇联发起，成立于1998年。这是一家典型的官办基金会。所以，按照上述说法，这家基金会必然也会受到体制的重重困阻，缺乏活力，苦苦挣扎在生死线上。现实的情况真的是如此吗？

答案是否定的。妇女基金会经过数年改革，在保留体制内身份的情况下，竟然在2015年成功地跃居全国性公募基金会募捐收入第二位，在2016年更是登上了榜首，成为全国年度收入的第一名，将很多体制外的"身份自由的"基金会远远甩在后面。

这真是一个天大的讽刺。一干体制外的"身份自由的"基金会竟然比不上一家体制内的"僵化的"基金会。那问题到底出在哪里呢？

二 传统观点

关于官办组织去行政化改革，有不少学者开展过研究。这些学者普遍赞成官办组织要去行政化，而改革的重点是去体制化。其中，比较有代表性的表述有以下几种。

罗文恩等认为，行政化与市场化是两个相对立的逻辑。要推进市场化，就不能行政化。他认为，真正有效的政府与慈善组织的关系模式是市场化，即慈善组织作为独立的市场主体参与市场竞争，而政府则作为外部监管者，负责监管市场的运行。也正是基于这一认识，他对中国红十字基金会、中国扶贫基金会等案例进行了调研，并提出官办慈善组织市场化改革的内涵包括：破除行政化困境、人事制度变革、引进企业化管理模式、塑造项目和组织品牌等。[1] 所以，他认为去行政化，首要工作是破除既有体制。

王云也提出了类似的看法。他认为，"社会改革的核心在于'将原本社会承担的职责给社会，培育和发展社会中介组织'。非政府组织在社会改革和政社分开的潮流中，确立其独立的法律人格，可以逐步摆脱其官办色彩，且职能定位更多的'以社会为中心'，真正体现其草根特色"[2]。

此外，还有很多学者也表达了类似的观点。此不赘述。

综上所述，中国主流理论界对于慈善组织的去行政化改革这一概念有一个相对成型的界定，即认为所谓去行政化，就是要使慈善组织从既有体制中独立出来，成为一个独立的市场主体。这种独立首先是要"扯断与政府的制度性关联"，"确立其独立的法律人格"，然后是使它的"职能定位更多的'以社会为中心'"，以真正体现"草根特色"。

对于这种观点，笔者不敢苟同。笔者认为，官办组织去行政化改革，不是要去体制化，而只是去机关化，即去除机关作风，在体制内重新找定位。要解释清楚这一观点，必须从下述理论分析入手。

三　政府的差序格局

（一）　两种关系

政府与不同类型的慈善组织之间有两种不同的关系形态：①亲缘型关系；②业缘型关系。其中，前者经常出现在政府与官办组织之间，而后者则经常出现在政府与民办组织之间。

第一，亲缘型关系。所谓亲缘型关系，指的是慈善组织与政府之间存

---

[1] 罗文恩、周延风：《中国慈善组织市场化研究——背景、模式与路径》，《管理世界》2010年第12期。

[2] 王云：《论非政府组织的去行政化》，《四川行政学院学报》2011年第4期。

在一种血缘关系或拟制血缘关系。这主要表现为慈善组织由政府创立，隶属于政府，并听从政府的政治安排。

亲缘型关系有两大要件。①实质要件是"他创依赖"。这指的是慈善组织由政府创立，运营中多有政府的直接或间接参与，资源全部依赖政府的供给，是政府的附庸。而慈善组织之所以会"他创依赖"，主要原因在于这类组织是政府开展社会治理的抓手。②形式要件是"隶属执行"。这指的是慈善组织处于政府的领导之下，接受政府的任务指派，毫无自己的主张。

第二，业缘型关系。所谓业缘型关系，指的是慈善组织与政府间不存在任何血缘关系，而仅存在一种业务合作上的伙伴关系。

业缘型关系也有两大要件。①实质要件是"自创自主"。这指的是慈善组织并非由政府创立，而是社会主体创立。因此，它对政府多采用权变的态度，即在政府有资源供给时靠拢之，而在政府没有资源供给时远离之，并转而投向其他资源方。有学者将这种生存策略称为"游走的策略"——"这些行动策略的显著特点是游走于国家与社会之间，左右逢源，并在生存与自主之间取得平衡"。① 这类组织的运营管理，除特殊情况外，多不接受政府的干预，全凭自主独立决策。②形式要件是"平等合作"。这指的是慈善组织与政府的合作关系是平等的，而非前者依附后者。上述两种关系的汇总详见表4-1。

表4-1 政府与两类慈善组织关系之要件

项目	亲缘型关系	业缘型关系
实质要件	他创依赖	自创自主
形式要件	隶属执行	平等合作

（二）初步结论

根据上述两种不同的关系，我们可以得出一些初步的结论。

第一，政府与民办组织间关系的特点及形成原因。但凡熟悉中国慈善事业的人都知道，政府与多数民办组织间的关系是不稳定的。两者经常分分合合，受外部时局的影响较大。经常出现的情况是，稍有风吹草动，双方间的关系就会受到影响。所以，站在慈善组织的角度，它经常会对与政

---

① 陈天祥、徐于琳：《游走于国家与社会之间：草根志愿组织的行动策略——以广州启智队为例》，《中山大学学报》（社会科学版）2011年第1期。

府的关系充满忧虑，并愿意多拓展一些合作方，以避免在政府切断与自身合作的情况下，陷于绝境。

那是什么原因导致了这一状况呢？是因为民办组织与政府之间的关系不属于稳固的亲缘型关系。站在民办组织的角度，因为它与政府之间的关系不属于亲缘型关系，所以它才能够采取权变的态度，周旋于政府与社会之间。从这一角度来看，民办组织与政府之间的关系不属于亲缘型关系看似一件好事。

但是，当我们把硬币转动一个面，就会看到坏的部分。站在政府的角度，也正是因为缺少这种亲缘型关系，所以，它的态度也是相对灵活的。政府可以接纳民办组织，也可以压制民办组织。具体采用什么态度，完全取决于时局的变化。在接纳时，政府表现出含情脉脉；在压制时，政府表现出铁面无私。而政府之所以会这般"无情"，也正是因为两者间不是亲缘型关系。

问题分析到这一步，我们已经找到了一个支点，即缺少亲缘型关系是导致政府与民办组织之间的合作不稳固的原因。沿着这条线索，我们再往洞穴的深处走几步，就会发现，之所以缺少亲缘型关系会导致政府与民办组织之间的合作不稳固，是因为在这种情况下，政府对民办组织的信赖过于"单薄"。我们站在政府的角度来思考，就会发现，当政府面对的是一个没有实质性抓手，仅靠一纸"薄薄的"协议来维系合作关系的帮手，它通常是"内心发虚"的，难以全然信任对方。这时如果涉及的业务领域仅是一些非关键性的领域，则尚能权且维持之。而一旦进入关键性的领域，仅凭这种"单薄的"合作关系实在是不能提供有效保障的。

所以，有学者提出："为了维持长久且稳定的合作关系，信任必须是相互的，仅有单方面的信任，难以让双方的信任持续下去"[1]。对于这种说法，笔者深然之，并以为问题之实质或可以进一步总结为政府与民办组织之间的关系属于业缘型关系。这种关系不属于亲缘型关系，在此种关系上也无法承载除在非关键领域内的合作以外的其他方面的合作。而事实上，能否协助政府在这些重要领域开展工作，才是检验双方关系是否稳固的试金石。

第二，政府与官办组织间关系的情况。在中国，官办组织几乎是站在

---

[1] 何艳玲、周晓锋、张鹏举：《边缘草根组织的行动策略及其解释》，《公共管理学报》2009年第1期。

民办组织的"对立面"的一类组织。这类组织承担了太多的民办组织想要承接而无法到手的职能，占据了太多民办组织想要获得而没有机会接触的机会。那为什么会出现这样的情况呢？是因为政府对官办组织具有相当"厚实的"信任。官办组织是由政府创立的，也归政府管理。政府与官办组织之间的关系是亲缘型关系。这种亲缘型关系令政府感觉放心，也使它敢于委托一些重大的任务给官办组织，其中尤以凝聚、服务与管控关键人群最为重要。比如，妇女基金会就牵动了妇女人群。这些任务关系甚大。为了更好地发挥官办组织的作用，落实这些任务，政府自然也乐意给这些组织一些资源和机会。这些都是众多民办组织可望而不可即的。

综上所述，政府在对待民办组织和官办组织时，之所以会持不同的态度，主要原因是关系的不同。政府与民办组织间是业缘型关系，这种关系相对"单薄"；政府与官办组织间是亲缘型关系，这种关系相对"厚实"。所以，政府更愿意将重要的任务委托给"可靠的"官办组织，也乐意为此多给它们一些资源和机会。

（三）差序格局

通过上述分析，我们得出了一个初步结论，即政府在对待民办组织和官办组织方面之所以态度有所差异，主要是因为关系的不同。但这只是一个初步结论。到这里为止，我们还没有碰触到问题的核心。那这个问题的核心是什么呢？

要想找到这个问题的核心，我们就必须要首先思考这么一个问题，即为什么业缘型关系不足以支撑中国政府与民办组织在关键领域的合作呢？从现实来看，这种情况似乎在中国更为突出，而在西方国家没有那么明显。是什么导致了这种差异呢？

要解决这些问题，我们需要拿出一张纸，画出一张图。在画这张图时，我们要将上述两种关系一并填入图中。这样一来，我们便会发现一个神奇的现象，即它们在政府周围形成了两个圈，呈现一种水波状的结构（见图4-1）。

我们可以准确地将这种结构称为"差序格局"。差序格局是一个颇具中国特色的名词。关于差序格局，费孝通老师有一段精彩的评述："我们的社会结构本身和西洋的格局是不相同的，我们的格局不是一捆一捆扎清楚的柴，而是好像把一块石头丢在水面上所发生的一圈圈推出去的波纹。每个人都是他所推出去的圈子的中心，被圈子的波纹所推及的就会发生联系。每个人在某一时间某一地点所动用的圈子是不一定相同的。我们社会中最

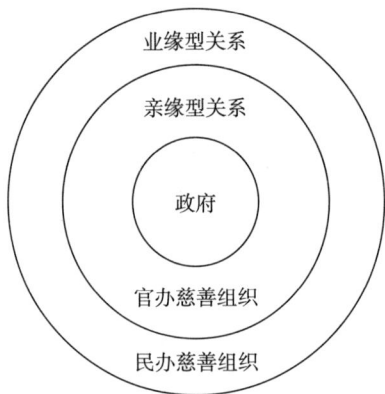

图 4 - 1　围绕在政府周围的差序格局

重要的亲属关系就是这种丢石头形成同心圆波纹的性质。亲属关系是根据生育和婚姻事实发生的社会关系。从生育和婚姻所结成的网络，可以一直推出去，包括过去的、现在的和未来的人物……这个网络像个蜘蛛的网，有一个中心，就是自己。"[1]

虽然费孝通老师在介绍这种差序格局时，指涉的是具体的个人。但实际上，这种差序格局并不仅存在于个人身上，而是存在于整个中国社会。因为社会是由具体的个人组成的，所以个人的观念不仅会影响他在处理个人事务时的决策，也会影响他在处理其他方面事务时的决策。而当一群思维方式趋同的人组成一个集体后，那这个集体在做决策时，自然也会使用这种众人共有的思维方式。这样一来，这个集体也就带有了这群人共同的"人格"。

政府同样也是由具体的个人组成的集体。这些个人在组成政府后，便形成了政府的"人格"。这种人格同样受到其中的个体的思维方式的影响，即个人的"差序格局"观念的影响。这就是说，政府在对待不同类型的慈善组织这一问题上，或多或少地受到了差序格局的影响。所以，政府更愿意信任与自己关系近的组织，而疏远与自己关系远的组织。

将这个"差序格局"的理论放到我们上述结论中去，便会看到一个有趣的现象：①政府与官办组织之间为亲缘型关系。这种关系靠水波的中心更近，在政府看来也就比较"厚实"。所以，政府更愿意将一些重要的任务

---

① 费孝通：《乡土社会》，北京大学出版社，2012，第 41 ~ 42 页。

委托给官办组织，同时也更愿意给它一些特殊的资源和机会。②政府与民办组织之间为业缘型关系。这种关系离水波的中心比较远，在政府看来也就比较"单薄"。所以，政府不太愿意将一些重要的任务委托给民办组织，提供给它的资源和机会也就相对较少。

基于上述分析，我们认为，虽然经过近百年的变革，但中国社会成为欧化社会之路似乎依旧远没有到终点。或者，更为准确地说，这条道路原本就是一条死路，因为这一目标与中国的传统文化相悖。

文化是深入社会"骨髓"的元素，是每一个人的情感寄托。非经过人种之全面清洗，社会结构之全面崩塌，难有彻底的改变。中国学界有一些学者乐观地认为，商品经济的发展会使熟人社会向陌生人社会转型，从而改变这一状况。但事实上，商品经济的力量在文化面前是渺小的。无论商品经济如何发展，我们也难以全然摆脱文化的积淀，成为西方人。毕竟，无论历经了怎样的变化，我们也是中国人，依旧还浸润在数千年来文化的积淀之中，传承着中华民族的血脉。

所以，现实的情况与学者们美好的想象截然相反。就算在大城市，熟人社会的影子依旧无处不在。就算是要做一件小事，人们首先想到的也还是能否找个熟人，"走走后门"；我们总是在朋友间"称兄道弟"，大大咧咧地说"我们是一家人"。

所以，虽然中国社会有所改变，但社会之文化基础并未动摇。在这一形势下，政府依旧稳坐在"家"的中心，是众人之家长。所有在它周围的慈善组织，都是依照差序格局而与政府保持着一种或近或远的关系。

当然，值得一提的是，差序格局并不是绝对的。围绕在个人周围的差序格局是可以通过多种方式改变的，比如收养义子女、婚姻、认干亲等。这些方式都可以使原本属于外圈的关系变成内圈的关系。同样的，在政府周围的差序格局也可以通过某些方式出现调整。在调研中，我们也发现有的民办组织通过主动向政府归附，从而改变了自己最初的身份，获得了承接政府重大任务的机会。比如，平安广州志愿服务总队，在向政府主动归附后，甚至承担了亚运会安保、中央领导到广州安保等重要工作。关于这一点，我们将在第五章中做详细的探讨。

综合上述分析，我们的结论是，之所以政府对待民办组织和官办组织的态度有所差异，是因为传统文化拥有强大的生命力。中国传统文化对社会数千年之浸润，决定了中国只能沿着既定道路来安排政府与慈善组织间的关系。而任何违反这一总纲的举动，都将遭到历史与现实无情的嘲弄！

四　妇女基金会的反例

在得出上述结论后，我们就能开展对官办组织去行政化改革的讨论了。在前文中，我们提出了一个问题，即不去体制化，官办组织是否真的就没有活力？对于这一问题，我们的答案是否定的。

我们调研了妇女基金会。在妇女基金会身上，我们发现了三个有趣的情况。

第一，妇女基金会是一家典型的官办组织。诚如上述，妇女基金会由全国妇联发起成立，是一家典型的官方背景的基金会。它并没有去体制化，反而紧紧地依靠体制，在体制内找定位。

第二，妇女基金会承担了重要的任务。妇女基金会承担了提高妇女群体福利水平的任务。它在业内享有盛誉的"母亲水窖"项目，是根据2000年中央政府提出"西部大开发"的口号发起的。在该项目中，妇女基金会与水利部门、环保部门合作，在西部干旱地区修建家庭水窖，解决干旱地区家庭饮用水问题。而它之所以能承接到这些重大的任务，主要还是因为它特殊的身份——国家级官办基金会。

第三，妇女基金会获得了大量的体制内资源。妇女基金会的部分项目是由政府的福彩基金提供资金支持的。妇女基金会每年还能收到相当数额的国企捐赠。而它之所以能够获得这些资源，也主要是因为它身处体制内。

所以，妇女基金会之所以能够取得成功，是因为它站在了政府周围的差序格局的内圈。这使它有机会承担重要的任务，并凭此获得特殊的机会与资源。

当然，需要指出的是，妇女基金会之所以能够取得成功，秘诀不仅在于它拥有体制内身份这一项。但保持这一身份似乎也没有束缚妇女基金会的手脚，使它陷于困境。相反，在下文中我们还将看到，这一身份反而成为妇女基金会的一大优势，是它取得成功的关键原因之一。

总之，到目前为止，我们得出一个基本结论，即不去体制化，官办组织依旧可以有活力。

第二节 去体制化的尴尬

一 第二个疑惑

在上文中，我们破除了对官办组织去行政化改革的一个误解，并得出一个结论，即不去体制化，官办组织依旧可以有活力。但是，到此为止，我们并没有解决所有问题，因为在主流学界的众多观点中，还有一种说法是：去体制化后，官办组织就能提升活力。秉持这种看法的人认为，就算部分官办组织在体制内能够保持活力，但多数官办组织在体制内是"活不好的"。而一旦解除体制对它们的限制，它们就能散发出无比的活力。

于是，我们又要提出一个新的问题了：去体制化后，官办组织真的就能"活力四射"了吗？

围绕这一问题，我们调研了 X 市慈善组织社会监督委员会（下简称"慈监委"）。慈监委成立于 2013 年，主要负责对 X 市的慈善组织开展社会化监督的工作。在一开始，它是一家具有官办背景的慈善组织。2014 年，慈监委迈出了独立化的步伐。它主动从政府体制中分离出来，转型成为一家独立的民非机构（现为"社会服务机构"）。并且，该委员会还希望进一步推进机构的独立化转型，开展监督的机构逐步淡化"政府授权监督"这一权力来源，转而成为一家"由行业和公众授权"监督的机构。

坦率地说，这一理想是十分绚烂的。但是，现实的残酷却令慈监委的所有委员措手不及。在允许慈监委独立运行一段时间后，原本持支持态度的 X 市政府竟然开始出手限制慈监委监督报告的发布了。政府要求慈监委的报告必须先交给政府"过目"。而且，又由于慈监委缺少独立资金来源，它不得不依靠政府的项目资金来支持，这使它不敢"得罪"政府。它只能委曲求全，将监督报告"乖乖地"交给政府审查。所以，事情发展到这一阶段，慈监委几乎是左右为难、进退失据了。

那么，到底是什么原因使原本支持慈监委的政府会有如此大的态度转变呢？是什么使政府一下子从"和善的"支持者变成了"严厉的"限制者呢？慈监委的独立化转型又在其中发挥了什么样"巧妙的"作用呢？

二 慈监委的困境

诚如上述，2014 年，慈监委提出要搞独立化转型。在一开始，政府是持毫无保留的支持态度的。2014年，X市民政局正式批准慈监委作为民非登记，并继续供给资金。

有了政府的支持，慈监委自然也是信心满满。它给自己设定了三大工作重心：慈善监督、政府咨询、行业发展。它希望围绕这三项职能，平均施力，做出三个有影响力的拳头产品来。慈监委的工作是依次开展的，即首先施力于慈善监督，然后推动政府咨询，最后进入行业发展领域。

慈善监督是慈监委最早开展的，也是投入力度最大的一项工作。慈监委希望将之逐步发展成一项有社会影响力的业务。在访谈中，慈监委某委员明确表示："我们希望扩大社会影响力，成为权威性机构。"[1] 于是，慈监委就一些热点项目做了监督，比如对芦山地震后的7518万元捐款以及涉及2.3亿元善款的X市首届慈善项目推介会，开展了监督工作。

同时，为了拓展社会影响力，慈监委又启动了针对监督工作的标准化建设。在实践中，它形成了一套标准的工作流程。

（1）遴选。慈监委按照以下标准遴选重点监督的慈善组织：①承接政府委托的项目较多、资金量较大的组织；②社会上知名度较高的组织；③在透明度排行中低分段的项目；④群众投诉较多的组织。三年多来，慈监委共监督了23个慈善组织和项目，比如，慈善项目推介会、市红十字会、番禺区慈善会以及北斗星、大同社工等。

为了获取这些组织的信息，慈监委长期与政府保持接触。其主要在日常工作中留意政府的信息，如政府委托了哪些组织项目、支付了多少资金等。由此，遴选出的组织又经过慈监委全体委员会议同意，而最终被列入监督对象名单。

（2）联系、协商。在选定监督对象后，慈监委秘书处会与对方取得联系，告知监督内容，协商监督时间。鉴于慈监委特殊的身份，多数慈善组织都会配合监督工作的开展。

（3）审计。在确定监督时间后，慈监委会邀请审计机构对慈善组织开展审计工作。审计机构会向慈监委出具两份材料：审计报告、内部治理建议书。这两份报告为该慈善组织的财务、内部治理情况提供专业的建议。

（4）委员会。拿到审计报告和内部治理建议书后，慈监委会将其发给自主报名的委员，并组织委员参与监督工作。按照章程规定，每次监督活

---

[1] 访谈记录，2016年5月24日。

动到场的委员不得少于 3 人。

（5）现场监督。对慈善组织的现场监督以资料核查，访谈调查，提出意见建议为主。报名参加现场监督的委员在当天会查阅慈善组织的资料，并与对方召开座谈会，了解相关情况，提出监督意见。

（6）形成报告。结合现场监督情况，慈监委会形成一份监督报告，并在 X 市民政局主办的慈善网上公开发布。这些监督报告主要有两项内容：①总结监督中发现的个性化问题，并提出建议。如 2015 年，在针对 B 组织的监督报告中，慈监委提出该组织存在内部管理机制的问题，导致组织与负责人的行为、财务混杂的问题，并提出了有针对性的解决建议；②提出普遍性的问题，建议政府解决。针对监督中发现的行业普遍性问题，慈监委也会在报告中详述之，并建议政府解决。比如，2014 年，在针对 C 基金会的监督中，慈监委发现行业内普遍存在因为资金保值增值活动而造成历史呆账问题。在当年的报告中，慈监委不仅建议该机构协调解决该问题，还建议政府协调解决其他机构存在的类似情况。

所以，我们认为，慈监委为建构专业化社会监督体系花了很大的功夫。按照正常理解，具有如此专业水准的社会监督应能博得满堂喝彩，鲜花满地，掌声不断。那么，事实真的如此吗？

按照国际惯例，在监督工作完成以后，慈监委应将监督报告向社会披露，然后由公众"用脚投票"。在一开始的时候，它也的确与媒体有过合作，披露了几份这样的报告。这几份报告在社会上引起了一定的反响。于是，很快政府就介入干预了。政府对于采取这种与媒体合作的办法并不太满意。政府要求它调整报告的尺度，将深层次的问题、涉及面广的问题以会议纪要的形式先提交给政府，由政府根据实际情况做出调整或行政处罚，然后再由慈监委根据政府的建议，就该组织的问题整理成正式的监督报告，在 X 市慈善网上公开。当然，这些公开的报告的尺度都不大，其中对涉及敏感问题的部分都只做了有限的披露。

事情发展到这里看似圆满解决了，政府与慈监委各得其所。但是，如果我们再深入了解一下，便会看到，在调整报告公开尺度后，慈监委又面临一个新的困惑，即机构影响力受限。由于所有的监督报告都向政府呈递，并由政府在网上发布，而没有公众媒体介入，慈监委的影响力一直不温不火。虽然持续运作多年，但在 X 市慈善行业内真正了解慈监委业务职能的人并不多。而且，由于机构的影响力一直无法得到提升，委员们的信心与热情也都受到较大影响。委员们都是以志愿者身份加入慈监委工作的，原本期望通过这项工作能产生较大的社会影响。但现实的情况并不符合他们的心理预期。他们都感觉自身的价值得不到体现，以至于秘书处每次召集人员参与工作，都需要联络多次。比如，在调研中，某委员提出："我们现在只希望促进市场成熟，然后促进自我消亡。我们感觉自己是处在一个过渡阶段，既不是行业自治的产物，也不是政府行政监督的抓手。所以，我们现在只是在中间阶段。但我认为慈善行业的自我治理是方向。等到实现了，我们这种处在中间阶段的机构也就可以退出历史舞台了。只有这样，我们现在的工作才能变得有意义起来。"①

慈监委的这一状况实在是令人尴尬的。慈监委在政府与委员之间受着夹板气，里外都不是人。那这到底是怎么了呢？

三　困境的根源

在上文中，我们发现在慈监委身上出现了一个奇怪的现象，即去体制化后，慈监委的慈善监督工作非但没有发展起来，反而撞上了现实的坚冰。那是什么原因导致了这一现象的出现呢？

我们认为，这是因为它的改革走得太快了。对于政府而言，慈善监督是一项重要的工作。而之所以说它重要，是因为它涉及公权力。

在国际领域内，慈善监督多采用社会化的监督方式，因为它主要属于社会权利的范畴。这符合西方"共同体"的社会结构。所以，在西方，参与慈善监督的主体主要是三类：社会公众、行业组织，最后才是政府。② 慈善监督工作的首要授权人是公众，监督者代表公共利益，运用公众的知情权开展监督，监督结果也需反馈给公众。当然，在这一过程中，监督者可以推动公众舆论的发酵，以公众自由选择的方式产生监督效果。同时，慈善监督工作也可以依照慈善组织的集体授权来开展。这一般表现为行业组织接受行业协会的授权，或接受多家组织的集体授权，开展针对会员组织的监督。最后，政府监督是补充，而且在共同体中，政府的权力也来自共同体成员的授权。

---

① 访谈记录，2016 年 5 月 24 日。
② R. George Wright, "Free Speech and the Mandated Disclosure of Information", *University of Richmond Law Review*, 1991（25）.

在中国，慈善监督主要不是采用社会化监督的方式，而是采用政府监督的方式。慈善监督权主要属于政府的公权力。这符合中国"家"的社会结构，因为家的权力来自伦理关系。所以，我们认为，作为第三方主体的 X市慈监委，其授权方并非公众或慈善组织，而是政府。这主要表现为慈监委是由市民政局牵头成立。而且，在实际运行过程中，政府对于慈监委的支持与管理也是显性的，包括：①慈监委的主要资金来源是政府；②监督对象中有相当部分是官办的组织和项目；③监督报告主要向政府提供。所以，慈监委的权力来源是政府，而非公众或慈善组织。

在这一大前提下，慈监委大力推进去体制化改革，是一种对现实环境的误判。对于政府而言，第三方独立主体掌握了重要的公共权力，将可能造成诸多不可控的情况，诱发社会既有结构的不稳定。试想，如果某组织与中国家社会的结构不契合，又掌握了"家"中的大权，那对家社会的稳定性，对家长的社会治理工作将会产生多大的威胁？慈监委便是如此。如果政府允许慈监委作为独立第三方，在不与政府协商的情况下，就随意发布监督报告，而在这些监督报告中又满是对政府工作的批评声，那政府作为"家"中心的"家父"，又何以维持家人对这一中心的信任，有效地开展此后的工作呢？更何况慈善监督又属于关键业务领域，通常与行政处罚等行政管理工作高度相关。这也难怪后来政府心知改革方向不妥，要将慈监委的这项权力变相收回了。

到头来，政府只能"反噬"去体制化的官办机构，弱化其与公权力相关的职能。在慈监委身上，我们可以明显看出这种"反噬"效应。在政府的许可下，慈监委大力推进去体制化。但是，这种独立身份非但没有成为一种优势，反倒成为一种压在双方肩头的负担。政府首先感受到了这种压力，然后政府"以彼之道，还施彼身"，将这种压力传回到慈监委身上，令慈监委进退失据。于是，慈监委终于变成了一只"没牙的老虎"。

所以，慈监委的去体制化改革，非但没给慈监委带来好处，反而对其造成了"反噬"，褫夺了它原本应有的重要功能。对此，慈监委某委员坦言："当初从政府独立出来，现在回头来看，是走得有点快了。"该委员的这番话，实在是对那些高呼官办组织去体制化就能"活力四射"的人们发出的一阵冷冷的哂笑。

四　慈监委的勃发

故事讲到这里并没有结束。事实上，在我们对慈监委做更为深入的了解后，发现它的故事远比我们想象的复杂。在慈监委的监督职能逐渐弱化的同时，它的另外两项职能却得到了长足的发展。这真是所谓"东方不亮西方亮"。那么，这另外两项职能是什么呢？

首先是咨询职能。咨询职能是慈监委近年来发展得最好的一项职能。在这方面，慈监委开展了两项工作。

第一，年度座谈。按照惯例，每年年末，民政局主要领导都会与慈监委负责人，或全体委员座谈，听取他们对慈善工作的意见。比如，2015年底，X市民政局负责人邀请全体委员到场，听取他们对X市慈善工作的意见，并将其列入第二年的重点工作。慈监委抓住这次机会，将从慈善监督中发现的问题向领导提出建议，推动X市慈善事业的改革。

第二，行业研究。慈监委还成立了专门的政策研究小组，开展X市慈善行业研究。近年来，慈监委的研究成果包括《X市慈善事业发展情况存在问题和对策措施》《X市慈善募捐制度研究报告》。这些研究成果都被报送市民政局，然后市民政局又以要报的形式报送市政府机关刊物，并在《X市信息》以专刊的形式发布。市民政局相关处室还把其中的一些建议融入X市落实国务院慈善事业发展意见中。

此外，根据这些研究报告，慈监委的委员、市人大代表陈某代表慈监委在市人大会议上提出了《关于修订X市募捐条例的建议》等人大代表建议。市民政局也按照规定向其做出了书面答复，即将这项工作列入2016年的重点工作，并提请市人大列入2017年的立法规划。所以，慈监委的研究工作是起到了实效的，甚至影响了政府的立法工作。

其次是行业发展职能。近年来，慈监委的这项工作也做得风生水起。它做了以下工作。

第一，行业培训。慈监委目前开展的行业培训的工作主要是针对慈善组织的审计指引培训。在监督实践中，慈监委发现有部分慈善组织的账目管理不规范。究其原因，在于慈善组织负责人对财务审计规则不熟悉。所以，有委员提出研究制定相关审计指引，以指导慈善组织如何配合审计开展财务管理。慈监委副主任委员、X市会计师公会会长说道："现在政府出台了很多政策。但是，慈善组织该怎么做，还是不清晰，政府也没有出台具体标准。这样我们慈监委不好开展监督工作了。所以，我们出台这个指引，既是协助政府完成标准化的工作，也是指导慈善组织该怎么做。"①

经过系统的研究，慈监委委托承接慈善组织审计监督业务较多的会计师事务所制定了《X市慈善组织审计监督指引》，并组织委员多次讨论、修改。在该文件完成后，慈监委将此指引提交给X市注册会计师协会修改、审定，并通过网络公开发布。由于该指引的影响力巨大，一些会计师事务所主动表示希望参与此项业务。

该报告在发布后产生了较大的社会影响，也获得了市民政局的高度认可。政府还积极支持慈监委会同市慈善服务中心、市社会组织联合会，为全市慈善组织举办了4场免费培训活动。

第二，行业评价。慈监委开展的行业评价主要是慈善组织募捐透明度评价。2015年，市民政局准备上马慈善组织募捐透明度评价项目。局领导明确要求慈监委全力配合参与。但是，慈监委考虑到委员都是义务兼职的，提出要在这项工作中协助政府完成透明度评价指标的制定工作，而透明度评价的实施则由政府主抓。结合这一思路，双方形成的合作机制是：政府主持研发了透明度评价体系；慈监委提供专业支持，协助修改了8次评价体系；政府主持实施并发布了透明度评价结果。该评价体系一经发布，立刻在X市慈善界产生了巨大的震动。所以，慈监委的推动慈善行业发展的工作也是产生了实际效果的。

按照我们上述结论，在完成去体制化改革后，官办组织未必能提升活力。而且，诚如上述，慈监委在去体制化后，其慈善监督职能的确日渐萎缩。那为何与此同时，它的咨询和行业发展职能又能发挥得这么好呢？

五 制约因素

为什么慈监委的这两项职能能发挥得这么好呢？要解决这个问题，我们要引进另外两个对比对象，一个是前文提及的妇女基金会，另一个是深圳市经济特区社会工作学院（下简称"社工学院"）。关于妇女基金会的情况，我们前文已经有较为详细的介绍。这里，我们先来简单介绍一下社工学院的情况。

社工学院的情况与慈监委类似。它是由深圳市民政局发起设立的一家

---

① 访谈记录，2016年5月24日。

慈善机构，并基本完成了去体制化改革工作。社工学院的主要业务是开展培训，特别是社会工作方面的培训。在这几年里，社工学院的发展势头良好。该学院借助社工协会的平台优势，在深圳市的130余家社工服务机构、800余个社工服务单位、14个服务领域中选出了30余家机构，并设立了一大批"社工服务机构管理示范单位"和"社工人才实训基地"。通过这种方式，社工学院将培训业务做出了规模。同时，社工学院还接受了政府委托的一些项目，特别是针对公务员的社会建设项目、社会治理能力培训项目等。比如，2015年下半年，该学院为深圳市区两级社工委、政法委等部门举办了7批次以"社会建设与社会治理创新"为主题的培训；此外，它还承接了全国各地多个单位委托的"社会服务机构领导力研修班""社会组织培育与监管"等人才培养类和课题研究类项目。

在加入这两个对比对象后，问题似乎变得更为复杂了。社工学院几乎与慈监委平级，都是地市一级的慈善组织，而且两者都完成了去体制化改革。那为何慈监委的慈善监督业务受阻，而社工学院的工作却开展得如此之好呢？同样的，我们在前文提及，妇女基金会这家官办组织没有去体制化，却也发展得很好。这也与慈监委的情况形成反证。那问题到底是出在了哪里呢？

我们认为，官办组织的改革是受到一些关键性制约因素影响的。其中，除了地域、经济、慈善行业和组织成熟度等因素以外，最重要的是两大因素：层级和领域。就这两大因素对改革的影响做一个总结，可以归纳出两句话："纵向看层级，横向看领域"。

第一，纵向看层级。所谓纵向看层级，即指针对层级高低与规模大小皆不同的慈善组织，层级较低的、规模较小的慈善组织的改革力度宜略大，而层级较高、规模较大的慈善组织的改革力度宜略小。

我们来了解一下社工学院与妇女基金会的改革内容。在社工学院方面，如上所述，社工学院在创办伊始就推进改革，充分体现了社会参与的特色。社工学院的主办方包括三方，分别为：深圳市社会工作者协会、深圳市慈善会与深圳市创新企业社会责任促进中心，而政府不直接作为主办方。① 同时，深圳市政府对社工学院的安排还确保了社工学院的自主治理。同时，

---

① 但为了保证社工学院的发展不与政府构成对抗性关系，政府抓住了社工学院的方向决定权，为其发展方向定调。

政府还采取措施，逐步将之推向市场。其中，在确保社工学院的自主治理方面，政府的做法是将社工学院的一切内部治理事务，包括人、事、物等，全部交给由上述三方人员组成的团队负责；在将社工学院推向市场方面，政府的做法是设计递减式资金供给制度，即逐年下调提供给社工学院的资金。在社工学院的收入中，来自政府项目的资金比重从 80% 逐年下降至20%。此外，社工学院的办公场地虽也由政府提供，但根据政府的制度安排，其仅能在半年内享受免房租待遇，此后，便需按照市场价格缴纳租金。所以，社工学院的去行政化改革的力度是较大的。

在妇女基金会方面，政府既没有放手不管，也没有否定基金会的专业优势。相反，政府制定了一套外部制度，在约束妇女基金会的行为的同时，又给予其一定的自由空间。对此，妇女基金会的工作人员有一个精准的表述："秦秘最大的特点是敢担当。她在成为秘书长后主持很多项改革，效果都很好。"而秦国英老师之所以敢于担当，能够担当，其原因在于全国妇联对妇女基金会有相对充分的授权。这表现为两个看似有些矛盾的方面。一方面，全国妇联依旧是妇女基金会的主管单位，对妇女基金会的事务拥有最终话语权，比如，妇女基金会的主要负责人秦国英是由全国妇联任命的；另一方面，全国妇联一般不干涉妇女基金会的日常事务，妇女基金会有较大的自主空间。利用这些自主空间，妇女基金会开展了以"一个中心，五根支柱"为主要内容的改革。其中，所谓"一个中心"，指的是妇女基金会的平台化转型，也即围绕妇女基金会这一平台，构建多个围绕妇女基金会的"小圈子"，然后整合圈中资源，共同推进项目实施。所谓"五根支柱"，指的是规划改革、部门改革、人事改革、质量改革、数据化改革。其中，仅以部门改革为例。在改革过程中，妇女基金会不断调整机构的内设部门，根据需求增设和精简某些部门。比如，2010 年后，妇女基金会增设了筹款部门，后来又改为合作发展部。2013 年，又根据业务发展需要，将合作发展部一分为二，拆分为两个合作发展部。2015 年，妇女基金会又设立了发展研究部。

有了这"一个中心，五根支柱"，妇女基金会便可以充分利用体制内的身份资源，再结合体制外的资源，整合在一处，共同推进自身的发展了。比如，妇女基金会先后构建了五大资源池，分别是女性公益慈善组织协作联盟、中国女性健康公益联盟、女性创业公益联盟、女性书画联盟、青年专家智库。在这五大资源池以外，妇女基金会又联络了一批媒体合作伙伴、企业战略伙伴。这些资源都是妇女基金会凭借其官办组织的身份吸引来的。同时，又加上自身固有的体制内资源，妇女基金会便在自身周围构建起了一个由政府、专家、企业、慈善组织、社会公众、媒体等多方共同参与的慈善圈。妇女基金会将之称为"平台化"战略。这是妇女基金会在整合体制内、外资源方面所做的工作。它的这一优势是很多民办基金会不能比的。

分析这两个案例，我们可以发现，与社工学院对比，妇女基金会的改革力度较小，因为社工学院全然去体制化了，而妇女基金会则依旧保留了既有体制。

那么，是什么原因导致了两家机构的改革选择了不同的推进力度呢？无疑，其中最主要的因素是组织的层级。社工学院的层级低于妇女基金会。站在政府的角度来看，社工学院只是一家地方性机构，对其开展去体制化改革，对政府的影响较小，所以深圳市政府敢于对它放手。而妇女基金会是一家全国性公募基金会，层级很高。对于这样的机构，不适宜追求全方位的去体制化式改革，所以政府只能推进有限的改革。

第二，横向看领域。所谓横向看领域，即指面对相同层级、规模的慈善组织，对不涉及关键领域的慈善组织的改革力度宜略大，而对涉及关键领域的慈善组织的改革力度宜略小。这里所谓的关键领域，指的是关涉社会稳定、公共权力、政治生活等事务的领域。

慈监委和社工学院处于同一层级，都属于市一级的官办组织。两者的改革力度大体一致，改革结果却不同。社工学院的改革促进了学院的积极性，使学院越办越好，而慈监委的改革则趋于停滞，使机构进退失据。之所以会出现两者改革的结果反差明显的情况，主要是因为两者所处的领域不同。社工学院的业务领域虽然也关涉公共服务与社会治理等事项，但相对温和。其项目多为社工培训项目，而对于这种项目，政府只要确保其方向正确，内容不违法，即可交由学院自主运营。而慈监委的慈善监督业务明显是一个重要的业务领域，也即涉及政府公权力的领域，但其力度丝毫不比社工学院小，甚至在某些方面还超过了社工学院。所以，它后来的结局也就可想而知了。

行文至此，我们已经能回答为什么慈监委的慈善监督职能萎缩，而另外两项职能快速发展了。其原因在于慈善监督职能属于重要的公权领域。慈监委以社会的名义开展此项职能，与政府形成了反向的竞争关系。须知，在一个"家"中，只应有一个"家长"。而慈监委的咨询和行业发展职能不属于重要的公权领域，相反，这些工作的成果还能助益政府的业务开展。这是正向的辅助，而非反向的竞争。自然，政府在这两项工作上对慈监委是持鼓励态度的，甚至还愿意配给它一些资源。

综上所述，去行政化改革是一项复杂的工作。在这一过程中，改革者绝不能冒进，而应充分考虑中国社会的现实状况和文化传统，做到有的放矢，稳中求胜。否则，接受改革的机构就可能像慈监委一样，面临被"反噬"的悲剧性结局。

第三节 改革中的平衡状态

一 平衡状态

在前文中，我们讨论了官办组织去行政化改革中的两大误区：①认为不去体制化，官办组织就没有活力；②认为去体制化后，官办组织就能提升活力。这两大误区深刻影响着中国官办组织的改革。

那么，既然这些观点都不正确，什么样的改革方向又是合理的呢？在这里我们要回头来看妇女基金会的案例。通过调研，我们发现妇女基金会成功的秘诀正在于在体制中找定位，即既明确自身体制内的身份，又转变机关化的作风。这便是说妇女基金会既享受了体制的红利，又抓住了市场的要旨；既运用体制身份，又运用市场资源。它在体制身份和自由运营之间取得了一个平衡状态。所以，我们认为，要想取得改革的成功，改革者必须要根据官办组织的层级和涉及的领域，维持这一种平衡状态。那政府该采取哪些改革举措，来维持这一平衡呢？

二 改革举措

我们认为官办组织要进行改革。不改革，官办组织就没有活力。但我们否定官办组织要去体制化的说法。我们认为官办组织不能太强调去体制化。相反，官办组织的改革必须保持两种状态之间的平衡。所以，在这一改革中，我们有两大目标。

第一，保持体制身份约束。这种身份约束的程度应根据官办组织的层级和领域而变化。但无论如何，最重要的还是要确保官办组织在内心中对政府的认同。身份的关键不在于形，而在于心。

第二，给予自由运营空间。要想提升官办组织的活力，用资源填补空洞是不能奏效的。须知，空洞是填不满的，必须要将空洞变成肥沃的土壤。而要想将空洞变为土壤，必须创造合适的外部环境，即给予一定的自由空间，让它自己创造价值。

所以，官办组织的改革是要在保持身份约束与创造自由空间之间找平衡。既不能向左走太多，也不能向右走太多。否则，一着不慎，满盘皆输。这个平衡点是因组织、因事项、因地域而异的，没有定论。

那到底该如何维持这种平衡结构呢？我们认为要做如下两个方面的工作。

（一）确保内心认同

要维持平衡，首先是要确保内心认同。这包括两个方面的内容。

第一，政府信任官办组织。在改革中，既然要提升官办组织的活力，政府就应该充分信任官办组织，在内心上认同对方。相较于民办组织，政府与官办组织之间有亲缘型关系，要做到这一点相对容易。

在社工学院的案例中，我们发现社工学院的改革能取得成功的一个重要原因是深圳市政府对社工学院十分信任。在改革过程中，深圳市政府向社工学院充分授权，以确保学院开展自我治理。政府将社工学院的一切内部治理事务，包括人、事、物等，全部交由负责运营的三方负责。其中，业务模块由三方共同商定，具体包括五项：专题培训、咨询辅导、课题研究、考察交流与外地来深实训、学历教育。在人事工作方面，行政人员主要来自社会招聘，而师资力量则来自外部聘请，且快速更新，但与境外组织合作时应按照要求向政府报备。在课程设计方面，社工学院可以根据市场的需求，自行设计课程模块。

第二，官办组织要认同政府的领导。在改革中，官办组织要认同政府的领导，并着力维持双方的身份关系。这种身份关系是政府敢于放心地向它委托职能的基础。至于改革的力度应该如何，是否要去体制化，则应参照前文论及的制约因素综合考虑。

妇女基金会的改革能取得成功的一个重要原因是它的改革并非为了"脱离"政府的体制而独立存在，更不是为了走向政府的对立面。相反，在改革过程中，妇女基金会一直紧贴政府，结合政府的方向来推动改革。它提出了"要主动在政府的主体工作中找位置"的改革思路。所以，改革非但没有弱化政府在妇女工作中的地位，反而因为妇女基金会能力的提升，间接地扩大了政府对妇女群体的领导力与影响力。

（二）构建外部制度

要维持平衡，除了要确保内心认同以外，还需要构建一套外部制度来予以保障。这包括两个方面的工作。

第一，建立维持领导的制度。内心认同仅靠感情维系是不够的，还需要现实抓手。这里的抓手就是一套管理制度。这包括很多不同的制度。这里仅举两例，改革者可以根据实际情况选用。

（1）领导任命，即由政府任命官办组织的主要负责人。这一制度能够保证政府对官办组织的控制权。

诚如上述，妇女基金会的秘书长是由政府任命的，但政府并不干涉基金会各部门部长及以下层级的人事管理事务。2010年，妇女基金会逐步缩减原有的事业编制，并启动了社会招聘。现在，妇女基金会的多数人员是通过社会招聘渠道加入的。

（2）议事决策，即重新设计机构的议事规则，由政府人员参与讨论或监察。这一制度也能保证政府了解官办组织的运行情况，掌握控制权。

在社工学院运营中，为了确保社工学院的运营合规、顺畅，在民政局的领导下，社工学院的运营方设计了一套独特的议事规则。①协调委员会制度。自社工学院筹备开始，政府便建立了一套协调委员会制度。根据该制度安排，在筹备期间，民政局主要领导在筹备委员会中占有一个席位，而其余各方各占一个席位。协调委员会原则上每月召开一次会议，探讨学院发展方向，协调各方资源。学院成立后，虽然成立了理事会，且理事会成员全部由除政府以外的三方担任，但在理事会下依旧保留了协调委员会。在协调委员会中，民政局主管处室的处长同样还是占据一个席位。协调委员会会不定期召开工作会议，把握学院发展方向，协调外部资源。②监事制度。为保证社工学院内部治理机制之独立性，民政局领导并未进入理事会担任成员。但同时又为了确保社工学院方向的正确性，根据学院章程规定，其监事邀请民政局相关业务主管领导担任。监事可以列席理事会，向理事会提出建议。该制度在保障社工学院独立性的同时，又确保了政府的领导地位，是精准而有效的。

第二，建立自由空间的制度。内心认同的一个重要方面是认同官办组织，给予自由空间。这也不能仅靠情感来维系，而需要以具体制度固定下来。这包括多项制度，比如倒逼改革。所谓倒逼改革，指的是为了提升改革的效果，政府逐步倒逼官办组织，使官办组织不能只是依赖政府。

深圳市政府就是如此倒逼社工学院的。诚如上述，政府设计了一套递减式资金供给制度。根据该制度，在社工学院的业务收入中，来自政府项目的资金比重从80%逐年下降至20%。而且，此资金并非直接拨付，需经由政府的项目招投标。此外，社工学院的办公场地虽也由政府提供，但根据政府的制度安排，它仅能在半年内享受免房租待遇，此后便需按照市场价缴纳租金。这些举措给社工学院造成了不小的压力，导致社工学院不得不积极地运用手中既有资源，尽快地做大做强。

在社工学院成立没多久，学院就设立了一批"社工服务机构管理示范单位"和"社工人才实训基地"。同时，它还积极承接政府委托的项目，特别是针对公务员的社会建设、社会治理能力培训项目。

当然，在政府给予了空间后，为了确保改革成功，官办组织还应主动开展内部改革探索，提升自身的效能。否则，就算政府主动给予空间，改革的效果也未必理想。在获得授权后，妇女基金会启动了人事改革。这一改革除包括去除人事编制，开展社会招聘等措施以外，还包括三项配套举措。①岗位制度。妇女基金会实行了全方位的岗位管理制度，包括实习、转正、竞岗、破格、劝退、待岗等内容。这一制度的实行对于推动基金会人力管理的规范化起到了积极的意义，但其又不失灵活性，有利于人才脱颖而出，获得晋升。②绩效考核。妇女基金会对所有工作人员都实行绩效考核，包括月度自评、年度全方位评估等。凡是考核达标的员工，都可以获得比较丰厚的绩效奖金。③人才培养。妇女基金会每年投入资金用于培育人才。比如，妇女基金会设置了每月一课，即每月请一位讲师到场给基金会人员进行培训；每日公益信息，即由基金会的发展研究部搜集慈善业界信息，向妇女基金会全体员工发布；等等。

妇女基金会还启动了质量改革。由于妇女基金会的不少慈善项目是与各地的慈善组织联合开展的，所以，它需要对各地的慈善项目进行监管。出于这一目的，它启动了质量管理改革，建立了两套质量管理制度。①巡查制度。妇女基金会对慈善项目，设立了巡查员，根据项目级别开展不同类型的巡查。其中，针对金额在100万元以下的项目，采用的是自查和抽查相结合的办法。自查，指的是由项目的执行部门对项目实施效果、受益群体反馈情况等进行自我检查。抽查，指的是由妇女基金会的巡查部门对项目进行不定期的抽查。针对金额在100万元至500万元的项目，由执行方、财务、巡查员等联合组成巡查小组，开展更大范围的巡查，特别是对施工方、政府、受益人进行访谈，听取意见反馈。针对金额在 500 万元以上的项目，除了开展巡查以外，还要开展评估。②评估制度。针对金额在 500 万元以上的项目或捐赠人有特别要求的项目，基金会会委托第三方对项目开展评估，并出具评估报告。比如，针对"母亲水窖"项目，妇女基金会就曾聘请清华大学 NGO 研究所开展项目评估，并出具了专业的评估报告。

此外，为了提升质量管理的效果，基金会在宁夏、深圳、西藏遴选了三个合作机构，作为基金会的地方工作站，负责对周边地区的项目质量开展巡查。而且，基金会还返聘了一批退休人员，成为基金会的特派巡查员，负责开展跨省巡查工作。

上述配套措施的实施，提升了妇女基金会的效率，使政府的授权落到实处，而非仅作为一项无用的"摆设"。

三 改革成效的评测

改革的成效如何才能评测呢？我们认为，如果改革后，官办组织能积极主动地承接政府委托的职能，在社会治理工作中成为政府的好帮手，那么改革就算成功了。

妇女基金会曾发起了一个著名的"两癌筛查"项目。该项目的主要内容是对妇女开展宫颈癌和乳腺癌的筛查，以提升这两种癌症的早诊早治率。该项目在铺开以后，获得了妇联的认可，并最终由政府接手，用财政资金在全国推广。对于官办机构而言，慈善项目由政府接手，通常证明其在该领域中使命的完成。所以，常见的情况是，这时官办机构会发起新的项目，进入新的领域。但妇女基金会并没有遵循这种传统思路，而是积极主动地对项目开展研究。通过项目调研，妇女基金会发现虽然政府用财政资金覆盖了两癌筛查的费用，但筛查出的妇女中有一部分属于贫困群体。她们在检出有病以后，依旧没有资金进行治疗。在认识到这一情况后，妇女基金会主动与妇联取得联系，共同向政府申请福彩资金，用于给每一位贫困妇女拨付 1 万元的治疗费用。同时，它还利用自身的社会影响力，通过多种募捐方式，积极引进社会资金；大范围开展公益讲座，与媒体达成合作，不断扩大两癌筛查及后续资助项目的影响力。所以，在改革后，妇女基金会主动开展工作，为政府分忧，为人民造福。我们认为，妇女基金会的改革是成功的。

相比妇女基金会，社工学院的改革力度较大。它已经脱离体制而基本实现了独立运营。这一状况与它的层级、领域相适应。但在改革之后，它又积极参与政府委托的项目，特别是深圳市民政局和社工委的项目。因此，社工学院的改革也是成功的。

四 结论与建议

我们认为，官办组织的改革不能是"一戳到底"式的激进的改革，而应与它的层级、领域相适应，并保持两种状态之间的平衡。在政府方面，要认同官办组织，给予一定的空间；在官办组织方面，要认同政府的领导，积极配合改革，主动参与政府的社会治理工作。

同时，也正因为官办组织的改革不能是"一戳到底"的激进式改革，所以学界普遍期望的改革后的官办组织可能会代表社会力量的想法，是不切实际的。学者们认为："非政府组织在社会改革和政社分开的潮流中，确立其独立的法律人格，可以逐步摆脱其官办色彩，且职能定位更多的'以社会为中心'，真正体现其草根特色"[1]。我们认为，在中国家社会中，这是难以实现的。但是，比上述观点更难以实现的，是某些学者提出的通过官办慈善组织的改革，推进社会领域的充分发育，以构建"建立在平等和自愿基础之上的公民自治"[2] 的理想。这种理想是不完全契合于中国的现实环境和文化传统的，也是官办组织改革所无法承载的使命。

所以，我们建议，下一步的改革应该摒弃西方"公民社会"式的慈善组织改革方向，重新回到中国社会的现实状况上来，只将适合独立运作的官办组织放出体制，而对于不适合独立运作的官办组织，则仅推动其"去机关化"的改革。

第四节　去行政化改革的定义

一　什么是去行政化改革

讨论完上述内容后，我们终于到了得出本项研究最终结论的时候了。在这里，我们先简单地复盘一下本项研究的理路。在前文中，我们从一个简单而又深刻的理论入手，即政府周围的"差序格局"，得出了两种不同的

---

① 王云：《论非政府组织去行政化》，《四川行政学院学报》2011 年第 4 期，第 23～26 页。

② 高灵芝：《论慈善事业的社区化与社会化》，《社会科学研究》2004 年第 3 期，第 104～106 页。

关系类型：亲缘型关系和业缘型关系。此后，我们结合多个案例，讨论了官办组织改革的制约因素和对应举措。最终，我们找到了一套"中庸"的平衡方案。

在得出这么多结论后，我们也为界定什么是去行政化改革准备了充足的"弹药"。那么，什么是去行政化改革呢？我们认为，去行政化改革就是维持亲缘型关系的实质要件不变，而引入业缘型关系的形式要件。那要如何理解这个概念呢？

二　实质要件

在实质要件方面，应将"他创依赖"改为"他创依靠"，即官办组织应依旧由政府创立，保持官办的身份，但应从依赖政府变为依靠政府，在享受体制红利的同时，又保持一定的自主性、主动性。

妇女基金会的改革完全符合这一点。妇女基金会由全国妇联创立，基金会的秘书长由妇联委派，符合"他创"。妇女基金会拥有官办基金会的身份，项目也部分享受国家资助，但它并不因此而将自己困死在体制内，靠政府资源存活，反而积极利用体制内身份，与国有企业合作，积极筹集资金。同时，它还灵活运用这一身份，吸引多方资源，搭建多个平台，包括女性公益慈善组织协作联盟、中国女性健康公益联盟、女性创业公益联盟、女性书画联盟、青年专家智库。所以，它与政府的关系已不再是"依赖"，而变为"依靠"。因此，我们认为妇女基金会符合"他创依靠"。

社工学院的改革也具有这一特点。社工学院由深圳市政府倡导成立。深圳市政府为成立该学院费尽功夫。它拉来三家合作方，并为该学院设计了一套管理机制。政府领导还在初期定期参与内部管理，出谋划策。这符合"他创"。在社工学院成立后，政府提供诸多资源，包括资金、项目、办公场地、教学场地等。虽然政府采取逐步淡出的策略，以提升社工学院的独立性。但社工学院的主要关联方还是政府。深圳市政府帮助社工学院构建了外部关系网络。比如，深圳市政府帮助社工学院搭建了与国家民政部、各地政法委、民政局、社工协会等的关系网络，使社工学院承接了这些地方委托的培训项目和咨询项目。又如，政府帮助社工学院搭建与深圳市某些机关单位的联系，使其获得部分培训场地的资源。通过这种方式，社工学院进入了政府构建的宏观体系。学院既然在政府的体系内生存，自然也不会游离于这一体系外，采取权变的策略，左右反复。所以，学院与政府的关系也是"依靠"，但又没有达到"依赖"的程度。所以，社工学院符合"他创依靠"。

那么为何政府要在妇女基金会和社工学院上投入如此多的精力和资源呢？笔者以为，其原因在于两者都承载了政府寄托的使命。

在妇女基金会方面，妇女群体的重要意义是毋庸置疑的。中国政府一向重视对工人、青年、妇女、残疾人等群体的工作。所以，对于妇女基金会而言，其承担的是在妇女群体中做好的提升妇女幸福水平的政治使命。在社工学院方面，近年来，深圳市城市化进程迅速，外来人口的数量远远超过本地人口。这导致深圳市原本传统的依赖血缘关系维系的宗族内部的救助与服务体系难以为继。而社会对公共服务之需求又随人口之不断增加而提升，所以，政府急需构建现代化的公共服务体系。同时，深圳市的人口结构年轻化，居民经济水平不断提升，他们对公共服务的需求是多元化的。比如，深圳市中产阶层在子女教育方面，已不满足于传统的义务教育，而想要获得特色教育。受此影响，深圳市的特色小学发展迅速，已有深圳市明德实验小学等数家知名特色学校。这种情况的出现推动政府每年投入大量资金，在全市推广社区服务中心，以提升公共服务水平。但是，深圳又面临人才短缺的问题。这既是一个行政管理问题，又是一个确保社会和谐有序的政治问题。所以，在社工学院层面，它所承载的其实是培育符合社会需求的社工，以确保社会和谐有序的政治任务。

综上所述，无论形式上如何调整，这两家机构承担的都是政府委托的使命。而之所以政府能将这些使命交给它们，是因为双方之间存在程度不同的亲缘型关系。这种关系产生了一种情感认同，而创立与依靠则是这种情感认同的两个支点。所以，尽管它们都在政府的体制内保留一定的独立性，并不完全依赖政府，但在它们与政府之间的这种独特的亲缘型关系的本质并没有被抹去。

此外，值得注意的是，在去行政化改革中，政府与官办组织间的关系不可能符合业缘型关系的实质要件，即"自创自主"。

妇女基金会的所有改革的最终目标都不是脱离政府而独立，而是希望更好地配合政府，与政府主动融合，寻求与政府工作的结合点。它的各项改革所发挥的作用是提升妇女基金会的能量和活力。而在实现这一阶段性目标后，妇女基金会又回到原点，与政府保持高度一致，回应了自己的终极目标——配合政府，更好地履行公共服务职能。

这种情况在社工学院身上也得到了清晰的体现。社工学院与政府保持了一种良好的互动关系。政府需要社工学院的产品产出，而社工学院又需要政府的资金、资源支持。两者之间的关系保持良性发展，并未出现对抗或权变的迹象。

这与民办组织对待政府的态度是全然不同的。诚如前述，民办组织采用的是权变的策略，在需要政府时向政府靠拢，而在不需要政府时又向其他资源方转移。之所以出现这种情况，是因为民办组织是独立的主体，与政府间不存在天然的亲缘型关系。

所以，官办组织的去行政化改革不可能符合业缘型关系的实质要件，即"自创自主"。

三　形式要件

在官办组织改革中，我们需基本维持亲缘型关系的实质性要件，但应改革其形式要件，即"隶属执行"。隶属执行会导致官办组织陷入机关化作风的泥沼，限制慈善组织活力的发挥。

在妇女基金会方面，前述"两癌筛查"项目就能够说明基金会并不是简单地隶属于政府，不是作为一个"没有大脑"的执行机构而存在。它是在积极地为政府找问题、想方法。这打破了妇女基金会之前作为政府在妇女福利职能中的"附庸"的角色定位，使其成为政府的好帮手。所以，我们认为，这类似于业缘型关系形式要件的"平等合作"，但可以进一步准确地界定为"主动合作"[①]。

在与政府的合作中，社工学院也同样体现了积极主动的特点。虽然社工学院的很多项目依靠政府支持，但是，这是合作关系，而非单纯的隶属执行关系。而且，社工学院还在社工人才培养方面表现出其他官办组织所不敢想象的积极性与主动性。比如，它先后与深圳大学、深圳城市学院等数十家单位保持长期合作关系，获得可自由使用的各类教室9000余平方米；它主动延揽人才，不到半年就建起由上百名专家组成的讲师库；它主动探索新方向，尝试与深圳大学、华南师范大学等高校合作，尝试开展学历教育；它主动接洽外国高校，拟在这些高校之下创办由中外联合办学的社会创新特色学院。这些情况都不符合"隶属执行"的界定，而是"主动合作"。

---

① 家长与家人之间并不完全平等，但可以自由合作。所以，应将"平等合作"替换为"主动合作"。

所以，在去行政化改革中，政府与官办组织关系的形式要件应为"主动合作"。这种关系的转变，是打破双方的行政思维，消除行政作风，提升办事效率的关键。

四　结论与建议

结合上述各项分析，我们认为，在去行政化改革后，政府与官办组织的关系表现为以下状态（见图 4 - 2）。

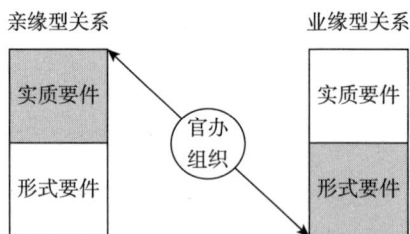

图 4 - 2　政府与官办组织间的新型关系

这种关系是一种新型的关系。它既不同于传统的亲缘型关系，也不同于传统的业缘型关系。这种关系既有类同于亲缘型关系的实质要件，又有类同于业缘型关系的形式要件。进入这种关系的官办组织，既与政府有亲缘的基础，又与政府保持相对自由的合作关系。所以，我们可将这种关系称为"业缘形式下的亲缘关系"。

据此，在本章中，我们得到的最终结论是：所谓去行政化改革，指的是在确保政府与官办组织间身份关系不变的前提下，根据官办组织的层级和领域，给予官办组织相应的自由空间，调整官办组织参与公共服务的方式，以调动官办组织的主动性和创新性，提升公共服务的效率和效果。这也就是说，真正意义上的去行政化，是官办组织去机关化。

第五章　反思民办慈善组织改革

第一节　民办组织独立化的反例

一　第三个疑惑

在第四章中，我们探讨了官办组织改革的问题。在这一章中，我们会把目光对准民办组织，讨论民办组织改革的问题。

关于民办组织改革，有一种为人们所熟知的观点是：民办组织应独立运营。因为只有这样，民办组织才能积极、主动地发现和解决社会问题，参与社会的"多元共治"。

根据这一"多元共治"理论，社会治理的最有效方式是"官民共治的协商治理"。支持这种观点的学者提出：政府主导的社区治理也存在大量的问题，并最终损害社区的自治能力的发展。因此，协商治理成为一个替代问题：以政府为重点，社区组织为主体，NGO（非政府组织）参与。所以，在社会的多元共治中，NGO是重要载体。它确保公民能够和政府、市场形成真正平等的合作关系，使权力受到制衡。

于是，我们便产生了一个疑问：民办组织完全独立，真的合适吗？它真的能发挥想象中的那种作用吗？

二　主流观点

民办组织是否应该完全独立？关于这一问题，国内外的学者普遍持肯定观点。其中，最权威的当数萨拉蒙。他提出："政府与志愿部门合作，已经成为这个国家人类服务供给系统的支柱"。[①]

萨拉蒙的这一观点被中国学者所广泛借鉴，并演化成两种不同的学说。

---

① 〔美〕莱斯特·M.萨拉蒙：《公共服务中的伙伴——现代福利国家中的政府与非营利组织的关系》，田凯译，商务印书馆，2008，第35页。

第一，政府主导说。这一派学者认为，在政府与民办组织的关系上，要坚持政府的主导地位。比如，何芸提出："政府和社会组织是社会管理的两大核心主体，政府在社会管理中占主导地位，而社会组织在社会管理中则是政府必不可少的协同主体"。不过，这一派在坚持政府主导地位的时候，却不认为要使民办组织与政府达成"平等的协作关系"："转变政府与社会组织的关系，由管理与被管理、控制与被控制变为平等的协作关系"。①所以，这一派学者的观点是：一方面，坚持民办组织的独立主体地位，另一方面又坚持政府在具体事务上的主导权。所以，这一派学者看似温和，其实依旧坚持民办组织独立运作这一底线不动摇。

第二，绝对平等说。这一派学者基本承袭了萨拉蒙的观点，坚持政府与民办组织绝对平等。张奇林等提出"慈善的本质是公共物品的私人提供"，它的一大含义是："慈善是一种私人行为，具有独立性、志愿性和自治性"。②

周如南提出："在对待社会组织方面，要将其看成政府的'伙伴'，而不是帮忙打杂的'伙计'，建立政府和社会组织之间更平等的伙伴关系。"③值得指出的是，无论是伙伴关系，还是伙计关系，其本质都是一致的，都是契约关系。其中，伙伴关系是合作关系，而伙计关系则是雇佣关系，两种关系都是平等的契约关系。所以，周如南是在契约论的范式下研讨民办组织的地位问题，希望将民办组织从一个"打工者"提高到"合伙人"的高度。这俨然就是萨拉蒙的观点。

所以，无论是政府主导说，还是绝对平等说，都是在西方的视角下来认识民办组织的地位的。它们至少都认同一个基本观点，即民办组织应该完全独立运作，并与政府平等合作。

那这些学者的想法真的合理吗？出于对这一问题的好奇，我们走访了平安广州志愿服务总队（下简称"平安广州"）。

三　反扒队的困境

平安广州正式成立于 2013 年，其前身是一个非正式的"反扒 QQ 群"

---

① 何芸：《社会组织在社会管理中的主体性问题》，《理论探索》2011 年第 4 期。
② 张奇林、李君辉：《中国慈善组织的发展环境及其与政府的关系：回顾与展望》，《社会保障研究》2011 年第 6 期。
③ 周如南：《购买服务，关键在"向谁购买"》，《人民日报》2016 年 7 月 26 日。

（下简称"反扒队"）。2003 年，处于快速城市化过程中的广州市的外来人口激增。由于政府的治安管理水平尚未跟进，治安情况一度显得十分恶劣，两抢案件频发，比如，屡见不鲜的摩托车"飞车抢夺"案件。在众多"飞车抢夺"案件的高发地段中，有一个地方名叫陈家祠广场。这是一个一群武术爱好者的比武切磋地点。

2005 年，广州市散打协会的核心成员联同 12 名散打爱好者，共同发起了一个团队，名为"反扒 QQ 群"。这个反扒队是一个纯民间性质的团队，未获得任何形式的政府支持。之所以广州会出现这种纯民间性质的团队，是因为当地社会整体氛围的草根化。

该团队在成立以后，就开始大力吸收队员。该团队的门槛很低，要求申请人在 18 岁以上，有正当职业，并提交身份证复印件即可入队。正是由于其门槛很低，所以，该团队队员的数量很快就突破了 2 万人。所以，在发展前期，反扒队的形势可谓一片大好。

反扒队处理盗窃者的方式是现场抓捕嫌犯，然后交给警方处理。据了解，在近两年的时间里，反扒队共抓获盗抢嫌疑人数量超过 1000 人。也正是因为反扒队的工作成绩显著，所以它一度声名鹊起，成为当地媒体追捧的"明星"。于是，就有很多其他人出于各种目的"卧底"进了这一团队，围观它的反扒活动。其中，有普通公众、媒体记者、政府公务员，如公安民警等。据该团队的负责人事后回忆，事情发展到这一地步，该团队其实已经步入了敏感期。

在此之后，关于民间反扒的争议不断。第一，2006 年，团队负责人邓跃晖在参加一次媒体活动时，遇到某知名律师。对方当场对民间反扒行为提出质疑。该律师认为公民以有组织的形式开展反扒行为是不合法的。公民见义勇为，抓捕小偷是可以的，但不应以有组织的形式来反扒。而邓跃晖则认为，公民有义务制止扒窃行为，并将嫌疑人扭送公安机关。活动现场的争论一度十分激烈。

在这次活动之后，为了规范反扒队队员的反扒活动，规避风险，反扒队着手制定了义务反扒队队规——《公民义务反扒活动指引》。其中提到：除在盗贼已经下手时制止外，更多应采取"预防"和"警告"的手段；在发现盗贼要下手时，成员可以接近并用眼神警告，出声提醒被害目标防盗，发动群众共同谴责盗窃；应尽量避免正面冲突，应主动报警；等等。

第二，盗贼反诬反扒队队员的情况开始冒头。2006 年，佛山市某队员在抓捕扒手时，被扒手反诬为抢劫。当时，因为扒手尚未动手，且又一口咬定自己丢了数百元钱，所以该队员立刻被警方拘留了。反扒队为了搭救该队员，不得不与媒体联系，以公开报道的方式给警方施压。最终，在被拘留了十多天后，该队员才被释放。虽然反扒队队员被成功地"营救"了出来，但这一事件依旧对反扒队造成了不小的影响。这时，又出现了武汉反扒志愿者"罐子"事件①，邓跃晖等不得不开始反思民间反扒行为的正当性问题。

不过，对反扒队影响最大的还是政府的态度。2005 年 10 月，正当反扒队的活动开展得如火如荼之时，广州市政府非但没有给予反扒队以表彰，反而由市公安局主要领导在媒体上发表了一封态度"复杂的"公开信——《广州市公安局局长的公开信》。

在这封公开信中，政府先是表达了对队员行为谨慎的肯定："获悉你们自发组织了一支义务反扒小队，以行动表达了对维护广州社会治安的关切与热忱。在此，我代表广州市公安局并以个人的名义，向你们表示敬意！"

随后，政府又反复强调了政府在维护社会治安方面的大量投入："目前，全市有近 10 万人的各种群防群治力量在广州的街头巷尾，为维护社会治安做出了巨大贡献。"

接着，政府又表达了对公众通过正规渠道来维护社会治安的希望："随着互联网的高速发展，网上信息沟通已成为社会生活的重要组成部分，也是公安机关倾听市民意见的重要渠道。我诚挚地希望你们，积极向警方多进言献策，对治安工作多提宝贵意见和举报犯罪线索。"

此外，广州市公安局局长还指派治安支队、宣传处、法制处等负责人与反扒队的代表进行了交流。在这次交流中，政府代表也表达了同样的意见。

此后，反扒队的生存状况日渐艰难。由于没有政府的认可，加上社会争议不断，它的队员大量流失。虽然核心成员尚在，但有很多普通队员在最初的热情过去以后，默默地离开了反扒队。同时，由于反扒队没有外部资金支持，也面临越来越严重的资金短缺的困局。而且，自此以后，广州市政府对打击"两抢一盗"行为的投入力度不断加大。2006 年，广州市的治安状况逐

① "2006 年 9 月 24 日，武汉反扒志愿者联盟展开一次反扒行动，28 天后，'罐子'参与抓获的一名扒窃嫌疑人杨蛮突然死亡。而当事人'罐子'在警方进行第二次补充侦查后，才由于证据不足，不符合起诉条件，并下发不起诉的决定书，最后，被关押 200 余日的'罐子'，仅获赔 2.2 万元。"转引自王向前《武汉反扒志愿者被关 200 多天 获赔 2.2 万元》，《河南商报》2008 年 5 月 5 日。

渐开始出现好转，反扒队的意义日渐淡化，被社会所遗忘。此后，又加上几次风波，反扒队陷入了停摆。

四　社会治理同心圆

是什么原因导致了反扒队的困局呢？它分明是一家独立的机构，以独立的身份与政府合作——"扭送嫌犯"。那为何其竟遭遇现实的冰冷，被政府所"挤压"呢？要解决这一问题，必须从一个更为根本性的问题入手，即我们对社会结构的想象。

诚如前述，中国是一个家社会。在"家"的正中心，是"家父"。家中有很多大小事务。这些事务都是以"家父"为中心，按照轻重缓急，呈波纹状，由内及外推开的。这些事务对应不同的社会领域，而这些不同的社会领域又对应不同的公共职能。所以，在这里，我们可以画出另一张同心圆的图（见图 5 – 1）。

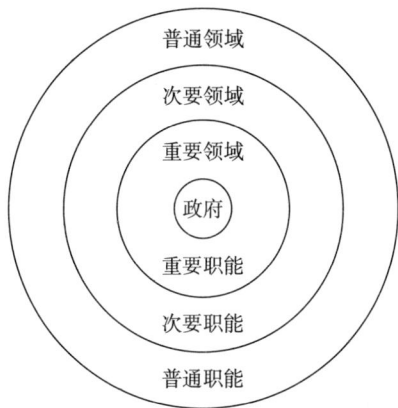

图 5 – 1　社会治理同心圆

注：这一同心圆理论同样可以被用来解释我国经济领域改革的一些现象，即为何在我国，关系国计民生的重要经济领域是由国企负责经营的，而其他领域则由民企负责运营。我国经济领域的改革虽然是"摸着石头过河"，但是改革的方向和路径还是受到我国社会传统与现实的牵动，最终呈一种"既定"的形态。所以，要探讨我国经济领域改革的问题，还是要回到我国社会现实，回到中国人的基本思维方式上来。而我国现在主流的经济理论显然是与此相悖的。因此，我国的经济学亟待更新。

在这一个同心圆中，最核心的一圈是关系到家社会结构稳定与否的最重要的职能，包括财政、防务、立法、司法等；向外一圈，其重要性稍减，是次要一些的职能，涉及市场治理、治安、教育、文化、体育等；再往外一圈，则其重要性更减，是普通的职能，涉及救济、环保、卫生等。

在知道这一基本理论后，稍做推演，我们就能得出一个基本结论：社会治理的职能越靠近政府，处于同心圆中心的政府就越重视，也就越希望由自己信任的人来承担。于是，政府也就越不能容忍其他主体在没有经过它允许的前提下，主动替它承担这部分职能。比如，上述处于内圈的防务职能最重要。对于这一职能，政府一定希望自己亲自掌握。除非国家出现什么特殊情况，否则，任何敢于越俎代庖，私自组建军队者，都将面临政府的严厉打击。

反之，离政府越远的社会治理职能就越不重要，而对于这些职能，政府也就越能容忍其他社会主体替代自己来承担。在这种情况下，政府更容易把这些主体的行为理解成替自己"分担工作"，是一种善意的举动。比如，就上述最外圈的救济职能而言，如果有社会主体愿意主动筹款筹物，向西部贫困地区提供救济款、物，那政府不但会表示欢迎，而且还可能给予表彰。

根据这一基本结论，再往前推演一步，我们可以得出另一项规律，即社会治理职能的重要性与完全独立性的慈善组织参与重要社会治理工作的可能性呈反比关系。这也就是说，社会治理职能越重要，完全独立性的慈善组织参与其中的可能性就越低；反之，社会治理职能越不重要，完全独立性的慈善组织参与其中的可能性就越高。

这一规律换一个角度去理解也是成立的，即慈善组织想要参与的社会治理领域越重要，它所保持的独立性就要相应降低；反之，慈善组织想要参与的社会治理领域越不重要，它所保持的独立性便可相应提高。

五 对比分析

在有了这些理论准备后，我们就能分析反扒队这个案例了。但是，在分析之前，我们还要引入一个对比。这有助于我们以更为清楚的方式来展示反扒队困局背后的逻辑。这个对比案例就是温州爱心顺风车协会（下简称"顺风车协会"）。

顺风车协会成立于2013年4月20日。它的主要业务内容是组织有爱心的车主成立顺风车队，为路人提供免费顺风车搭载服务。所以，顺风车协会的服务对象并非仅限于协会内部，而是面向所有社会公众。这也证明了它是一家慈善机构，而非一家互益性的协会。

　　顺风车协会是一家纯民间性的机构。2010 年，协会创始人梅荣建去参加温州市人事局的培训。当时去参加培训活动的学员都是开车前往的，这导致现场道路十分拥堵。而事实上，多数车上只载有驾驶员一人。梅荣建看到这一情况后，认为这既是一种浪费，又造成了环境污染。于是，他在培训的 QQ 群里发起了相关讨论。结果，有人提议采用顺风搭车的形式解决问题。

　　2012 年，他看到瑞安有人组织顺风车协会，遂在温州市某论坛上再次发起这一话题。结果有数十人响应。他组织响应者召开会议，并最终成立了温州顺风车队。该顺风车队以"载人一程，低碳一城，畅通一城，互信一城"为宗旨，秉承"自愿、顺利、免费、互信"的理念。后来，随着顺风车队的不断做大，梅荣建向温州市民政局正式申请注册，成立顺风车协会。

　　顺风车协会现有成员 3000 多人，包括车主和乘客两类人。协会每年开展大量活动，而且这些活动在温州市本地都很有影响力。比如，2013 年，顺风车协会为了吸引人们的关注，招收新成员，组织了一场绕城宣传活动。协会组织了一个由 36 辆车组成的大型车队，每辆车上加挂一面车队的旗帜，绕温州城开了两圈。由于车队阵势庞大，很快引发了公众的热议。人们纷纷猜测这是什么样的活动。大量媒体也介入了采访。其中，《温州商报》第二天就给予了报道，温州电台也做了新闻报道。这轮传播的效果很好，在随后的一周内，报名加入车队的人数猛增。负责审批加入 QQ 群申请的工作人员在那几天里忙得"根本就来不及"①。

　　顺风车协会也常年跟各类媒体合作，制造各种热点新闻，以扩大社会影响力。比如，在每年春节前后，也就是温州市的春运高峰期，顺风车协会都会与温州电台合作，由顺风车协会向电台提供顺风车路线信息，而由电台向社会广播路线信息，方便社会公众搭乘顺风车。

　　对于顺风车协会的活动，温州市政府十分支持。2014 年，顺风车协会向温州市鹿城区民政局申报社会组织公益创投合作项目，并最终获得资金支持。此外，政府也给了顺风车协会很多的荣誉。顺风车协会先后获得2012 年温州市十佳青年社团创意项目，2013 年温州市委春芽计划 3A 级志愿项目等荣誉。

───────────────

　　①　访谈记录，2016 年 8 月 23 日。

对比顺风车协会和反扒队，我们可以看到诸多相似之处。

第一，两者的参加人数都很多。顺风车协会的参加人数高达 3000 人，而且这还不包括没有登记而沿路招手乘车的乘客。反扒队的人数在最高时达到了 2 万人。所以，两者的人数都很多，规模都很庞大。

第二，两者的影响力都很大。顺风车协会常年跟媒体合作，并且开展了大量的营销活动。所以，它的影响力在温州本地是有目共睹的。反扒队的影响更是不容小觑。在最火的时候，广州的各大媒体都对反扒队做过报道。

既然两者是如此相似，那为何它们的命运又是如此的天差地别呢？难道是因为地缘因素的影响？这一说法显然也是不对的。广州市在全国各城市里的开放程度是有目共睹的，温州市则是市场改革的前沿阵地。所以，地缘因素也不能成为解释这一现象的依据。那合理的解释到底是什么呢？

要解释这一问题，还必须回到对上述社会治理同心圆的讨论上来。在上面，我们已经得出了一个基本结论，即社会治理职能的重要性与完全独立性的慈善组织参与重要社会治理工作的可能性呈反比关系。在这里，我们只要对比一下顺风车协会与反扒队各自业务所涉的社会治理领域，便可以找到答案了。

顺风车协会所涉及的领域对政府来说是"秋毫无犯"。它所涉足的社会领域是为公众提供顺风车，并倡导城市减排理念。这一领域属于最外圈的社会治理职能，重要性较低，几乎不会危害"家"的结构的稳定。所以，政府自然也就乐见其成，愿意让顺风车协会继续搞下去。而且，如果顺风车协会搞得好，并向政府摆出一个积极合作的姿态的话，那政府甚至是愿意提供一些表彰或者资金支持的。

而反扒队所牵涉的领域则是关键的社会治安领域。而同时，反扒队又是一个完全自发组成的团队，之所以组建这一团队，主要是因为公民对社会问题的关注。一个独立的民办组织，在没有政府许可的情况下，贸然闯入一个重要的领域，而且规模越做越大，俨然成了家社会中的一个不稳定因素！尽管广州的草根化特色较为明显，但社会的本质并没有出现变化。

对于这一点，我们也可以从广州市公安局局长发布的那封意味深长的公开信中读出一些端倪。显然，当时广州市政府已经感受到了社会舆论的压力。所以，政府一方面表达了对反扒队工作业绩的肯定，另一方面也暗示自身有收编反扒队的想法，因为只有收编了反扒队，才能天下太平，且重拾公众的信任。由此，广州市公安局局长才会做出那番关于希望公众通过正规渠道来维护社会治安的表达。

所以，从表面上来看，反扒队确实是为解决社会问题而组建的。但实质上，到头来它却成了威胁家社会稳定性的罪魁祸首。再让这样的元素存在下去，既有的社会结构就将面临坍塌的危险。对于这样的"有害"因素，整个社会只有两个选择：要么消灭这个因素；要么改变自身，迁就这个因素。

显然，反扒队并没有强大到让整个社会为自己做出改变的地步。何况中国数千年的文化传统，也绝非寥寥数万人可以扭转与撕裂的。而且，广州市政府在意识到问题的严重性后，也在社会治安方面不断加大投入，并很快就在这场"竞争"中占据了不可战胜的地位。所以，转瞬之间，反扒队盛极而衰。

行文至此，我们也就找到了反扒队遭遇困境的根本原因了，即社会治理职能的重要性与完全独立性的慈善组织参与重要社会治理工作的可能性呈反比关系。

六　结论与建议

综合上述讨论，我们再来看一下在本节开头提出的那个问题，即民办组织完全独立运作，真的合适吗？我们的答案是否定的。我们认为，民办组织能否完全独立，在相当大程度上取决于它所涉足的社会治理领域的重要性。越是重要的社会治理领域，就越不能允许完全独立的民办组织介入。

围绕这一结论，我们还可以做进一步的理论探讨，即"多元共治"理论合理吗？在前文中，我们提及了"多元共治"理论。而之所以中国学者会提出这种理论，是因为他们将中国社会想象成了西方式的"共同体"。根据西方学者的主流说法，在"共同体"中，民办组织所发挥的是参与社会治理，或曰"多元共治"的功能。比如，哈贝马斯的"交往行为理论"认为，人们参与第三部门，自由组成各类亚群体，并开展各类活动，推动社会发展。"行动之协调和互动网络之形成是借助于理解过程而进行的"。[①] 中国学者正是遵循了西方学者的这种思路，才提出类似观点的。他们认为，

---

① 〔德〕哈贝马斯：《在事实与规范之间：关于法律和民主法治国的商谈理论》，童世骏译，三联书店，2003，第43页。

"公共治理中的伙伴关系是多元的、多方面的、多层次的。政府与民间的伙伴关系是非常重要的，是发展公民参与的一个途径。"①

我们认为，这些观点是脱离中国现实的。诚如在前文中我们所反复阐明的那样，中国社会绝非一个西方式的"神之共同体"。其是一个具有中国特色的"自由之家"。所以，用对西方社会的想象来勾画中国社会，是一种张冠李戴的做法。也正是因为这种观点不切合实际，所以，根据这种观点而引申出来的这一改革主张，即民办组织应完全独立，在现实环境下才会显得如此的不合时宜。

但是，如果这种观点不契合实际的话，我们又该如何解决民办组织的发展问题呢？毕竟，如果民办组织一直居于社会治理同心圆的外围的话，是难有大的发展的。关于这一问题，我们的建议是"归附"。

第二节　民办组织的归附

一　第四个疑惑

在本章第一小节中，我们讨论了一个有趣的问题，即民办组织完全独立，真的合适吗？通过案例对比和理论分析，我们得到的答案是否定的。

得出这一结论看似解决了我们一个很大的疑惑，但实际上却给我们提出了一个更大的难题，即如果民办组织不独立，那它们又该怎么办呢？难道是要转型成为官办组织吗？

本着凡事都不走极端的原则，我们当然不认可民办组织不独立，就要一下子走到对立面，完全变成官办组织的说法。我们认为，还有第三条道路可供选择。但问题是，这第三条道路又是什么呢？

二　反扒队的复苏

在前文中，我们讲了反扒队遭遇现实困境、陷入停摆的经历。但故事到这里并没有结束。相反，在经历了一段低潮期后，反扒队完成了一次漂亮的绝地大反击。故事的经过是这样的。

2006 年，在遭遇困境后，反扒队的负责人邓跃晖开始考虑转型的事宜。

① 贾西津：《公共治理中的伙伴关系：英国 COMPACT 的实例》，《社团管理研究》2007 年第 1 期。

邓跃晖说："当时我们处在风口浪尖，合法性受到质疑。我们不在任何政府部门的管辖之下。为了自我保护，我们需要一棵大树。"[1]

那要找怎样的一棵"大树"呢？邓跃晖等主动出击，先联系了广州市红十字会。为了与红十字会搭上关系，2006 年，反扒队 50 多名队员在红十字会造血干细胞库集体登记，并在登记后同年，就有一名队员配对成功，完成了捐赠。但是，红十字会的主要业务领域是人道救助，与反扒队的业务差距较大。所以，双方的合作并未成功。

正在反扒队备感苦恼之时，广州市共青团主动找上门，表示愿意吸纳反扒队进入共青团。同时，共青团还开出两个优待条件，即反扒队的所有活动不受限制，且所有活动在名义上都归属于共青团。为了促成这一次合作，共青团还给了反扒队很多特殊的机会，如让反扒队的成员负责各种大型活动的安保等。在如此优厚的条件下，2007 年 7 月，反扒队正式投到共青团广州市委下的"广州青年志愿者协会"的门下，成为其中的一支志愿者团队，取名为"长治久安服务总队"（下简称"服务总队"）。

在转型成为政府的志愿者团队后，服务总队逐步改变了原有的业务模式，即从直接的抓捕盗贼，转型成为人身安全知识宣传和社会秩序维护。而之所以会向这两个方面转型，主要是政府潜移默化地推动所产生的结果。

第一，向人身安全知识宣传转型。这是志愿者协会通过团队述职对服务总队施加影响的结果。志愿者协会下有多个志愿者团队。按照志愿者协会的规定，这些志愿者团队每月都要进行一次述职活动。在述职过程中，虽然志愿者协会考虑服务总队的特殊情况，允许邓跃晖不用述职，但是，邓跃晖受到了其他团队的影响。他发现直接抓捕扒手，影响力相对有限，而采用人身安全知识宣传的方式，能更好地起到保护市民人身、财产安全的作用。在经过一段时间考虑后，服务总队最终将业务方向调整为人身安全知识宣传。基于这一调整，服务总队研发了多套课程，冠名为"人身安全讲座"。这也是目前服务总队最"长寿"的一个服务项目。

第二，向社会秩序维护转型。这是共青团给服务总队提供大量机会的结果。在转型成为服务总队后，邓跃晖等就改变了之前直接抓捕盗贼的做法，而是在上下班高峰期，组织队员上公交站台维护秩序。据介绍，当时，广州市有几个著名的"黑站台"，如五羊新城、客村等。服务总队就到这几

---

[1]　调研记录，2016 年 10 月 8 日。

个站台上去维护秩序，看到盗贼也不再抓捕，而是驱赶。同时，共青团又给服务总队提供了大量的参与大型活动安保工作的机会。比如，2010 年，服务总队参加了当时在广州市举办的亚运会的安保工作。于是，服务总队就慢慢变成了一个致力于维护社会秩序的机构。

从反扒队向服务总队的转型是十分成功的。它不仅成功地活了下来，还因此获得了很多政府荣誉。例如，2014 年，邓跃晖荣获"广东省热心消防公益事业先进个人"称号，在 2014 年 11 月 18 日举行的"广东省·广州市 119 消防安全宣传月"活动启动仪式上，受到政府及相关部门的表彰，等等。

在这里，令人惊讶的是，仅仅因为与共青团的一次"牵手"，就让陷入极度困境的反扒队绝处逢生，走出了低谷。那为什么与共青团的"牵手"竟有如此神奇的力量呢？

三　双面的雅努斯神

在上文中，我们提到反扒队因为与共青团的一次"牵手"而得以绝处逢生。对于这里的"牵手"，如果我们用一个专业术语来称呼它的话，那就是"归附"。

所谓归附，指的是民办组织改变全然独立于政府的身份，在体制内找定位，并与政府建立稳固的情感纽带的做法。归附的关键在于改变民办组织的身份，成为政府的"自己人"。归附不是要让政府干预慈善组织，我们也不鼓励政府直接干预慈善组织的内部治理。相反，归附是要确立政府与慈善组织间的情感纽带和身份关系，以为政府和慈善组织提供一个相互信任的基础。

归附对于民办组织而言有一个明确的好处，即让它有机会触及社会治理的关键领域。之所以归附可以使民办组织触及社会治理的关键领域，是因为归附改变了民办组织与政府之间的业缘型关系，在两者之间拟制了一种亲缘型关系。诚如笔者在前文所述，一般而言，与政府保持亲缘型关系的是官办组织，这类官办组织承担了很多民办组织所无法承担的特殊的"政治使命"。这里所称的政治使命就是重要的社会治理职能。所以，归附使民办组织获得了一种类似于官办组织的身份，而与政府间建立起了准亲缘型关系。这样一来，民办组织便成了政府的"自己人"，而政府也才敢于将重要的社会治理职能委托给这些民办组织。

运用这一个理论来解释反扒队的情况，我们便能得出一个合理的解释。如果我们将反扒队与共青团的那次"牵手"理解为"归附"的话，那我们就会发现，在完成了归附后，反扒队已经从一个纯民间性的公民兴趣团队转变成一个有一定政府背景的志愿者团队。这一转变为反扒队提供了一个非常有价值的东西，那就是一个正式的"身份"①，即政府"自己人"的身份。

根据中国的传统文化，拥有这样的官方"身份"，是一个主体得到主流社会承认，获得关键资源支持的关键性要件。而通过这次归附，服务总队恰恰获取了这样的一个"身份"，获得了这样一种"承认"。由此，它在社会上所发挥的作用也开始超越一个纯粹的公民兴趣团队所能发挥的作用了。它上升到一个新的高度，开始在一些重要工作中，比如大型活动安保等，频频施展自己的拳脚。

所以，对于反扒队而言，主动归附政府，转型成为服务总队，是一个正确的选择。正是这个选择为反扒队创造了发展的契机。

由此，我们便得出了一个基本结论，即对于那些要想进入重要社会治理领域的社会组织而言，它们必须要改变自己独立的身份，归附政府，成为政府的"自己人"。

围绕这一结论，我们发扬"打破砂锅问到底"的精神，还可以提出一个更为艰深的问题，即为什么在中国社会中，成为政府的"自己人"是如此的重要呢？

要解释这一问题，必须要结合第四章提到的差序格局理论。在第四章中，我们提到在政府周围有一个"差序格局"。在当时，我们只使用它来分析政府与不同类型社会组织的关系远近问题。但其实，这个理论还可以往前再推演一步。这就是我们在这里要完成的工作了。

在这里，我们要在这个差序格局之上再增加一个层次。我们认为，差序格局其实就像是罗马神话中的雅努斯神。雅努斯神的特点是他有两副面孔，一个在脑前，一个在脑后。差序格局恰恰就长着这样的两副面孔。

它的第一副面孔是我们已经知道的那项内容，即差序格局决定了政府对待不同类型慈善组织的亲疏态度。在这一格局中，越是靠近核心的组织，政府对它也就越亲密；反之，越是远离核心的组织，政府对它也就越疏远。

---

① 在调研中，反扒队队员曾戏称："（我们）终于有了个单位。"

　　它的第二副面孔是我们在第一节中提到的社会治理同心圆结构。在第一节中，我们通过逻辑推演，得出了两个基本结论：①社会治理的职能越靠近政府就越重要，政府越是希望信得过的人来承担；②社会治理职能的重要性与完全独立性的慈善组织参与重要社会治理工作的可能性呈反比关系。

　　如果我们将这两个结论与差序格局一结合，立刻就会得出第三个结论：在政府的关系圈中，越是靠近核心圈的组织，与政府的关系就越近，而政府也越信任它。而正是因为政府越信任它，所以，它就越能介入更深层的社会治理领域，也就越能承接更为重要的社会治理职能。越是远离核心圈的组织，与政府的关系也就越远，政府也就越少信任它。正是因为政府越少信任它，所以，它就越不能介入深层的社会治理领域。

　　于是，这里我们可以得出一个总的结论：差序格局不仅决定慈善组织与政府关系的远近，还决定了不同慈善组织所能介入社会治理领域的深度问题。据此，我们可以列出这样一个直观的序列①：

　　重要领域——亲自掌管；

　　次要领域——亲缘组织承担；

　　普通领域——业缘组织承担。

　　基于这一结论，我们便能理解两个问题。

　　第一，官办组织的改革为什么要维持平衡状态？在前文中，由于理论准备尚未充足，我们简单地解释了官办组织改革要维持平衡状态的原因。当时，我们用了慈监委的案例，提出改革走得太远，会导致官办组织被政府"反噬"。同时，我们还提出了两项影响改革的制约因素。

　　其实，现在我们再回头来看，就会发现真正决定改革成败的是这里提到的双面的雅努斯神。

　　我们再来看一下慈监委这个案例。我们认为，慈监委的困境是由它与政府关系的远近与它介入社会治理领域的深度不匹配造成的。在第四章中我们提到，慈监委一心想要完成去体制化改革，变成一家独立的机构。所以，在政府的差序格局中，它进入了最外面一圈。同时，它又想开展社会监督工作。正如我们前面论述过的，社会监督属于公权力，属于一项相对重要的社会治理领域，即次要领域。所以，在职能方面，慈监委又想留在

---

① 当然，在引入"层级"这一元素后，我们还要根据层级，将这一结构进一步分层细化。不同层级的组织所对应的慈善领域的层次也是不同的。这里限于篇幅，不再展开。

中间一圈。这样一来，我们就看到了一家想要"脚踏两条船"的机构。这是明显的身份地位与工作性质不匹配啊！所以，自慈监委迈出独立性改革那一步起，困局就已经在向它"挥手"了。

结合慈监委这个案例，我们认为，官办组织改革保持平衡的关键，在于保持它与政府关系的远近与它介入社会治理领域的深度之间的平衡。这一平衡换一个角度来理解，就是它既要为自己赢得足够的自由空间，又要维系与政府合理的关系，使自己有资格参与与之相匹配的社会治理领域的工作。

第二，民办组织想要参与重要的社会治理事务，为什么一定要选择归附呢？答案也藏在双面的雅努斯神那里——民办组织这么做，是要保持它与政府关系的远近与它介入社会治理领域的深度之间的平衡。

我们再来看一下反扒队这个案例。为什么反扒队转型成为服务总队后，就能获得发展机会了呢？是因为它与政府关系的远近与它介入社会治理领域的深度之间相匹配。它通过归附，取得了官方"身份"。拥有这样的身份就等于获得了进入社会治理同心圆中间圈的"门票"。于是，它自然就可以大踏步地往里迈进，参与重要的社会治理工作了。

所以，我们认为，民办组织要想参与重要的社会治理事务，必须先完成归附。

四　身份 vs. 契约

归附是中国特色的。而之所以它是中国特色的，是因为差序格局只在中国文化中占据核心地位。关于这一点，我们在第四章中已经借助费孝通老师的话解释过了。

这一差异对于中西方政府在选择合作伙伴时，又会产生什么影响呢？对比二者的实践，我们认为，这会导致两种合作关系出现本质差异，也即身份关系与契约关系。

众所周知，西方政府认同的是契约关系。它在与民间组织合作时，看重的主要是对方的能力和诚信。只要对方的能力与自己的需求匹配，在诚信方面又没有劣迹，政府就会与它合作。这一点在中国是不成立的。中国政府除了看重慈善组织的能力、诚信外，还看重慈善组织的身份。慈善组织的身份不同，可以参与的社会治理领域的层级也就不同。由此也可推出，在西方，市场手段是政府的首选手段，而在中国，只用市场手段，反而会造成很多意想不到的问题。关于此点，在前述论及东莞市的案例时，已做了介绍，此不赘述。至于政府应采用何种手段遴选合作对象，笔者将在最后一卷中做出讨论。

除此以外，在这里，我们还需要说明三个问题。

第一，中国的"身份"不同于西方的"身份"。中国的学者多熟知梅因在《古代法》中的一句名言，即近代化是"从身份到契约"。但他们并未审查梅因在这里所说的"身份"所指为何，便将之直接套用到中国，认为中国也要完成"从身份到契约"的转型。这种简单照搬的做法是相当滑稽的。

限于篇幅，我们在这里只能简单做一个解释。梅因在这里所说的"身份"，是西方领主制下的一种"准雇佣关系"。熟悉西方史的读者应该知道，西方的封建制不是建立在血缘基础上的，而是建立在雇佣关系之上的。国王，也即最大的领主，需要有人来帮他管理国家。于是，他将他的战友分派到各个领地上。但国王又没有足够的货币分发工资。于是，他就将这些土地上产出的一部分归于各个小领主。虽然随着时间的推移，被分封的小领主占据了这些土地，并可以"合法"地遗传给他的子嗣，但至少在名义上，他与国王之间还是雇佣关系。国王保留了随时撤换小领主的权利。当然，为了维持这种雇佣关系的稳定，小领主要向国王表示效忠与臣服。但在这里面，契约关系是最主要的内容，而血缘关系则近乎没有。

此外，在西方中世纪，还有一种身份关系，即在小领主采邑（封地）上居住的农奴与小领主之间的关系。这些农奴是被固定在采邑之上的，不能随意迁移。或者换句话说，这些农奴是这块土地上的生产工具，是为解决国王向小领主支付工资问题而存在的。这群农奴对小领主也是一种人身性的依附关系，但显然也不是血缘关系。

与西方社会不同，中国的身份关系是以血缘关系为基础的。在差序格局中，最为主要的分层依据是血缘关系的远近。但血缘体系在中国绝非封闭。人们可以通过拟制来创设血缘关系，如收养、婚姻、拜师等。此外，我们还可以将这一关系泛化，以扩大"家"的范畴，比如，同乡、同年等。这种身份关系是以情感为基础的，而非凭据契约合意。

所以，梅因的"从身份到契约"在本质上是从一种专属契约到一种开放式契约，而非从血缘到契约。而中国要想完成从身份到契约的转型，需先引入专属契约。这岂不是让中国先过渡到西方中世纪？如此想法简直荒唐。所以，我们并不认为梅因"从身份到契约"的判断适合中国，也不认为中国社会要破除血缘关系。

第二，中西方政府的做法并无优劣之分。中国理论界有一种惯性思维，即一看到中国政府的做法与西方不同，就认为西方的做法一定好，中国要向西方学习。这种思维究其本源，应来自晚清以来的中国人的集体性的反思。但是，这种思维有一种极大的缺陷，即它没有考究一个问题：西方的做法真的适合中国吗？

我们认为，西方的做法适合西方社会，却未必能在中国的土壤中生根发芽。就拿反扒队为例。试想一下，如果政府不通过归附的方式，将反扒队吸纳进自己的队伍中来，而任由它自由发展，那我们的社会又会变成什么样子？一个可以预见的结局是，政府丧失社会公众的信任，失去领导这个社会的威信。于是，整个社会就会陷于混乱。各种力量先后崛起，造成剧烈冲突。这种情况是我们任何一个正常人都不愿看到的。

西方社会有西方的治理方式，而中国社会有中国的治理方式。两者间并无优劣之分。如非要将西方的做法挪到中国，则只能是邯郸学步。

第三，血缘关系体系不应是封闭的。虽然我们认为血缘关系体系适合中国，但我们也不鼓励构建完全封闭的血缘关系体系。封闭的血缘关系只看出身，不看能力，即只要不是政府设立的组织，任凭能力再好，亦不可能进入重要的社会治理领域。这种做法也是要不得的，因为这会阻碍社会流动，妨害社会进步。

我们认为，除了最核心一圈的社会治理职能应该由政府亲自承担以外，其余层次的社会治理职能都可以向所有类型的慈善组织开放。任何民办组织，只要能力尚可，愿意积极参与社会治理工作，又愿意向政府归附，承认政府的领导地位，与政府形成牢固的情感纽带，就可以参与到这些工作中去。而只有这样，我们才能构建出一个相对自由的血缘关系体系，从而在维持家社会结构稳定的前提下，推动家社会的进步。我们有理由相信，自由之家必然不劣于西方的公民社会，中国的血缘关系能够发挥出与西方的契约关系一样的效用。

五　归附的意义

在前文中，我们讨论了民办组织如何才能参与重要的社会治理职能的问题。我们找到了归附这条道路，并揭示双面的雅努斯神的一些秘密。我们现在已经能够基本清楚地看到雅努斯神的模样了。但是，迄今为止，它还有一些细节没有被揭示出来。

在前文介绍差序格局的两面性时，我们得出了一个重要的结论，即越是靠近核心的组织，与政府关系越近，政府也就越信任它。而正是因为政府越信任它，所以，它所能介入的社会治理的领域也就越深，所能承接到的社会治理职能也就越重要。

围绕这一个结论，我们还可延伸提出一个问题，即靠近核心的组织在承接到重要的社会治理职能后，会发生什么变化？我们认为，一旦慈善组织开始参与重要的社会治理工作，它对于政府的意义也就变大了，政府就会给它创造更多的机会，也自然愿意向它提供更多的资源。事实上，这并不是一个新鲜的结论，因为这一点我们在第四章中已经讨论过了。

那为什么我们在这里还要再重复这一点呢？是因为这一结论对于归附来说具有重要的意义。诚如上述，归附可以使民办组织获得一个体制内的"身份"。有了这个身份，就有一大好处，即获得参与重要社会治理职能的机会。同时，这还会带来另外两个好处。

第一，获得资源。一旦民办组织变得重要了，政府就愿意往它身上投入资源。

第二，获得机会。这里的机会不是指参与重要的社会治理职能的机会，而是获得收入的机会。而民办组织归附政府的最大意义也正在于此。在社会领域中，有很多公共服务项目是可以收费的。在中国，社会领域的这些机会不是正态分布的。相反，有很多机会是只有拥有体制内身份，才能获得的。这并不是说社会领域的这些机会被政府垄断了，而是说有些机会的获知、相关信息的获取，只有通过特定的平台才有可能实现。而要想登上这些平台，必须拥有特定的身份。

这一点在反扒队身上得到了验证。从2008年开始，由反扒队转型而来的服务总队就开始与广州市消防支队接触，帮助消防支队开展工作。当时，广州市的治安环境已大为改善，服务总队已经没有贼可抓了。

正在这时，广州市消防局找到共青团，希望共青团能选择一些形象好、身材棒的志愿者帮助其开展消防宣传活动。服务总队的队员身体素质过硬、纪律性好，符合消防局的条件。所以，共青团就将这个任务交给服务总队，要求它发起一个消防宣传项目，主要内容是派发传单和开展宣讲活动。

在与消防支队的接触中，服务总队的队员们机敏地发现消防支队的宣传工作有两大缺陷。

（1）过于注重防灾。消防支队的宣传大都集中在如何防火防灾。但事实上，无论如何预防，都难以避免火灾的发生。所以，仅宣传防火防灾，并不能起到太好的效果。

（2）专业性过强。由于是科班出身，消防支队的队员在宣传过程中，讲授的内容过于专业，不容易被听众所接受。"那些消防兵讲课，基本就听不懂几句话。"[1]

于是，他们就开始考虑设计一套与消防支队不同的课程体系。这也就是后来赫赫有名的"穿越火线"消防逃生体验项目。2014 年，凭借这一项目，平安广州（2013 年由服务总队转型而来）成功获得了广州市民政局第一届公益创投活动资助的 30 万元。同时，正是凭着这一项目，2014 年，平安广州的收入为 50 万元；到 2015 年跃升为 180 万元；而到 2016 年则超过 300 万元，从而一举改变了之前仅靠队员自己出钱，苦苦维持的尴尬局面。

行文至此，我们终于讲完了反扒队的故事。这是一个大团圆的美好结局。不过，我们在为反扒队庆贺的同时，还是要按照时间线索简单地梳理一下故事的整个线索：在一开始，由于所涉领域比较重要，纯民间性的反扒队面临了巨大困局，一度陷入低谷；此后，它主动向政府归附，获得了体制内身份；最后，它凭借自身的市场敏锐，抓住了一个机会，从而打开了市场，成为广州市的知名品牌。

在这一线索中，我们发现，它在归附政府后，虽然承担了很多政府委托的重要工作，却没有获得太多的资金支持。但是，它并没有放弃，而是默默地等待机会。终于，皇天不负有心人，它等到了一个难得的机会。那么请问，它又凭什么能够得到这个机会呢？是它所拥有的特殊身份。正是出于对服务总队"身份"的认可，共青团才愿意将承接消防局消防宣传项目的任务委托给它。由此，它才抓到了这个机会。试想一下，如果服务总队没有特殊身份，它有机会获得共青团委托的这项工作吗？如果共青团没有将消防局的项目交给服务总队，它又如何可能发现消防官兵培训过度专业，且无法抓住客户的心呢？所以，向政府的归附，给服务总队提供了一个"身份"，而这个身份的一大价值正是"机会"。嗅觉敏锐的服务总队成功地把握住了这个机会，由此才有了之后成功的专业化转型，最终既做好了政府委托的工作，又实现了自给自足。

---

[1]　调研记录，2016 年 10 月 8 日。

六 结论和建议

综合上述分析，我们认为，归附对于民办组织的意义在于它提供了身份以及与之相匹配的各种资源。这对于民办组织而言，是一个好消息。所以，我们建议，在下一步改革中，政府应开放归附的大门，并制定相应制度，引导有心于此的民办组织向自己归附。关于这项工作，政府可以从社会组织党建入手。

提到党建，近年来，中国政府正在大力推进社会组织党建工作。中央办公厅印发的《关于加强社会组织党的建设工作的意见（试行）》明确指出："社会组织党组织是党在社会组织中的战斗堡垒，发挥政治核心作用。要着眼履行党的政治责任，紧紧围绕党章赋予基层党组织的基本任务开展工作，严肃组织生活，严明政治纪律、政治规矩和组织纪律，充分发挥党组织的政治功能和政治作用。"各地政府也先后出台了配套政策，并着力推进社会组织党建工作。

对此，笔者也走访了温州、深圳等地的民政局，就笔者了解的情况来看，社会组织对党建工作抵触情绪较大。就算是个别组织建立了党组织，也多是流于形式。笔者认为，出现这种情况的原因是社会组织对党建工作的理解不深，而地方政府也没有就党建工作的意义向社会组织做出简单易懂的解释。这就导致了社会组织误以为党建是给它们增加工作负担的，而没有认识到通过党建可以获得归附的机会。所以，我们建议，未来政府可以结合中国传统文化的内容，从本书提及的"归附"理论入手，向社会组织的人员做出党建工作必要性的解释。这应能推动党建工作更为顺畅的开展。①

---

① 笔者曾尝试到几个地方讲授这套归附理论，并将之引申到党建工作上来。结果，绝大多数组织理解了党建的意义，并在课后来问询如何有效地开展党建工作。所以，选择一套可以理解的话语来宣传党建，是政府未来在顺利开展该工作时需要做好的一项十分重要的前期准备。

本卷结论：临场之父

在本卷中，我们发现，中国的社会领域存在大量不能以西方的理论做出合理解释的现象。比如，介入相对重要领域的官办组织的去体制化改革，非但没有给它带来好处，反而使它举步维艰，甚至最终被政府"反噬"；民办组织主动涉足相对重要的领域，做出了很多成绩，非但没有得到政府褒奖，反而进退维谷。

这些现象令我们困惑。于是，我们回到中国实际，在中国传统伦理体系中找到了差序格局理论，并进而引出了双面的雅努斯神的比喻。最终，我们发现，原来中国社会真的与西方社会不一样。西方社会是以独立的人组成的"共同体"，而中国社会则是以血缘关系维系的"家"。

在不同类型的社会中，政府所扮演的角色是不同的。在西方经典理论中，政府是由共同体创立的，接受共同体的授权。政府只能在共同体授权的范围内开展活动。在授权范围以外，共同体的成员有权自由行动，政府不得干涉。所以，共同体与政府之间是创造与被创造的关系。这是西方人对于政府的想象。

中国民众对于政府的想象与此不同。我们初来人世的时候，首先获得的是关于家庭血缘关系的认识。然后，这一血缘关系不断延伸，逐渐拓展，直至扩大到整个家社会。处于家社会中心的是政府。所以，政府与我们之间存在一种拟制的血缘关系。这个政府并不是由共同体创造的，而是由一个个具体的家庭共同认同产生的，并以拟制的血缘关系作为其合法性基础。政府就是家社会的家长，我们是家社会的家人。

所以，我们与政府之间存在的是一种血缘关系。在这个家社会里，政府天然就承担了众多的职责，比如救济贫困的家人，因为它要爱家人。

同时，政府也天然就掌握了家社会里的众多权力。在家社会中，政府会根据事务的重要程度，决定职能的分派。在最重要的事务上，政府自然躬亲为之；在次要的事务上，政府委托信任的家人承担；而在普通的事务上，政府只是在旁侧注视，观察主动承担这些事务的家人。

所以，在家社会的事务上，政府未必事事躬亲，但它一定事事临场。它经常出现在家中的各个角落，默然而又审慎地观察家中的事务，管束行为不当的家人，处理棘手的家中事务。

所以，虽然我们并不能经常见到政府临场，却能时时感受到政府的存在。在涉及重大或不确定的事项时，我们都会习惯性地先征得政府的许可或默认。在出现危难情况时，如发生自然灾害时，我们首先会想到寻求政府出手相帮。

这是我们家社会的运行逻辑，也是我们心中长久存在的潜意识。所以，在我们的家社会中，永远都有一个"临场之父"。

存在一个"临场之父"，是中国社会的现实情况，也是我们对这个社会里的人的固定的认知方式。我们中国人通常很难理解，在一个团体没有"中心"的情况下，何以能够维持统一，持续运作。虽然晚近以来，受到西方文化的影响，我们越来越认可家也可以带有共同体的色彩，认为我们也能自治，但在现实生活中，我们也看到大量的失败案例。那些想仅凭共同体的机制来运作一个团体的人，最终都不得不寻求建立个人效忠体系，比如，曾经的中华革命党。对于此事，我们也应理解孙中山先生之无奈。而且，更为残酷的是，一旦中国的家社会真的演变成了共同体，那我们很容易就会看到一个"分家"后的社会。这是一番分裂且纷乱的局面，是我们所有人都不愿意看到的。所以，在中国社会中，政府只能是"临场之父"。这与西方社会中政府所扮演的共同体中的受限的公意执行者的角色是截然不同的。

只有明白了这一点，我们才能透彻地理解为何在前两章中，有那么多奇怪的现象都是在传统西方理论与主流话语中找不到合理解释的。那是因为我们陷入了一个认识误区，认为中国社会与西方社会完全一致。其实，只要我们稍微调整一下视角，从西方转回到中国，从基督徒转回到家人，这些问题就都能迎刃而解了。原来我们是按照西方的逻辑来想象中国社会，改造中国社会的呀！我们拿出一套适用于西方社会的理论，来要求中国的官办慈善组织与民办慈善组织罔顾现实，盲目冒进，那不跌得鼻青脸肿，惨不忍睹，才真是咄咄怪事呢！

所以，当我们回头来看，便可以发现，自新文化运动以来，以《新青年》为主要阵地的一群学者文人所尝试完成的，乃是将中国引向"全盘欧化"的道路，还美其名曰创建"现代性"社会的"壮举"。在一百年后的今天，我们不禁要反问一句，这样的"现代性"社会真的有实现的可能吗？

回到慈善领域，近年来，政府一直在大力推进慈善事业的改革。从全国人大、国务院到各个地区，都在稳步推进这项改革工作。这是一场关乎中国社会发展、人民幸福的重大社会改革。习近平主席曾指出："一个国家、一个民族的强盛，总是以文化兴盛为支撑的，中华民族伟大复兴需要以中华文化发展繁荣为条件。"[①] 我们高度赞同习主席的这一认识，并认为慈善事业改革要想取得成功，也绝不应脱离中国社会的现实环境。而在这其中，最重要的是绝不能脱离"临场之父"的注视。否则，它非但不能给社会带来什么正面的成效，反而会被私欲的傲慢所裹挟而埋下无穷的祸端。因此，我们认为，下一步改革的重点目标之一应是确保党和政府对慈善事业的主导地位。我们的其他改革举措都应该围绕这一目标来制定与推行，不应有所偏离。

---

① 田克勤等：《中国特色社会主义理论体系新论》，人民出版社，2016，第250页。

第三卷

家人：平衡的两端

在第二卷中，我们探讨了家社会的形态。我们的结论是，第一，我们的社会是一个家，所有人都生活在家之中，怀有家的情感，按照家人的方式生活；第二，家社会的事务是分层次的，分为重要领域、次要领域、普通领域。我们认为，重要领域、次要领域不可能允许独立的民办组织参与，而普通领域则可以允许参与。所以，普通领域是可以允许体制外的群体参与的。这些参与人群可以被分为两类：第一类是资本精英群体，他们通常按照市场逻辑来运营慈善组织；第二类是普通市民群体，他们通常按照市民参与的逻辑来运营慈善组织。所以，普通领域的参与群体共有两类：资本精英和普通市民。这两类群体所运营的慈善组织各有使命宗旨，又各自开展不同的项目。

那么，这些慈善组织的特点是什么呢？政府又该如何管理这些慈善组织呢？

第六章　反思民间慈善

第一节　慈善创新的深意

一　慈善创新的"春天"？

近年来，慈善创新成为慈善业界热捧的对象。越来越多的慈善组织开始追逐慈善创新。但凡是慈善业界的沙龙，我们总能听到关于社会企业、公益创投、社会投资等名词。学界也有越来越多的人开始对这些名词感兴趣，做出了大量的技术性、实证性研究。这些新鲜事物的进入，使中国的慈善事业变得甚为热闹，真可谓争奇斗艳、群芳争雄。同时，在政府层面，我们也看到不少地方在鼓励民间的慈善创新，并大张旗鼓地与这些新式的组织开展合作。

我们认为，既然慈善事业是属于社会领域的，那么，在开始运用新工具之前，首先就要对这些新工具的政治属性做一个界定。否则，贸然允许开展这些创新，可能会带来意想不到的后果。所以，接下来，我们不禁要问，这些创新的政治属性是怎样的呢？

二　社会公益基金会的价值链延伸

为了解答上述问题，我们调研了深圳市社会公益基金会（下简称"社基会"）。我们发现这家基金会大力推进了慈善创新。

从 2009 年开始，社基会就开始承接政府的项目，举办深圳市公益项目创意大赛。深圳市举办这项活动的初衷是为了征集符合社会需求的创意项目，并从中遴选重点项目给予支持。这一创意大赛从 2009 年开始，一直办到了今天。其中，在 2012 年的时候，由于中国慈展会正式落户深圳，原本为深圳市本土社会民生事业遴选项目的深圳市公益项目创意大赛也就顺势转型成为中国公益慈善项目大赛（下简称"慈善项目大赛"）。2015 年，慈善项目大赛再次转型，围绕紧贴深圳市建设"国际创客之都"的总体方向，提出了促进公益创新的总体目标。

根据社基会的理解，这一公益创新理念包括四重含义：①具有创新的商业模式；②运用创新的项目工具，如互联网，高科技等；③关注新的社会领域，特别是一些新生的或者罕有关注的社会问题；④具有创新的公益理念，特别是能接受公益慈善事业的市场化转型。

结合这一理念，社基会大胆地提出了发展"公益创客"的总体战略。它希望通过慈善项目大赛，能够带动社会公众加入公益创新，并在公益创新的基础上，共同推动深圳市慈善事业的发展。

围绕这个目标，社基会做了多项安排。

第一，设计总体战略。社基会设计了一套总体战略。这一战略共分为三块，分别对应三个项目：慈善项目大赛、公益创客基地和公益创投。这三个项目存在内在联系。

（1）慈善项目大赛扮演了战略前端的角色，重在遴选合适的公益项目和公益创客。社基会通过每年一期的慈善项目大赛，吸引了大批项目和创客。社基会从中选出一批有潜力的项目和创客，锁定为重点培养对象。

（2）公益创客基地扮演了战略中端的角色，重在培育出色的公益项目和公益创客。社基会与深圳市的多家创客基地合作，在深圳市建设了一批公益创客基地，包括：①前海深港青年梦工厂；②华强北国际创客中心（特训营合作单位之一）；③科技园汇峰众创空间；④城市梦工场；⑤海岸城"意启创业"平台。在这些创客基地中，社基会提供多项培育服务，包括资金支持、品牌推广、活动支持等。

（3）公益创投扮演了战略终端的角色，重在产出产业化的项目与高质量的社会价值。社基会引入了大量的创投资金，用于推动公益创客的产业化。比如，它与桃源居合作，由桃源居出资100万元向六个项目投入创投资金；与中广核、深圳燃气公司等合作，开展环保类创投活动等。通过社基会的努力，这些公益项目和公益创客逐步走上了产业化的道路，部分项目在解决社会问题的同时，甚至还实现了自负盈亏。比如，它成功地帮助古村之友项目与某商业投资企业对接，最终双方达成了500万元投资的合作。

社基会的这一战略颇类似于战略营销大师迈克尔·波特曾提出价值链的概念。所谓价值链，即指企业的价值生产过程是由相互联系但并不相同的环节共同构成的价值链条。根据该理论，企业生产过程中的各个环节，皆为企业最终的价值生产提供支持。所以，这些环节共同组成了价值链。

如果我们将公益项目和公益创客视为社基会的产品的话，那它的三大项目恰恰扮演了公益产品生产过程中的三个环节。这三个环节相互关联，形成了一条完整的价值链。

第二，遴选支持者。社基会为自己的项目遴选了一批支持者。这些支持者都很有特色。其中，除了深圳市民政局外，主要是一些大型财团作为其支持者，包括深圳市广电集团、芒果 V 基金、腾讯公司、红树谷、桃源居、中广核、深圳燃气以及多家创客基地等。在这些支持者背后，我们依稀能看到资本的力量在起作用。这些资本无论是国有资本还是民间资本，它们都代表了某种"态度"。这种态度通过社基会这个载体以及社基会的项目，有条不紊地传导了出来。

第三，开展创新活动。为了配合自身战略，社基会开展了一系列创新活动。这些活动都颇具特色。其中，值得一提的包括以下几点。

（1）编写社会创新案例。为配合慈善项目大赛，提升社会创新的效果，社基会邀请专家为本次大赛专门编写了 30 个社会创新案例。这些案例都是精选出来的国内外的成功个案，详述其运营模式与社会创新的要点，对于有志于以商业方法解决社会问题的机构具有相当的借鉴意义。比如，其中提到了宝洁公司和美国疾病控制中心（CDC）联合开发的净水技术，推广廉价高效 PUR 净水剂的案例；百事（中国）进驻内蒙古达拉特旗农场，种植马铃薯，将 2.7 万亩的沙漠改造成沃土的案例；等等。

（2）开展多种品牌营销。在各种活动中，社基会都会开展大量品牌营销活动。比如，为了提升慈善项目大赛的影响力，招揽更多的社会创新项目加入，社基会在北京、西安等地开展了多场宣讲活动。同时，它还在诸多主流媒体和网络自媒体上反复推广大赛。据统计，2015 年大赛微信订阅号的阅读量超过了 200 万人次；该订阅号长期排在慈善类订阅号的前 20 名，且最高曾排在第 3 位；关于 2015 年大赛的百度搜索条目超过了 1000 万条。

为了提升公益创客概念的社会认知度，同时也为了扩大公益创客项目的影响力，社基会又开展了多种形式的品牌传播活动，包括：结合特训营，拍摄了两集纪录片，在深圳市广电播出；与深圳市广电合作，共同举办了一次访谈节目，还在慈展会布置了"众创空间主题展区"，这一主题展区得到了深圳市华强公益基金会的赞助支持，总招募到 165 个参展机构和项目。其中第四届中国公益慈善项目大赛优胜项目 119 个，展会邀请的社会企业项目 20 个，公开报名的公益创新项目 26 个、公益创客体验设备 40 个。由于这一展区是慈展会难得的互动性较强的展区，因此，也就成了慈展会人流的聚集地。同时，在这一展区中，还举办了为数众多的公益创客路演活动，大力推广社会创新的概念。

（3）邀请投资界导师加盟。为了提升公益创客的能力，社基会还与投资界的导师合作，为创客提供中国公益创客联盟特训营的培训服务。社基会与红树谷、草根天使会等达成合作，邀请 5 名投资人参加特训营，担任项目导师，以帮助 30 个项目发现社会创新的经济增长点，修改商业方案，推进商业化。比如，围绕独角兽 X 无人机项目，导师带领小组成员共同设计商业方案，将该项目原来生产竞速无人机的方案改造成了生产用于农业监测、灾害救援的无人机的社会创新项目。经过改造，该项目有了较大的市场空间。围绕这一项目，参赛队伍提交了商业计划书，并挖掘了潜在的合作资源。

（4）组建团队管理公益创投业务。公益创投业务需要专业团队长期的管理与服务。为了实现这一点，社基会花费一大笔资金，招募了多名管理人员，专门负责开展公益创投业务的管理与服务工作。仅 2015 年，它就连续招聘了数十名员工，从一家小型慈善组织发展成为一家中型慈善组织。因此，在公益创投方面，社基会的专业性已然超越了国内其他同类机构，成为业界翘楚。

三　市场的慈善

社基会是慈善创新领域的带头人[①]。通过所开展的一系列项目，它在业界获得了相当的话语权。所以，这是一家成功的慈善组织。

但是，说它是慈善组织，总有一些欠妥，因为它与西方传统的慈善组织有很多区别。西方传统的慈善组织基本都归属于市民共同体。它们很少运用市场逻辑，甚至有点反市场逻辑。它更注重参与和对话，希图通过这种方式来合力解决社会问题。但社基会显然采用的不是这种做法。相比之下，它有四个特殊之处。

---

① 需要特别说明的是，社基会是官办基金会，由它来做资本精英的带头人符合以政府为主导的改革方向。

第一，目标特殊。社基会关注公益创新和公益创客，这两个目标是市民共同体所不愿染指的，也是它们所无法实现的，因为这两者经常需要大量的资源投入，并需要依照市场逻辑来运转。市民共同体是市民的聚合，市民们既没有这么多资源，也对市场不那么敏感。所以，在它们看来，一旦放任公益创新和公益创客的发展，市民共同体就可能会被边缘化。所以，市民共同体经常是反对慈善创新的。

第二，战略特殊。诚如前述，社基会完成了一套价值链的战略布局。它的这一战略布局与市民共同体的玩法迥然相异。它没有按照市民社会理论，吸引一批社会公众参与，用对话和行动，甚至是影响社会政策制定的方式，推动社会问题的解决。相反，它按照市场逻辑，以价值链理论为自身凭据，综合多种资源，有条不紊地制造"公益产品"，然后再通过这些产品来影响社会问题的解决。这一战略很专业、很宏大，不是普通的市民共同体所能承载的。

第三，人群特殊。社基会的支持人群是资本精英群体，而不是普通市民。这些精英通过资本输出的方式，以社基会为渠道，以社基会的项目为载体，表达的是符合精英群体的价值理念。值得注意的是，精英们的这些资本输出虽然在形式上表现为捐赠，在实际上却更多地隐含了"投资"的味道。只是这种投资所追求的并不是直接的经济回报，而是间接的"友善"的社会环境的回报。构建友善的社会环境，对于直接的经济回报起的是正向的推动作用。所以，我们也应该将这些用于构建社会环境的资本视为一种"投资"。

第四，行动特殊。社基会的行动很有特色。在它的行动中，综合了品牌影响、客户服务、项目管理、专业咨询等多种市场行为。这些行为都是传统慈善组织所不善于采用的。所以，它更像是用市场技术在运营的一家"企业"，而非一家传统的慈善组织。

通过上述分析，我们可以得出一个初步结论，社基会不属于市民共同体。它在组织目标、战略布局、支持群体、运行活动等几个方面都表现出明显的市场特色。它更注重运用资本的力量，更符合市场的逻辑。它基本就是沿着市场的指针一路狂奔。针对这类组织，我们应将之界定为市场共同体。

市场共同体有以下几个特点。

第一，组织多带有营利性的目标。属于市场共同体的慈善组织并非完全是非营利性的。它经常有营利性目标。比如，社会影响力债券要求获取回报的；社会企业也有营利性的要求。"许多表面上属于无私地为大众服务的工作，在启动和执行时主要都是为了提升那些倡议者个人的声望，甚至是增加其金钱利得"①。

第二，组织的推动力量是资本力量。这类慈善组织的推动力量通常不是人们的公共心，而是资本力量，所以，它为资本代言。而它影响社会的方式也不是发动社会参与，而是向社会释放"有态度"的资本，并由此引导其他社会主体进入它设定的社会场域，以为资本精英所驱使。关于此点，凡勃仑颇具戏谑的描述是深中肯綮的："许多时下蔚为时尚、给大都市穷困民众进行社会改造的努力，很大一部分是属于文化使命的性质。它是借由这种手段，企图让上层阶级的文化中某些特定因素能加速纳入下层阶级的日常生活方式中。例如，'安置服务社'所关切的一部分固然是旨在增进穷人的工业效能，并且教导穷人更恰当地运用手上的资金，但也有一部分至少同样重要的是旨在持续地透过身教和言教，传授上层阶级在仪态和习俗礼节上的细节。"② 如此看来，如果放任这种情况的出现，资本力量的充盈恐怕会成为造成社会动荡的一大隐患吧。

第三，组织的运行模式是"市场 + 社会"。这类慈善组织基本是沿着市场的逻辑运行的。但同时，由于它介入了社会领域，也会兼顾社会逻辑。所以，它同时运用市场工具和社会工具，把两种工具相结合，优势互补，合力传达资本精英所偏好的价值。

通过上述分析，我们可以看出，市场共同体是代表资本精英阶层的一类组织。资本精英群体凝聚成市场共同体，表面上是在推动所谓的慈善创新、社会创新，本质上却是在向社会注入市场力量，传达精英价值，以为自身创造出一个"友善"的社会环境。市场共同体掌握的资本力量和市场工具都不是普通市民群体所能企及的，所以，一旦市场共同体在社会领域掌握了主导权，则市民群体将面临被边缘化的困局。③

---

① 〔美〕凡勃仑：《有闲阶级论》，李华夏译，中央编译出版社，2012，第247页。
② 〔美〕凡勃仑：《有闲阶级论》，李华夏译，中央编译出版社，2012，第250页。
③ 当然，在中国，由政府出资和主导的慈善创新，如各地政府举办的公益创投，不在此列。它属于政府增进福利的一种方式创新。

四　市民社会理论的偏颇

自 20 世纪 60 年代，有一种理论开始跃入人们的视野。这就是著名的市民社会理论。根据这种甚嚣尘上的理论，在非营利领域，或曰第三部门，有一种占统治地位的行动逻辑，即由市民们自发参与，组成共同体，并在公共广场通过对话的方式，形成意见，以共同推动社会问题的解决。这些社会参与者的身份都是市民，而这些慈善组织便是市民共同体。

市民社会理论一度在中国十分火热。这一理论在 20 世纪 90 年代末传入中国。一经引入，立刻在中国学界赢得一片追捧，甚至有不少学者明确提出，希望在中国建设一个西方式的市民社会。

但是，通过上述分析，我们可以清楚地看到，这一理论是以偏概全的。其实，自古罗马开始，西方社会就从来不只有一种行动逻辑。相反，它有两种行动逻辑，一种是市民社会的参与逻辑，一种是精英社会的市场逻辑。这两种行动逻辑一直并存，但在不同的时代有强弱之分。比如，在古罗马共和国初期，精英的观念占据主导地位；在法国雅各宾派执政时期，市民依靠暴政掌权，参与逻辑执牛耳；在美国建国初期，精英群体齐聚联邦党人掌握大权，精英的话语权较大；在美国第三任总统杰斐逊时期，市民群体独尊，参与逻辑卷土重来；等等。而上一波市民社会理论兴起的背景是二战后精英力量走弱，市民群体兴起。但是，这一群体的力量在里根上台后，已经逐渐走弱。到 20 世纪 70 年代末，精英群体的市场逻辑再次实现反超。

萨拉蒙在他那本名著《公共服务中的伙伴》中清楚地记录了这一变化。里根总统上台后，对第三部门做了三大方面的调整。

第一，对慈善事业结构性开展调整，引入市场逻辑。1982 年，里根在一份国情咨文中提到："我们对美国人民的信任可以从另一个努力中体现出来……包括学校、教堂、商业、联合会、基础设施和市民计划……这样的团体在经营社会事业上总是比政府更有效率。"[①] 基于这一观念，里根将这些领域大规模的让渡给私营慈善组织来管理，特别是健康、教育等领域。这看似是政府在让渡空间，其实却是政府在这些社会领域中引入市场逻辑。

与之相配套，政府减少了对这些领域的资助。统计显示，从 1982 年到

---

① 吴潇：《美国里根政府的社会救助政策改革探究》，硕士学位论文，山东师范大学，2012。

1986 年，联邦政府削减了在慈善组织方面的投入力度，总计大约 230 亿美元。相比 1980 年、1986 年，社会公益服务组织得到的政府投入减少了 40%，社区发展组织减少了 44%（见表 6 - 1）。

表 6 - 1　联邦政府资助非营利组织变化情况

单位：亿美元，%

组织类型	1980 年	1986 年（相比 1980 年）	
		增减情况	增减幅度
社会公益服务	65	－26	－40
社区发展	26	－11	－44
高等教育	27	－6	－21
其他教育/研究	29	2	7
健康	250	58	23
对外援助	8	－1	－8
艺术、文化	4	－2	－41
总计	408	15	4

资料来源：〔美〕莱斯特·M. 萨拉蒙：《公共服务中的伙伴——现代福利国家中政府与非营利组织的关系》，田凯译，商务印书馆，2008，第 208 页。

第二，转变政府资金的投入方式，引入市场竞争机制，运用"建立公私伙伴关系、实施合同外包"[①] 等新形式。在此前的资助模式中，政府直接向社会组织投入大量的公共财政资金，即以"领域"，而非产出作为判决标准。里根改变了这种做法，引入市场机制，采用更为高效的竞争性的购买服务、购买券等资助方式。[②] 值得一提的是，美国政府在这一时期引入的新资助方式其实就是新公共管理理论中提及的核心解决方案，也即公共服务市场化的四种主要手段中的几种。[③]

---

① 赵立波：《关于政事关系若干理论与实践问题的思考》，《中国行政管理》2009 年第 12 期。

② Patricia M. Nickel, Angela M. Eikenberry, "A Critique of the Discourse of Marketized Philanthropy", *American Behavioral Scientist*, 2009（52）.

③ 这四种主要手段分别是合同出租、公私合作、用者付费制、凭单制度。参见李招忠《西方国家公共服务市场化对中国行政改革的思想启示》，《暨南学报》（人文科学与社会科学版）2004 年第 1 期。

第三，通过一系列判例，开放募捐资格。美国政府通过"绍姆堡案"①"缪森案"②"瑞利案"③ 等拓宽了慈善组织的募捐资格。虽然联邦法院的判决是以言论自由为开路之凭据的，看似有参与逻辑在其中起作用，但这些判例的实际作用却是加剧市场竞争。在这方面，美国募捐市场随后出现的剧烈的优胜劣汰现象是最好的注脚。

里根的这次改革是成功的。他成功地在第三部门中引入了市场逻辑。有几个证据可以证明这一点。

第一，慈善组织收入多样化。在市场化之前，美国的慈善组织的收入主要来自政府与私人捐赠。在改革之后，慈善组织的服务收入日渐增多。

---

① 案情简介：美国各州通常规定，慈善组织用于非慈善活动方面的资金不得超过一定比例。绍姆堡镇也做出了类似规定，即要求欲在当地开展上门或街头劝募活动的慈善组织都必须将75%以上的善款用于"慈善目的"，即慈善组织的劝募开销、工资、杂费及其他管理费不得超过捐款总额的25%，否则就无法获批募捐资格。有一家名为"环境改善公民组织"的机构因此被拒绝在当地劝募。双方为此发生争执，并闹上法庭。该案件最终上诉至联邦最高法院。联邦最高法院经过审理，认定虽然州政府有权维护社会秩序，监管欺诈行为，但该规定构成了事前审查，并且是对慈善组织言论自由权的侵犯。"在街头或上门募捐，是人们的言论自由权——交流信息，传播和宣传观点和意见以及倡导宗旨——都受到宪法第一修正案的保护。"所以，联邦最高法院认为，绍姆堡镇的规定存在"过宽"的情形，应予撤销，Village of Schaumburg v. Citizens for a Better Environment，444 U. S. 620 （1980）。

② 案情简介：与绍姆堡镇一样，马里兰对募捐善款的成本开支做出了限定。当然它还做出了一些反例性规定："慈善组织用于其他方面的开支不得超过募得善款总额的25%，但如果慈善组织能够证明该规定将会有效阻止组织募捐的，则该州管理者可以针对该组织放弃执行该规定。"联邦最高法院认为该规定并未给组织足够的空间来举出反例，即该反例规则是不可用的。该反例规则"对弥补该法中的根本性错误毫无功效"，也即存在明显的"过宽"情形，是无效的，Secretary of State of Maryland v. Joseph H, Munson Co.，467 U. S. 947 （1984）。

③ 案情简介：北卡罗来纳州的法律规定了一套专业募捐人的收费标准，分为三层：专业募捐人抽取募得款项20%以下的佣金是合理的情况；20%～35%且被证明未采取传播信息、讨论或倡导等方式辅助募捐的，则是不合理的情况；35%以上是不合理的情况，但能证明采用了传播信息、讨论或倡导等方式辅助募捐的除外。同时，该州还规定，专业募捐人应向潜在捐款人披露前十二个月在该州平均收费比例的信息。对于该案，联邦最高法院审理认为，政府无权代慈善组织规划资金支出，除非该组织本身无法公平谈判或者没有能力自我决定言论自由权之行使。并且，"我们无法相信在专业募捐人的言论与其他受保护的言论相互交织在一起时，本身还保持着商业性"。要求披露资金使用比例只会伤害依靠专业募捐人募捐的中小组织，且令其缺失辩驳的机会。所以，令其披露报酬信息是违背宪法的。州政府应自行采集并披露专业募捐人的财务信息，或采取事后处罚的方式，而非强制募捐人在募捐时披露。通过这一判决，宪法对募捐自由权之保护延及伴生在慈善组织之侧的募捐专业人士，虽然其之言论通常被认为是商业性的，Riley v. national Federation of Blind，487 U. S. 781 （1988）。

据萨拉蒙统计，从 1977 年到 1989 年，慈善组织的商业收入增加了 93%。1989 年，美国不同类型慈善组织收入构成情况详见表 6 - 2[①]。

表 6 - 2 1989 年美国不同类型慈善组织收入构成情况

单位：%

类型	私人捐赠	政府补贴	商业收入
健康	1	40	59
教育	17	15	68
社会服务	38	23	39
艺术	60	6	34

第二，慈善组织运营方式改变，出现"企业家慈善"。美国政府通过改造慈善领域的经济基础，推动了慈善组织运营模式的转变。更多的慈善组织开始关注机构运营，并将精力投入慈善项目的产品化。它们开始重视捐赠人的意见，并将客户服务、媒体公关、品牌建设、平衡计分卡等各种市场经济下的运营技术统统引入了组织内部[②]。由此，慈善组织的运营效率得到了提升，"企业家慈善"逐渐成为一股风潮。

企业家慈善的出现，去除了慈善界的所谓的"业余主义"痕迹，摒弃了"表面上提高福祉的慈善"[③]，使美国的慈善事业走上了一条所谓的"专业化、制度化、精细化"的慈善之路。

第三，部分组织转向市场，追求市场营利。在里根改革后，以医疗卫生组织为代表的慈善组织，因为拥有良好的市场环境，能够实现自负盈亏，所以最先主动放弃免税地位，转型成为营利性组织。据统计，从 1980 年到 1989 年，美国的营利性医院的数量增长了 28%，政府公立医院的数量减少了 17%，非营利医院减少了 3%。[④]

与此同时，另一些组织由于没有很好的市场环境，只能一手拿着政府

---

① Lester M. Salamon, "The Marketization of Welfare: Changing Nonprofit and For-Profit Roles in the American Welfare State," *Social Service Review*, 1993（67）.

② Adrian Sargeant, *Marketing Management for Nonprofit Organization*, Oxford University Press, 2005, pp. 22 - 34.

③ 〔美〕莱斯特·M. 萨拉蒙：《公共服务中的伙伴——现代福利国家中政府与非营利组织的关系》，田凯译，商务印书馆，2008，第 281 页。

④ 〔美〕莱斯特·M. 萨拉蒙：《公共服务中的伙伴——现代福利国家中政府与非营利组织的关系》，田凯译，商务印书馆，2008，第 245 页。

的资金，另一手向服务对象收费，以填补资金缺口。比如，社区的日托组织，往往就会一边向政府申请资金补贴，一边搞一些收费项目。据统计，1977～1987年，营利性日托组织的数量增长了80%。①

第四，慈善资本主义兴起。所谓慈善资本主义，即指资本力量对慈善领域的大力干预。资本家们是以资本力量扫荡了慈善事业，令慈善事业依从精英的市场逻辑运转。"他们要率先在慈善领域内有所作为，扫荡那些充斥于慈善领域的无效慈善项目和无效慈善活动，使善款能如同企业资本那样被小心谨慎地真正善用。"②

所以，近30年来，美国各种所谓的慈善创新，包括公益创投、社会投资、社会影响力债券等，之所以会出现，主要是因为资本精英群体的崛起。这些慈善创新，统统打着"打通慈善与商业之间隔阂"的旗号，看似温情脉脉，但每一样都要求有充沛的资本和高超的金融技巧。这两者都不是不熟悉市场又没有市场资源的市民共同体所能驾驭的。所以，所谓慈善创新，在本质上是精英群体对市民群体的清洗，是市场逻辑对市民参与逻辑的倾轧。当然，话说回来，精英群体的这一选择也有其不得已的原因，熟悉美国二战后历史的人便能知道其中缘由，此不赘述。所以，慈善创新其实等同于社会变革。在这个好听的名字背后，隐藏着深刻的意图。

只有看懂了这一点，我们再来品味萨拉蒙的那部名著，才能看懂他背后的深意。萨拉蒙显然希望在市场与参与之间走出一条中间路线。萨拉蒙怀揣着市民社会的梦想，想要让市民共同体在市场化后的第三部门中赢得一席之地。所以，他才大力推动传统慈善组织与政府合作，使两者间建立一种"复杂的伙伴关系"③。这是一条温和的折中道路，既认可现有环境，又恳求精英放市民们一条生路，但他的这一梦想必然是要破碎的，"全球性结社革命"④ 断然不会成功，因为两种行动逻辑本质不同，市民共同体如何可能在市场逻辑一统天下的环境下发展壮大呢？这两种逻辑只能按照联邦

① 〔美〕莱斯特·M.萨拉蒙：《公共服务中的伙伴——现代福利国家中政府与非营利组织的关系》，田凯译，商务印书馆，2008，第249页。
② 杨团：《一场新的慈善革命："慈善资本主义"与公益伙伴关系》，《学习与实践》2007年第3期。
③ 〔美〕莱斯特·M.萨拉蒙：《公共服务中的伙伴——现代福利国家中政府与非营利组织的关系》，田凯译，商务印书馆，2008，第215页。
④ 〔美〕莱斯特·M.萨拉蒙：《公共服务中的伙伴——现代福利国家中政府与非营利组织的关系》，田凯译，商务印书馆，2008，第256页。

党人的设想，略微保持上下之间的平衡，却绝无法实现互融。否则，美国政治早就是另一番景象了。

所以，在美国社会中，第三部门的行动逻辑并不是单一化的，而是有两种逻辑并存——参与逻辑与市场逻辑。而 20 世纪 70 年代后的美国社会的主导逻辑是市场逻辑。

根据上述分析，我们可以正确地认为，那些追捧市民社会理论的学者连西方社会形态的本来面目都没有看清楚。西方共同体从来就不是只有一种行动逻辑的。在归属于市民群体的参与逻辑之侧，我们还需要补上一种归属于精英群体的市场逻辑。① 不过，在这里，我们还要多问一句：这种市场逻辑适合中国吗？我们将在下一章中回答这一问题。

第二节　慈善创新的正确方式

一　两难的问题

家社会适合将大门打开，放任市场逻辑进入社会领域吗？我们认为，这是不合适的。市场逻辑对社会领域的蚕食标志着资本力量对社会基本结构的破坏。一旦这一结构被破坏殆尽，祸乱便不可避免了。关于这一问题，我们在第一章中已有论述。② 但问题是，如果我们不允许慈善事业创新，而只停留在传统做法，则又无法适合时代的转换。传统慈善低效、非专业的做法与这一高度商品化的时代明显脱节。所以，慈善必须创新。这是一个两难命题。面对这个难题我们又该怎么办呢？

围绕这个问题，我们走访了文冲街家庭综合服务中心的洋城特惠店。

---

① 从严格意义上来说，阶级分析法是新文化运动时期从西方引入的，而不是中国原生的。这一外来的分析方法在运用到对中国社会情况的分析时，存在天然的不足。这是因为西方社会是以个体为基础的，所以西方意义上的阶级也是个体的结合。而我们现在的社会是以家庭为基础的。家庭的情况与个人不同，它不像个人那样，可以将伦理与利益界定得那么清楚。在很多时候，在家庭之中，伦理与利益经常是混杂的。由此，在使用阶级分析法时，就会出现很多意想不到的问题，比如，我们会经常看到，在中国，维系所谓阶级团结的纽带不仅是利益取向，还有熟人关系，甚至身份渊源。在这一情况下，我们很难说他们是一个阶级（共同体）。这也就证明了我们并不具备完全以市民个人为基础的社会结构，也没有完全以个人为基础的市场结构。这两种结构都是统一在家的体系之下的。

② 所以，部分地方政府过度倡导，乃至倚重市场化的慈善创新，显然是对中国社会基本结构的罔顾。这种做法是不利于中国社会稳定的。我们要的慈善创新应是符合中国实际的创新。这种创新不能是对西方模式的照搬，而应是基于中国社会现实自主形成的一种创新。

这家店是中国少有的运营成功的社会企业。而且，值得注意的是，这家社会企业与业界大力鼓吹的社会企业有着巨大的不同。它的运营非但没有成为资本力量介入社会核心圈层，影响中国社会稳定的工具，反而帮助政府赢得了居民的好评。那么，它是怎么做到这一点的呢？

二　洋城特惠店的创新

洋城特惠店是广州市洋城社会工作服务中心（下简称"洋城社工中心"）依托文冲街家庭综合服务中心（下简称"文冲家综"）开办的一个融合商业与慈善理念的杂货店。这家店铺的具体运营模式是招揽中轻度残疾人（包括精神残疾）到店接受就业实训，并在达标后推荐他们就业。它启动于 2016 年 7 月 19 日，在经过一年多的运营后，不仅基本实现了自负盈亏，还成功地推荐了 5 名残疾人外出就业。那么，这家店铺是如何成功运营起来的呢？

该店铺的成功有两个基础。其中，第一个基础是洋城社工中心的社工身份的转变。洋城社工中心于 2011 年 8 月入驻文冲家综。在进入该家综后，该中心的社工首先完成了身份的转变，即从洋城社工中心的社工转变为文冲家综的或文冲街的社工。他们在所有的宣传材料中以及在与居民接触时，都使用这一身份。这一身份的转变给这些社工带来了很多好处。

第一，他们与政府形成了良性的互动。"政府不再把我们当成外人来看了。我们有困难，街道都会想办法支持我们。政府部门有什么会议，也会请我们来参加，提看法。"[1] 而且，通过这一互动，政府对社工的认知度也有了很大的提高。"这些领导对社工的认识度都很高，他们从来不会给我们派什么行政任务"。[2] 比如，在党的十九大前期，政府请社工到讨论会现场，给他们布置任务。但政府并没有布置什么写文章之类的工作，而是要他们在党的十九大期间做好居民服务和宣传工作。

第二，居民对社工的接受度也提高了。在社工以街道社工的名义开展活动之后，居民不再警惕乃至排斥社工的服务了，而是主动地予以配合。而且，在有了几次接触之后，社工与居民就"混熟了"，甚至有居民在下楼时，会专门跑到社工的办公室去与社工打个招呼。

---

[1]　调研记录，2017 年 10 月 12 日。

[2]　调研记录，2017 年 10 月 12 日。

　　洋城社工中心与政府、居民的这两重关系是洋城特惠店成功的基础。其中，政府给洋城特惠店的成功提供了合法性基础和资源的保障；而居民则给洋城特惠店的成功提供了丰厚的土壤，据此，洋城社工中心可以采集信息、招揽人才、吸引顾客等。

　　此外，大量的前期准备工作也是其成功的基础。文冲街道是广州市一个较为偏远的街道，居住在该街道的居民多为外来务工人员。洋城社工中心在入驻该家综后，就针对该街道的情况进行了调查。它发现当地的外来务工人员，特别是女性和残疾人，有强烈的就业需求。而事实上，这些人经过一定的培训，是可以就业的。

　　于是，在2011年，它就开始尝试一个新的模式，即所谓的弹性工作坊。这个工作坊主要是去承接工厂的代加工的活，并委派给家庭妇女、残疾人，让他们利用业余时间来完成，以赚取收入。在该项目趋于成熟后，社工退出了该项目，并启动了一个新的项目。该项目聚焦残疾人，让残疾人进行地面的销售工作。洋城社工中心找到亚马逊等合作企业，从其中拿了多个种类的物品，并联系了一家大卖场，在它门口售卖商品。该项目的主要目的是培训残疾人的能力，包括计算能力、交际能力等。

　　这项工作的开展给洋城社工中心带来了三项好处。

　　首先，街道对该项目表示了积极的态度。街道认为，该项目能够给残疾人提供一份工作，还能给残疾人带来收入。于是，街道帮助洋城社工中心又找到两个摊位，于是，洋城社工中心的摊位就从一个变成了三个。

　　其次，积累了大量资源。通过2011年到2015年的摸索，洋城社工中心积累了大量的资源，包括企业资源、居民资源、捐赠人资源以及数据资源等。比如，洋城社工中心了解到文冲街道共有残疾人507人，而适合参与此项活动的有128人。

　　最后，积累了丰富的经验。通过这几年的尝试，洋城社工中心积累了一套成熟的运营模式，比如它搞明白了应该如何评估残疾人的就业能力，如何与企业或捐赠人打交道等。这些经验也是洋城特惠店取得成功的重要基础。

　　有了上述基础后，洋城特惠店就有了两个重要支柱。于是，洋城社工中心开始将摊位逐步调整为店铺。之所以要开设店铺，据该项目负责人介绍，主要是因为"摆地摊太辛苦"。广州多雨，一旦下雨，就要匆忙收摊。这对于残疾人来说，是一件苦差事。所以，洋城社工中心才想租下一个店铺，开设洋城特惠店。

在有了这么一个想法后，洋城社工中心就着手准备了起来。为此，洋城社工中心做了以下几项工作。

第一，筹集资金。洋城社工中心向政府寻求帮助。政府考虑到该项目的效果，决定给洋城社工中心拨付一笔支持款项。其中，特别是广州市妇联拨付的 5 万元创投资金，解决了洋城社工中心的燃眉之急。此外，部分企业也提供了一些资金支持。据了解，店铺第一年的成本投入约为 10 万元，主要来自上述几笔赞助。

第二，寻找店铺。洋城社工中心多方寻找店铺，最终在文冲地铁出口处找到了一家店铺。但是，业主不愿意租给洋城社工中心，因为他认为洋城社工中心不可能租很久。最后，在街道的协调下，洋城社工中心顺利地租到了该店铺，而且价格也较业主的报价低了不少。

第三，寻找货源。诚如前述，洋城社工中心之前积累了很多企业资源。现在，洋城社工中心找到这些企业协商，最终成功说动企业以供货大卖场的价格供货给洋城特惠店，而且采用的是先买后付钱的模式。这样，洋城特惠店的资金压力就被降到了极低的水平，并可以以较市场价格更低的价格售货，获得价差优势。为了向供货方表示感谢，洋城社工中心邀请政府领导给供货方颁发了感谢状。

第四，招揽店员。残疾人对该项目表现出了极为积极的态度，他们认为从此可以有地方工作了。最终，洋城社工中心对参加流动摊位工作的第二批残疾人以它自己总结的标准进行了筛选，首批选出了两位残疾人。

完成了这 4 项工作，洋城特惠店也就顺利地开了起来。在开张后，特惠店遇到两个困难。

第一个是店铺的生意不佳。自 2016 年 7 月开张以来，洋城特惠店的生意一直不太好。究其原因，主要是因为洋城特惠店一开始不懂得如何运营。后来，洋城社工中心特别邀请一位商超的老板前来点拨。在该老板的点拨下，洋城特惠店减少了商品的种类，并结合社区的特点，将商品主要调整为日用品，还从该老板处借了一批货架，进行重新摆架。这一调整极大地促进了店铺的销售效果。据了解，居民之所以愿意到洋城特惠店购物，是因为店铺的商品价格相对便宜，而且是正规厂家供货，质量好。比如，有的居民反映说，拿洋城特惠店卖的洗衣液来拖地，效果特别好。

同时，洋城特惠店也加大了宣传力度，包括请残疾人骨干在节假日到文冲地铁 B 出口摆地摊、联合供货的公司摆地摊、到社区居委会门口摆地摊等。此外，特惠店还举办了诸如满减优惠、微信宣传等促销活动。随着这些优惠活动的开展，特惠店的人流量有了明显的提升。于是，在经营半年多后，特惠店逐步走出了前期大额亏损的困局，略有盈余。

此后，为了增加人流量，进一步推进店铺的知名度，特惠店还增加了几项便民服务。①为不便出行的居民和长者提供送货服务。这主要是为不方便出门买菜、买东西的长者送货，送货的是社区义工。每次送货收费 0.5 元到 1 元不等。②为附近居民提供快递收发便民服务。这主要是与天天快递合作，将店铺作为快递代收发点。③为居民提供二手货物交易平台服务。这主要是将居民的二手货物在店铺寄售，特别是帮助了一位困难户寄售手工品。

第二个是残疾人培训问题。残疾人，特别是有精神残疾的人，是与正常人不同的。他们经常存在多种困难，比如怯生、计算能力欠缺等。这也就要求洋城社工中心的社工花很大的精力来指导这些店员。为了指导这些店员，洋城社工中心不仅编制了两本指导手册，对服务规范、店员规则等加以详细说明，还专门指派了一名社工从基础的整理货架开始手把手地教他们。每一名店员从开始进店，到完全上手，该社工平均要陪伴指导 2 个月的时间。另外，由于特惠店是面对正常人营业的，而店员又经常存在找错钱、交流障碍等问题，所以，社工还专门制作了说明材料，向顾客做出说明。

在经过一段时间的实践后，当店员满足了洋城社工中心制定的评估标准后，洋城社工中心会为他推荐工作。工作推荐有多种渠道：①家人自找；②向企业发布信息；③企业主动联系等。比如，好又多、沃尔玛等大型商超就曾联系洋城社工中心，希望洋城社工中心介绍店员。据了解，在一年的时间里，特惠店前后共招募了 5 名店员，这 5 个人都已经找到工作。

最后，值得一提的是，在线下的业务有了盈利后，洋城社工中心还帮助一名残障人士与某网络平台联系，让她在该平台上开设了网店。同时，特惠店还将店里的商品在该网店上销售。该网店的销量不错，仅店里的商品，每月都有 7~8 单的售出。

既然特惠店是一家社会企业，那它是否又代表了资本力量呢？诚如前述，与其他慈善组织做法不同的是，洋城社工中心的社工对外是以街道社工的身份开展活动的。这在洋城特惠店也是一样的。所以，特惠店的运营非但未导致资本力量对社会领域的介入，对社会的稳定产生冲击，反而帮助政府挣足了民意。当地受益的残疾人及其家属纷纷感谢政府给残疾人提供了这么好的一个机会。比如，有残疾人的父母对政府帮助他们的孩子感到十分满意，乃至于居委会有什么工作要他们配合时，他们都会十分主动的给予配合。当然，政府在发现居民对政府的态度有转变后，也反过来对洋城社工中心表示了更为正面的态度。比如，洋城社工中心于 2017 年再度入选广州市妇联公益创投的资助名单，同时妇联也许诺帮助引介更好的货源等社会资源。此外，多家官方媒体，比如广东省民政厅的《大社会》杂志、中国民政部主管的《中国社会工作》杂志等，都对特惠店给予报道。

三　新与旧的相同与差别

我们认为，洋城特惠店属于社会企业。关于社会企业的定义，王名与朱晓红提出的社会企业定义是最为完善的。他们将社会企业界定为：一种介于公益与营利之间的企业形态，是社会公益与市场经济有机结合的产物。[①] 所以，社会企业包括两个层面的内涵。①现象层面，社会企业首先是企业，以盈利为内在冲动，追求资本的扩大积累；但同时也是非营利组织，有明确的慈善宗旨，为解决社会问题、创造社会价值而存在。②本质层面，"社会企业既不是企业也不是非营利组织，它是对企业的营利机制的否定和超越，也是对非营利组织的公益机制的否定和超越。"[②] 或者，更为准确地说，它是打通商业与慈善的枢纽，是"解决社会问题的商业化手段"[③]。

根据这一定义，在现象层面，洋城特惠店有企业的形态，且有盈利的冲动。特惠店是一家自负盈亏的商店，且追求资本积累，以扩大规模。比如，它从线下扩张到线上，以推动销售量的增长，这就是一个很好的证明。但同时，它又属于非营利组织且又以为残疾人提供就业实训为慈善宗旨。它解决了文冲街道部分残疾人就业困难的问题。在本质层面，洋城特惠店超越了企业和非营利组织的形态，打通了慈善与商业的接口。所以，我们认为洋城特惠店是一家社会企业。事实上，世界上有一些社会企业与洋城

---

① 王名、朱晓红：《社会企业论纲》，《中国非营利评论》2010 年第 2 期。

② 王名、朱晓红：《社会企业论纲》，《中国非营利评论》2010 年第 2 期。

③ Paola Grenier, *Social Entrepreneurship in the UK: From Rhetoric to Reality? An Introduction to Social Entrepreneurship: Voices, Preconditions, Contexts*, Rafael Ziegler（ed.）, Edward Elgar, 2009, pp. 174 – 206.

特惠店的模式大体相仿，比如业内著名的喜憨儿面膳坊等。

那么问题是，为什么将国外的社会企业模式直接引进中国，就会引发社会问题，洋城特惠店却有效地规避了这一问题呢？要解答这一问题，我们必须找出一套分析工具，即双重底线标准。关于社会企业，目前最权威的判断标准当数"欧洲社会企业研究网络"（EMES）的双重底线标准[1]。这套标准包括两大类，九小项分析标准。

第一类是经济和企业维度，包含四项内容：

①持续的生产商品或提供服务；

②承担明显的经济风险；

③雇用尽可能少的带薪职员；

④高度自治。

第二类是社会层面，包括五项内容：

①明确的社会公益宗旨；

②由社会成员发起成立；

③利润分配受限。

④决策权分配并非基于股份多少来确定；

⑤参与性，即所有相关方都能参与其中。

参照上述双重底线标准，我们可以发现洋城特惠店满足上述第一类的前三个标准以及第二类的前四个标准。这就是说，它不符合"高度自治""参与性，即所有相关方都能参与其中"这两项标准。下面我们来逐项分析。

第一，"高度自治"。这里所谓的"高度自治"，其意蕴不仅在于机构内部事务的自我决策，更在于社会企业成为国家这个大共同体下的小共同体，资本共同体。由此，社会企业才能成为资本独立表达态度的载体，从而更大限度地发挥"高度自治"的作用。洋城特惠店显然不符合这里所谓的"高度自治"，更不会表达资本的态度。洋城特惠店虽然也独立决策内部事务，但它不是资本共同体。相反，它是政府的抓手，解决的是政府关心的提升困难居民生活幸福程度的问题。而且，诚如前述，洋城社工中心的社工对外都自称街道的社工，而并不认为自己在独立地开展工作。他们是在

---

[1] Jacques Defourny, Marthe Nyssens, etc., "Beyond Philanthropy: When Philanthropy Becomes Social Entrepreneurship," http://labos. ulg. ac. be/, 2015. 2. 19.

帮政府做事。所以，我们认为，在这一项下，我们应将"高度自治"改变成"政府主导下的自由运营"。

第二，"参与性，即所有相关方都能参与其中"。这里所谓的"参与性，即所有相关方都能参与其中"，指的是各方的平等参与，各方都可以在社会企业的运营过程中变成一股影响力量。西方社会的基本结构是大共同体下套小共同体，小共同体下再套微共同体。而社会企业的这一标准，恰好说明它是西方社会大共同体下的小微共同体。只是准确地说来，它还是有一些特殊之处的，这是因为社会企业本质上还是资本共同体，但共同体内部又经常是多股不同倾向的力量相互角逐。但这些力量最终还是会统一在资本之下，为资本所驱策。于是，社会企业领域便也出现了资本驱策市民，以市民为开路先锋，以"公民社会"理论为自身遮掩的奇景。如此看来，西方的公民社会理论反倒成了资本精英手中的亵玩之物，这真不失为一种诡诈的策略。但是就中国来看，中国社会并不是这种结构，在引进社会企业这一模式时，自然也不适合采用这一标准。在洋城特惠店这个案例中，我们看到，它虽然也引入了企业捐赠人、政府、残疾人等多方主体来参与，但各方绝不是平等参与其中的。在这里，政府以及作为政府代表的社工是绝对的主导力量，而企业捐赠人、残疾人等则是根据政府的要求做出回应，比如提供货物、参与工作等。所以，在这一项下，我们应将"参与性，即所有相关方都能参与其中"改成"参与性，多方主体在政府的主导下参与其中"。

综合上述讨论，我们可以重新制定中国的双重底线标准。第一，经济和企业维度，包含四项内容：①持续的生产商品或提供服务；②承担明显的经济风险；③雇用尽可能少的带薪职员；④政府主导下的自由运营。第二，社会层面，包括五项内容：①明确的社会公益宗旨；②由社会成员发起成立；③利润分配受限；④决策权分配并非基于股份多少来确定；⑤参与性，多方主体在政府的主导下参与其中。

我们认为这一标准才是适合中国社会的，能为我们提供中国运用社会企业这种模式的正确方式。

四 结论与建议

慈善创新并不只有社会企业一项。它还包括社会投资、社会影响力债券等很多种模式。而每一种模式又可细分为更多种模式，比如，社会投资可以分为宗旨相关投资与社会责任投资两种，而社会责任投资又可进一步细分为消极筛选投资、积极筛选投资、股东行动等三种模式。① 但是，无论哪一种模式，它们都不适合直接引入中国。这些模式如果贸然被引入中国，就会引发社会关系的撕裂，导致资本精英与普通市民关系的紧张，影响中国社会的和谐与稳定。

同时，我们又不认为这些模式不适合中国。这些模式都是可以调整的。当然，这些模式各自调整的方式不同，需要调整的元素也不同。我们在这里无法尽述之。不过，洋城特惠店在社会企业方面的尝试至少给了我们一个思路，即在推进慈善创新时，要同时做好两点内容。

第一，坚持政府主导。我们应坚持政府对社会事业的主导权，即应由政府领导资本精英，推动社会事业的发展。我们要时刻保证政府居于社会治理同心圆的中心，强化政府在这些模式中的话语权，以使这些模式不是为资本精英介入社会治理同心圆的核心层服务的，而是为强化政府的中心地位，稳固家长与家人、政府与民众的情感联系服务的。只有这样，这些慈善创新才是契合于中国家社会的结构的，也才是有利于中国社会的和谐稳定的，更是助力于社会发展的。

第二，划定发展领域。政府应按照第二卷中提及的"社会治理同心圆"理论，划定发展领域。针对市场共同体，首先，政府可以允许它们在普通领域中独立开展运作；其次，政府也可以允许它们进入次要领域，但前提是要向政府归附；最后，政府绝不应允许它们进入重要领域。

综上所述，针对慈善创新，政府应做到因势利导，有效利用与管控。政府要大力控制资本力量的扩张，避免资本力量占据"家"的中心位置。如此，才能在维护家的稳定的前提下，充分运用好资本。

第三节　社群慈善的转向

一　社群慈善的"冬天"？

相比高歌猛进的市场共同体，社群慈善的低调发展更是引人注意，因为市场共同体聚财，而社群慈善聚人。所谓社群，其实是共同体的另一种译法，而所谓社群慈善，其实就是市民共同体，是市民参与社会事务的一

① 具体请参见本人的《改革慈善：现代慈善创新改革理论与实践》第 4 章的内容。

种方式。诚如我们在第二节中所述，市民共同体是以凝聚市民群体的方式，对社会政策的制定施压，从而在解决该群体所关心的社会问题过程中，为该群体争取利益。在西方，常见的市民共同体有女权组织、少数族裔组织、同性恋组织等。在不考虑归附的情况下，独立的市民共同体比市场共同体对家社会结构的稳定性影响更大，更容易造成严重的社会危机。所以，人们通常以为，在家之下，无法稳定地运行社群慈善。

那么，在家之下，是否可以运行社群慈善呢？社群慈善又该何去何从呢？

二　顺风车协会的成功

我们在前文中曾提到过温州爱心顺风车协会（下简称"协会"）。我们认为，协会就是成功的社群慈善的范例。协会成立于 2013 年 4 月 20 日。它主要的业务内容是组织有爱心的车主成立顺风车队，为路人提供免费顺风车搭载服务。

在发起成立后，为了吸引成员，协会结合自身特点，开展了多种宣传活动，包括声势浩大的车队绕城宣传活动、日常媒体报道、新媒体话题营销等。公众层面的宣传为协会带来的主要收获是协会成员人数的快速增长。自协会成立以来，协会的成员一直保持高速增长。仅用了不到 4 年的时间，人数就从最初的 1 人发展到现在的普通成员 3000 人，骨干成员 110 人。

但是，值得注意的是，虽然顺风车协会的成员众多，但实际上车主搭载的陌生乘客并不多。车主主要搭载的是协会成员，特别是邻居间的相互搭载比较普遍。之所以会出现这种情况，是因为社会成员间缺乏信任。近年来，温州市经历了快速的城市化。大量的外来人口进入温州，"撕裂"了温州市传统的社会关系网络。人与人之间缺乏信任。

所以，多数成员加入顺风车协会的目的是交友，而不是"做好事"。协会某成员提道："我来温州十多年来了，但还是不会讲温州话。我生活的圈子很小，让我有被圈养的感觉。我身边有很多像我这样的同事，我们都很孤独。我们希望有更多的渠道来融入社会。"[①]

另一个反证是面对带有经济目的的成员，人们会把他们赶出去。比如，协会中有时会混入一些以做生意为目的的人，人们在发现这类人后，就会

① 访谈记录，2016 年 8 月 23 日。

把他们赶出协会。但是，如果该成员不是直接带有商业目的，而是以社交为目的加入协会的，那他在为协会做出一定贡献，获得人们认可后，再提出自己的商业目的，则较容易得到人们的支持。

针对加入协会的目的，某成员的表述颇能反映问题："我不在乎载过多少外面的人，只要载过一次，让我觉得自己有价值就好了。"[1]

成员们加入协会的这一目的对协会顺风车项目的运行产生了直接的影响。正是因为人们是来社交的，而不是做好事的，所以，人们在提供搭车服务时，会更多地考虑如何保护自我利益，而非创造更大的社会价值。特别是在向陌生人提供搭车服务时，人们总是先考虑潜在的风险，包括人身安全、财产安全等。事实上，在协会运营过程中，也确实出现过因为汽车追尾，而导致车主、乘客、肇事方三方扯皮的情况。结果，由于问题无法通过协商解决，免费提供搭车的顺风车主被警察扣车。这就形成了一个做了好事，还"惹一身骚"的结局。

所以，协会很多成员不愿搭乘陌生人，而更愿意搭乘"熟人"。而这也就导致了协会的搭车项目的属性从面向公众的"慈善"属性转而变成了面向协会内部的"社群"属性。

与这一属性的转向相配套的是，协会开展了很多社交活动，具体包括以下几点。

第一，搭建网络平台。在最开始，为了增强社群成员间的互动，车队组建了一个网络论坛。车队在论坛上发布顺风车故事、事件等，以促进社群成员间的互动为主。但随着网络论坛的逐渐没落，协会又组建了QQ群，之后又组建了微信群，以方便成员相互交流、约车。

第二，组建特色团队。协会组建了记者团、摄影团等特色团队。其中，组建记者团是因为某位成员是人民论坛温州站的记者，拥有大量经验和资源。因此，其召集了7名成员，组织大家写稿，并在协会的微信公众号上推送。摄组建影团也是因为协会某位成员是专职摄影师，便和其他一名成员搭伙组建了该团队。

第三，举办生日会活动。协会组织社群成员，开展每月一期的集体生日会。该生日会的经费由参加的成员按份缴纳。由于生日会是一种较为直接的交流方式，因此，该活动的参加者较多。

---

[1] 访谈记录，2016年8月23日。

第四，成员培训课程。协会针对成员设计了一套从入门到骨干的课程。这些课程的内容简单易懂，并有大量互动环节。这也增进了成员间的关系。

第五，年会与现场直播。协会每年都会举办一次年会。年会的主题每年都有变化，但都以提升成员互动为主要目的。因此，每年年会总是设计有聚餐环节。此外，从2015年年会开始，协会开通了网络图文直播。这便实现了年会场内外的互动。在2015年年会上，现场参加活动的人数为370人，而在场外观看并参与互动的人数达到了1000多人。

此外，为了进一步提升协会成员的信任感和安全感，协会还采取了三项举措：第一，开展严格的注册登记制度；第二，设计统一的视觉识别系统，便于成员在路上识别协会车辆；第三，在温州市慈善会成立了温州市顺风车风险救助慈善基金。该基金的主要资金来自社会捐赠，主要作用是给搭乘顺风车过程中受到人身、财产损害的双方提供一部分资金补偿。目前，该基金总体资金量为10万元。因为资金较少，所以它规定受益人获得的救济金最高不得超过3万元，且不得高于基金资金总额的10%。对此，梅荣建说："我们也考虑过购买保险。但是，买保险每年就要投入十几万元，而建立基金不仅可以省钱，而且还能积累资金。未来我们的资金池做大了，还可以提供更多的保障。"[1]

值得注意的是，协会在社群层面提供的服务为协会带来了一项重要收获，即社群关系的凝聚。在社群构建起来之前，成员之间交流较少。这样一来，"几个月没有什么活动，（他们的）积极性就没有了"[2]。而现在，由于有社群关系的存在，每一个成员都感受到了向心力。他们虽然依旧极少搭载陌生乘客，却都找到了社群的归属感。他们经常参与社群的活动，并都积极为社群的发展做出贡献。所以，社群层面的多种活动使里面的成员更为凝聚了。

协会为这群人提供了一个交流平台。在这个平台上，很多人通过搭车的过程，有了初次联系，然后，又通过日后的交往，建立了稳固的人际关系。比如，某两位成员是多年的邻居，但互不相识。他们通过协会群的交流活动，走过了初次相识、相互熟知、关系熟络的人际关系建立的过程，最后变成了好朋友。也有人通过协会这一平台找到了多年失联的亲戚。比

---

[1] 访谈记录，2016年8月23日。
[2] 访谈记录，2016年8月23日。

如，某位成员在群里发出线路，要求搭车。结果，他的表叔看到这一线路，发现发出线路的人的名字似与自己失联多年的侄子很像。于是，他与该人取得了联系，最后双方成功相认。

三　顺风车协会成功的秘诀

从各种意义上来看，顺风车协会属于社群慈善，或曰"市民共同体"。它符合市民共同体的几大明显特征。

第一，社会使命。协会有一个明确的社会使命，即解决温州市的堵车问题。所以，它提出的宗旨是"载人一程，低碳一城，畅通一城，互信一城"。它的成员也都愿意遵循这一使命，并主动提供免费的顺风车。

第二，人的聚合。协会是一个人的聚合体。它目前吸纳了3000多名会员。这些会员在这一平台上相互交流，形成了一个共同体。协会提供了很多配套服务，以支持在共同体内建立良性的关系网络，促进共同体的自我运转与发展。

第三，独立运转。协会是独立运转的民办慈善组织。它并不隶属于任何政府部门，而只接受政府部门的监管。

综合上述三点，我们认为，协会是一家社群慈善机构，属于市民共同体。

但为什么这个社群共同体能够在家之下生存，并发展壮大呢？或者，更为确切地说，为何政府没有对这个市民共同体感到威胁，并进而挤压它的空间，令它出局呢？我们认为，之所以协会能够赢得生存空间，是因为它符合如下四点。

第一，领域。我们在第三卷中曾经提及顺风车协会。当时，我们是拿它与反扒队作对比。我们的分析结论是，顺风车协会之所以能够顺利生存下来，而反扒队则举步维艰，其原因在于两者所处的领域不同。它们分别处于社会治理同心圆的不同圈层。顺风车协会进入普通领域圈层，而反扒队则处于次要领域圈层。同时，我们提出，民办机构在向政府归附前，不宜进入除普通领域圈层以外的其他圈层。我们的这一分析结论现在依旧有效。协会作为市民共同体，之所以能够如此顺利地生存下来，是因为它所进入的是普通领域圈层。这个领域不是社会治理的重要区域，较少涉及敏感问题。所以，政府可以比较放心地放手让协会自己去运营，而不用插手干预。

第二，合作。协会在对待政府时，采取了积极主动的态度，以与政府保持良好的关系。协会的做法是："找上门、帮站台"。

"找上门"。在一开始，协会负责人主动出击，找到交警队等政府部门，给它们送材料，让这些政府部门对自己有了一个初步印象。其后，它又多次找到政府部门，宣传协会理念和项目，使政府认识到协会的价值。

"帮站台"。协会积极帮政府站台。比如，在交警队有宣传活动时，协会主动发动车主参与。协会先后多次发动车主参与了"文明行车，拒绝车窗垃圾"派发车载垃圾桶主题活动、"全国交通安全日"文明行车宣传活动、"春运在路上"大型关爱行动等活动。其中仅"春运在路上"这一活动，协会就出动了 30 多辆车，帮助接送滞留在车站的人员。通过这种方式，协会不仅让政府解除了对这一社群的担忧，还让政府认识到这一社群的价值。因此，但凡政府有什么相关活动，都会找到协会帮忙。

这样一来，政府明显感觉到，协会并不是自己的竞争对手，而是自己的小伙伴。协会虽然没有归附，但至少让政府解除了明显的威胁感。这正是协会的高明之处。作为回报，政府也给出了一些优惠待遇，包括：①政府荣誉。政府给出了很多的荣誉，比如，协会先后获得 2012 年温州市十佳青年社团创意项目，2013 年温州市委春芽计划 3A 级志愿项目等荣誉，5A 级社会组织等荣誉。②政府资金。政府提供了一些资金，比如，2014 年，协会向温州市鹿城区民政局、温州市环保局等申报社会组织公益创投合作项目，并最终获得资金支持。③媒体支持。政府还给予了媒体报道，比如温州电台就与协会建立了合作机制，对协会进行了多次报道，制作了多期以顺风车为主题的新闻节目；温州市政情民意中间站经常邀请协会的成员到场作为观众。于是，双方之间形成了一种良性的互动。

第三，结构。协会的管理结构也并不完全是市民共同体形式的。相反，它在某些方面与家的结构趋同。协会虽然是一个由成员自由加入的社群，且在决策时充分听取会员的意见，但是，它的决策依旧采用领导负责制，即由会长一人做出最终决定。而且，梅荣建是一名能人，协会的大小事务都由他主持、料理。这也就是所谓的"家有千口，主事一人"。所以，协会的社群关系不完全等同于西方的共同体。其中，既有纵向的隶属关系，即以创始人作为绝对领袖，也有横向的平等关系，即由所有会员自由参加各种社群活动。

这一特殊的结构也使政府更容易接纳协会。政府官员普遍认为，一旦有什么事，就可以直接找梅荣建来商谈，因为他可以决定协会的大小事务。所以，在政府眼里，它并不是一个社群，而是一个小家，政府有事可以直接找这个小家的家长。

第四，互助。协会与传统的市民共同体的一个重大区别在于，它的重心是向内的，而非向外的。虽然在一开始，协会将向温州市民提供顺风车服务作为主要业务宗旨，但随着机构的不断发展，它逐渐调整业务重心，变成了以向社群内成员提供社交服务为主要业务。这也就是说，协会越来越少地直接介入社会，而通常是社群内的"自娱自乐"。

但是，这并不是说，协会的业务没有解决社会问题。协会解决了温州市外来人口融入社会的问题。但它在解决这一问题时，所采用的却不是积极主动地向外推进的方式，而是提供温和有序的内部活动的方式。这样一来，政府就容易将协会理解成为一家"自娱自乐"式的机构，不外乎就是一群人闲着无聊，聚起来搞搞活动，而不是来与自己争夺社会空间与民意的机构。这样的机构，这样的群体，在政府眼里自然是"无害"的。

正是综合了上述四大点，政府才允许它生存与发展。而反观我们在前文中提到的反扒队，它除了在业务领域方面过于冒进以外，还在政府合作、对政府的压迫感等方面处理不当。在一开始，反扒队与政府较少合作，几乎是自助式的，而且它的业务重心还是外向的。这些情况都导致政府感觉反扒队在"咄咄紧逼"，从而不得不"痛下狠手"。

四 结论与建议

在西方，市民共同体是积极行动的，是介入社会问题的，是干预社会政策的。而西方的市民共同体之所以能够发挥这般作用，是因为西方社会本身就是一个大共同体。在这样的一个大共同体中，任何单一市民共同体与其他共同体在一起，形成合力，共同推动这个大共同体向前发展。

在中国，我们的社会并不是一个共同体，而是一个家；不是一个个独立的个体，而是被情感纽带紧紧地联系在一起，共同形成的一个伦理体。在这一伦理体中，任何家人都不应轻易挑战家长的地位。虽然在自由之家中，我们允许家人自由地发挥自己的个性，以自己的能力协助家长开展管理，一起推动自由之家的发展。但就算是这样，在未经家长同意的情况下，他们也只能在普通领域圈层内活动，而不得进入重要或次要领域圈层。而且，就算是在普通领域圈层内开展活动，当家人们聚集起来时，他们也应在群体内部再形成小家的结构，并推举出一名小家长，以便大家长可以随时找到负责的人。同时，它们的活动方式应尽可能温和，减少外向的逼迫感。

从这一意义上来说，近年来，中国部分地方政府大力推进社区慈善、社区基金会的发展。这深入了次要领域，但又未能先确立政府的主导地位，这么做是有损中国社会之稳定的。所以，我们建议，在下一步改革中，应确立政府的主导地位，并在此基础上按照各地区的实际情况，适度发展社区居民参与，即在政府的领导下共同议事，共同开展行动，为建设幸福、健康的社区生活而共同努力。

本卷结论：平衡的两端

在前文中，我们得出两个结论，即社会治理同心圆普通领域圈层的主要参与者有两类，一类是资本精英，另一类是普通市民。同时，这两类群体又对应两类慈善组织，一类是市场共同体，另一类是市民共同体。

那政府该如何应对这两类群体呢？我们在第一章曾经提出，在家父的施政策略中有一项是平衡。基于这一思路，政府既不应容许资本精英将慈善事业作为一个工具，借机夺取对社会领域的控制权，又不应容许普通市民以慈善事业为突破口，发展西方式的"公民社会"。相反，他们都应统一在政府的领导之下，成为政府这根平衡木的两端。如此，只要政府能够掌握好策略，使用适当的力道，避免任何一端因为力量过大而上翘，就能维持这根平衡木的平衡了。

在党的十九大报告中，习近平主席指出："中国特色社会主义进入新时代，我国社会主要矛盾已经转化为人民日益增长的美好生活需要和不平衡不充分的发展之间的矛盾。"[①] 在慈善领域，要解决这一新时代的主要矛盾，应要以维持力量的平衡为切入口。反之，如果我们放任某些力量过度变强，则这一矛盾将会激化。

---

① 习近平：《决胜全面建成小康社会 夺取新时代中国特色社会主义伟大胜利——在中国共产党第十九次全国代表大会上的报告》，人民出版社，2017，第 11 页。

第四卷

自由之家：慈爱之父

在前几卷中，我们提出中国是一个家社会，并认为政府是家中的"临场之父"，在家父的周围存在一个"差序格局"。根据这一差序格局，社会治理的领域可以分为三个圈层：重要、次要与普通。此后，我们又讨论了在普通领域圈层中应该如何安排家父与家人之间关系的问题。

在这一卷中，我们开始讨论在次要领域圈层中，应该如何安排政府与慈善组织关系的问题。在前文中，我们曾提到，慈善组织要想进入次要领域圈层开展活动，就必须向政府归附。我们介绍了归附的定义，以及归附的好处。但是，我们未曾提及归附该如何操作及其问题。那么，归附到底应该如何操作呢？归附又容易出现哪些问题呢？在这一卷中，我们来探讨这些问题。

第七章　情感与理性

第一节　互适结构

一　归附的机制

归附的机制应该如何安排呢？归附不是慈善组织向政府的简单投靠，或曰依附。归附要维持双重状态间的平衡，即体制身份和自由状态。否则，归附者便会沦为政府的附庸，快速失去活力，变得死气沉沉。为了维持这一平衡状态，归附需要多种机制相互配合。那么，这些机制有哪些呢？在这一节中，我们将以东莞市麻涌镇的购买服务为例，来讨论这个问题。

二　麻涌镇的幸福

2011年6月，在东莞市政府的要求下，麻涌镇开始启动购买社工服务。麻涌镇采用的是岗位购买的形式，一共购买了20个社工岗位，即1个村2个社工岗位。通过竞标，乐雅社会工作服务中心（下简称"乐雅社工"）与隔坑社工各获得了10个社工岗位。

在当时，乐雅社工是一家成立才一年多的社工组织。它所采用的内部治理机制、团队管理模式等基本与其他社工组织趋同，但它在市场化、规模化、专业建设等方面并不具有明显的优势。

按照一般理解，这样"样貌平平"的社工组织，在入驻麻涌镇后，是没有资格与政府讨价还价的。它很快就会成为行政化的牺牲品，沦为政府的"帮佣"。但是，令人惊奇的是，就是这样一家不起眼的社工组织，入驻麻涌镇5年来，非但没有出现任何行政化的迹象，反而出现了"社工越干越起劲"①，居民一片叫好的现象。而且更为奇怪的是，与乐雅社工驻在其他镇街的团队相比，驻在麻涌镇的这支队伍表现出两个明显的特点。①人

---

① 访谈记录，2017年1月8日。

员流失率更低。这支队伍运作五年来，流失的人员不足 3 人，且普遍都工作了 4 年以上，而其他团队的人员流失率一般高达 40%，且经常是 2~3 年就会跳槽。②团队的创造力更高，当地的社工们更愿意积极地想办法，设计新项目。而且，这些项目又都是符合当地居民需求的，居民的反响很好。

那到底是什么原因使乐雅社工取得了如此成绩呢？事情还要从麻涌镇的购买服务说起。2011 年，麻涌镇启动了购买服务。当时，镇政府一次性购买了 20 个岗位，每一个岗位投入 7.6 万元，总计 152 万元。由于这笔资金数额庞大，所以，镇政府十分重视，投入较大精力加以管理，希望社工能做出成绩。

但是，麻涌镇一开始采用的也是传统管理模式，而社工服务的效果并不理想。后来，时任麻涌镇社会事务局局长的曹顺联引入了两名香港督导。这两名督导一方面按照要求给社工组织提供专业指导，另一方面将重要精力放在转变曹局的思维模式上。他们不断向其传输社工管理理念，并通过会谈的方式，介绍自己对于麻涌镇社工管理的想法。通过不断地影响，曹局接受了这两名督导的观点，转变了思维模式。虽然在半年后，因为费用昂贵，麻涌镇不再续聘这两位香港督导，但他们的思想已经在麻涌镇扎了根①。按照他们的建议，曹局对麻涌镇的社工管理做了一系列调整。具体包括以下几点。

第一，网格化模式。当时，广州、深圳等地普遍流行的社工服务模式是大中心模式，也即政府投资建设一个服务中心，内设多个功能室；社工在服务中心内驻点，然后由周边居民到服务中心来接受服务。这种模式的特点是较为封闭的，社工整日待在服务中心内，很少出去接触居民。所以，社工能真正接触到的居民人数有限，仅为经常来服务中心的那一小群人。这样一来，他对社区内居民的真实需求和情况的把握也就受到了限制。

麻涌镇打破了这种模式。它采用网格化模式。所谓网格化模式，指的是政府将一个村设为一个网格，并在一个网格中派驻两名社工。这两名社工没有指定的业务领域。他们的工作就是在这个网格内不断流动，并通过各种方式来接触居民。这样一来，他们可以建立与居民的联系，取得居民的信任，并深入了解居民的情况。

---

① 当然，在撤出后，香港督导依旧在影响曹局。据了解，曹局在遇到难题后，经常会致电这两位督导，请教问询。而且，曹局也曾请香港督导回麻涌授课。

所以，在麻涌镇，社工并没有固定的办公场地。他们整天在驻点的村里流动，与居民攀谈聊天。他们也没有固定的服务领域，只要是与服务居民相关的事情，都属于社工的工作内容。

第二，改变绩效考核模式。在改变了服务模式后，为了更有效地激励社工，政府也改变了绩效考核模式。政府明确要求社工做个案与开展探访，并在合同中提出每名社工每年都必须新开个案30个，探访居民100名，并完成2个小组活动和10次社区活动。如果社工完成任务情况不能达到要求的90%的就会被扣除服务费用。

这种考核模式与我们常见的绩效考核不太一样。我们常见的绩效考核将重点放在社工服务时长与人次上，而对于个案与探访几乎未做要求。而这种考核则将重点放在个案与探访上，可谓立意深远。

此外，关于绩效评估，曹局曾明确表示反对意见。他认为，请一家不了解当地情况的第三方机构来开展评估，不仅无益于提升社工绩效，反而可能出现与本地实际脱节，瞎指挥的情况。所以，他拒绝在麻涌镇开展评估，并抵制上级政府施加的压力。

他采用了其他的监督模式。他经常会亲自或派人进入麻涌镇暗访，与居民交谈，了解社工服务的情况。同时，曹局也会通过村民政干部会议，采集相关情况。此外，按照要求，社工每个季度都要直接向曹局汇报相关情况，比如服务中心遇到的困难和问题等。

正是因为曹局对社工的情况十分了解，所以，社工普遍感觉压力很大，甚至有部分社工坦言："我很怕曹局，所以我们干得很认真，不敢出差错。"[1]

第三，提供充足的资源配套。为了方便社工开展工作，政府配给了丰富的资源，几乎可以用"有求必应"来形容。政府提供了资金、人才、物资、专业建设等多方面的支持，比如，有社工开展活动需要场地的，他一向村委提出要求，村委立刻就给予主动配合。又比如，有社工需要开展一个健康管理项目而需要资金的。他向政府提出申请，经政府审查通过后，获得10万元的公益创投资金支持。

在众多支持者中，尤为值得一提的是政府，特别是村委，在配合社工开展工作时，是积极主动的，而不是"机关化"的。而之所以会出现这种情况，当然也是因为曹局对村委有特别的交代。

---

[1]　访谈记录，2017年1月8日。

第四，大幅减少行政任务。为了充分发挥社工的专业性，麻涌镇大幅减少安排给社工的行政任务的数量。曹局曾多次找到各村民政主任开会，下达指令，要求各村不得向社工安排行政工作。如各村确有需要由社工参与行政工作的，必须向他本人报备。对此，他给出的理由是："费用是由镇政府出的，不是村委出的。"而且，曹局还多次找社工开会，明确表示希望社工发挥专业性，多做重点个案与探访，而不是参与行政工作。

在曹局的反复努力下，据了解，现在麻涌镇社工的案头工作减少了很多。"我们有至少90%的时间用于服务，而其他点的社工用于服务的时间不足50%。"[1]

第五，逐步放宽的管理机制。麻涌镇的管理机制是前紧后松的。一开始，曹局对社工管理得十分严格。如上所述，社工每一个季度都要当面向曹局汇报工作中遇到的情况与问题。这敦促社工将大部分精力用在服务上，否则无法向政府交代，乃至于部分社工反映"我很怕曹局"。

但随着社工们的经验日渐积累，工作基础越打越扎实，政府便逐渐放松了对社工的管理。曹局也较少过问社工事务，而是由社工自己发挥积极性、创造性来开展工作。结果，在政府与社工之间形成了一种良性循环：政府的管理力度越来越小，社工的服务成效却越来越好。

麻涌镇的这次改革的实际效果如何呢？通过深度调查，我们认为它在以下几个方面取得了出色的成绩。

第一，深度的社会关系网络。由于这种模式将社工从服务中心局促的空间中解放了出来，社工得以回到社会，与居民深入交流。在麻涌镇，社工经常做家访，与居民接触，外加开展各类宣传活动、社工服务等。通过这些渠道，社工与众多居民建立了联系，并逐步扩展成为一张巨大的社会关系网络。

由于手中掌握了大量的居民资源，他们得以牵动周边的商家、社区服务点加入其中。比如，社工组织的义剪活动，就有很多理发师加入其中。

第二，扎实的居民个案工作。由于社工主要被投入个案服务中去了，所以，当地社工的个案工作的基础也就要扎实得多。他们是在真实了解居民的需求和情况的基础上开展的服务，而不是通过编造虚假材料、设计假

---

[1] 访谈记录，2017年1月8日。

项目，搞什么"案主奶油化"①。比如，当地社工通过深入调研，发现老人患高血压的比例偏高，便设计了老人健康管理项目。最终该项目成功获得政府 10 万元的资金支持。

第三，频出的创新服务项目。这种模式给社工提供了较大的自由度。政府对他们没有"固定动作"的要求，他们可以自由地发挥专业技能，分析个案，设计项目，提供服务。这又加上社工扎实的基础工作，使社工经常能够提出符合现实需求的创新性项目。

比如，有社工通过连续一年的访谈发现村里的老人比较寂寞。老人子女或外出务工，或在本地忙自己的事业，较少有时间陪伴老人。而村里的老人相互间又交流较少，比较陌生。此外，老人们也找不到自己的价值，生活比较迷茫。

于是，他发起了一个唱歌兴趣小组，吸引老人前来参加唱歌活动。但唱歌小组的活动不仅限于唱歌，老人也可以过来聊天，或参加其他表演活动。

在经过一段时间的排练后，兴趣小组组织老人到儿童福利院、敬老院等开展表演活动。而且，在 2016 年底，社工还与村委协调，筹集经费，准备场地，并联络商家赞助物资，举办了一场较大规模的演唱会。当时现场有 2000 多名居民到场观看。

像这样的项目在麻涌镇还有很多，比如乡村文化游项目以及上述老人健康管理项目等。

第四，凝聚高效的项目团队。这种模式改变了社工的服务模式，将社工从行政工作中解放了出来，使他们回归一线服务。而他们服务的时间越长，积累的经验也就越多。于是，参与服务的社工普遍感觉自己得到了明显的提升。

当时，在乐雅社工派驻麻涌镇的 10 名社工中，多数为刚毕业的大学生。它们对社工工作有理想，也有积极性，麻涌镇正好给了他们这一相对自由的外部环境。于是，他们就在工作中积极发挥自己的创造力，并在其中积累经验。结果，多数社工越干越有劲，投身麻涌镇多年也不愿离开。这也创造了麻涌镇社工团队凝聚力很强、工作效率很高、流失率很低的奇迹。

---

① 岳经纶、郭英慧：《社会服务购买中政府与 NGO 关系研究——福利多元主义视角》，《东岳论丛》2013 年第 7 期。

第五，温情感恩的情感纽带。政府对社工的岗位没有设定具体目标，而只是提出了一个宏观目标，即解决社区里的问题，让社区更为和谐。于是，社工在社区中发挥的就是发现问题、解决问题、弥合社会关系的作用。他们通过工作，将原本零散的社会关系，以自身为针，以自身的服务为线，重新串了起来。比如，在上述老人合唱团项目中，通过参加该项目，原本相互陌生的老人变得熟悉了起来。"有的老人原本很少讲话，现在话多了，笑容也多了，跟村民们也是经常打招呼。"[1] 部分老人通过参加活动，相互熟悉后，还经常相约跳舞、散步，有了私下的交流活动。所以，通过社工服务，整个社区都变得温情脉脉，人与人之间又有了往日那般的情感的互动。

但是，社工服务的功效还不止于此。居民在了解社工服务是由政府购买的项目后，对政府也表示了感恩。而且，由于社工经常帮助居民向政府申请补助、补贴，方便居民办事，他们对政府的感恩之情日增。

三 "四不像"的麻涌模式

毫无疑问，麻涌模式是一种有效的模式。但是，这种模式不能在任何一种现有的理论体系中找到全部的合理性依据。我们来做一个对比分析。

（一）与西方对比

麻涌模式无法在西方的理论体系中找到合理性依据。西方的现代管理学都立足于人的功利性。而这种功利性的根源则在于人的理性，也即边沁所言的在"快乐和痛苦"之间做选择[2]。基于此，人与人之间便以契约为约束，重权利义务，而不重情感关系。所以，在西方，政府与慈善组织之间，形成的是一种契约式的"伙伴关系"[3]。政府对慈善组织采取的管理方式是严格按合同办事的，且主要采用市场工具来进行调节。比如，项目评估、诚信名单等。针对这一模式，学者的研究也多集中在对契约关系的有效性及有限性的探讨上。他们提出了市场失灵理论、政府失灵理论以及不完全契约理论等。

---

① 访谈记录，2017 年 1 月 7 日。
② 边沁：《道德与立法原理导论》，商务印书馆，2015，第 58 页。
③ 〔美〕莱斯特·M. 萨拉蒙：《公共服务中的伙伴——现代福利国家中政府与非营利组织的关系》，田凯译，商务印书馆，2008，第 109 页。

在麻涌模式中，我们的确看到政府与乐雅社工之间签订了合同，而且，政府还在合同中明确规定了工作任务。同时，政府也对不达标的社工扣除了合同款项。这些都属于按合同办事。

但是，在麻涌模式中，我们还看到了很多异样的内容，都无法在西方理论中得到解释。这主要包括以下几点。

（1）政府的管理不仅靠合同，更靠领导的个人威信。在麻涌模式中，政府的确与乐雅社工签订了服务协议。但政府的管理却主要不靠合同，而是靠曹局个人的威信。诚如上述，在项目一开始，曹局就凭借出色的个人能力，树立了个人的威信，以至于社工纷纷反映"怕曹局"。由此，社工才拼命地干活，并最终干出了一份出色的成绩。

这种"怕"的情况在麻涌模式中是极为重要的。如果我们真的拿掉了这种"怕"，麻涌模式就会轰然坍塌。这是因为麻涌模式的成功，在很大程度上，都依赖于曹局个人的威信。所以，如果社工不"怕"曹局，则曹局恐怕也无所施展。

可是，正是一项如此重要的元素，在西方的理论体系中却找不到合理的解释。试想一下，如果双方是平等的合作关系，那为什么合同一方要"怕"另一方呢？合同双方的全部较量难道不应该在利益多寡之上吗？又何来人身性的"恐惧"呢？这分明是位卑者对位尊者的恐惧，而不是平等的一方对利益得失的担忧啊！

所以，"怕"这种感觉在契约式的合作关系中是无的放矢的，我们找不到一个合适的位置去安放它。

（2）政府积极给予资源，配合社工工作。在麻涌模式中，政府积极配合社工的工作，配套了充足的资源。这种做法看似并无反常，但一旦我们将这一点与另一条信息联系起来，就可知其中古怪，即村委之所以愿意如此积极地配合社工，是因为曹局的交代。这是一个奇怪的现象。而如果我们将这个信息再往前延伸一些的话，便可以明显地看到其中一个更为古怪的地方。在调查中，笔者发现，社工对村委的感谢全部汇成了对曹局的感恩。他们普遍对曹局有口皆碑，说他愿意支持社工工作。这也就是说，曹局通过这一做法，在社工群体中建立了一种普遍的"声望"。

这一点在西方管理学理论中也是找不到合理解释的。而且，既然政府与慈善组织之间签订了合同，双方自然只需要按合同办事即可，为何又要建立什么个人的声望呢？既然双方之间是一种功利化的"契约关系"，又不是人身性的关系，这种声望又从何而来呢？

（3）政府没有开展绩效评估，而是搞"微服私访"。在麻涌模式中，政府没有开展绩效评估，却搞了一系列类似于"微服私访"的探访工作。这种做法效果很好，使曹局能掌握第一手情况，能更有效地监督社工。

但这种做法的作用绝不仅止于此，它在麻涌模式中起到了关键性的作用，因为它在相当程度上加强了社工们"怕"的感受。它与"怕"的感受一道，又加上对曹局的感恩，共同构建起了一种类似于社工向曹局所代表的政府"效忠"的体系。在这一体系中，一头是社工"怕曹局"，听他的话，埋头苦干；另一头是政府配合社工，给予资源配给，时时暖社工的心；此外，还有一块是政府超越合同约定，开展私下监督。

这一做法在西方的理论体系中也找不到合理的解释。虽然在西方的管理模式中，也有顾客随访的做法，也即所谓的"全面质量管理"①，但其目的却无非要引入市场机制，促进合同管理，而非为了建立什么准"效忠"体系。

（4）管理机制前紧后松，宛如培养"学徒"。在构建了这一准"效忠"体系后，麻涌镇政府并没有将之用于向社工指派行政工作，却将之用于推动社工专业工作的开展。在一开始，社工需要向曹局定期报告情况，曹局也让香港督导时时指导。待到这些社工都上手了之后，曹局和督导就双双撤离，留下一干社工自己干活。这简直不像是在做社工管理，倒像是在培养"学徒"。

这番做法在西方的理论体系中更是找不到任何合理性依据。合同双方在达成合作后，竟然会打破平等关系，变成一种类似于师徒关系的"不平等"关系。而且，按照西方的市场逻辑来理解，学徒向师父学了本事，不是应该交钱给师父吗？又何来向师父收取费用一说呢？这种做法真是"荒唐"呢。

所以，在麻涌模式中，我们看到了很多在西方理论中找不到合理解释的内容。这些内容都指向一个关键点，即在这一模式中，政府与社工之间所建立的不是一种单纯的契约关系，其中还有很多人身性的内容。而不论是准"效忠"体系，还是准"师徒"关系，都彰显了这一点。那这到底是

① 〔美〕戴维·奥斯本、特德·盖布勒：《改革政府：企业家精神如何改革着公共部门》，周敦仁等译，上海译文出版社，2006，第128页。

属于一种什么关系呢？

（二）与中国对比

麻涌模式在中国传统伦理中同样找不到合理性依据。中国传统伦理讲究忠孝，而且忠与孝是绝对的。所以，在中国传统伦理中，忠与孝是没有讨价还价的余地的，也没有边界。所谓"率土之滨，莫非王土"，就是这个道理。

在这一伦理下，君主对人民有生杀予夺之权，而父将逆子打死，也是合情合理的。他这么做非但不至于获罪，反而会博得社会的同情。从这个逻辑去理解，在传统伦理中，国家的权力是绝对的。

在麻涌模式中，政府的确建立了准"效忠"体系，并构建了准"师徒"关系，符合中国的传统伦理。但是，接下来还有很多事情是在这一传统伦理中找不出合理解释的。具体而言有以下几点。

第一，不限制社工，反而解放社工。在麻涌模式中，政府没有按照传统伦理的逻辑，对社工的一切行为设定限制，制定出一套详细、严格的礼教体系。相反，它改变了传统的大中心模式，主动将社工赶出去，让他们成为流动的服务者。而正是在这一过程中，社工充分展现出了其在专业性方面的优势，快速而专业的建构起了与居民、商家间的熟人关系网络。有此基础，社工对居民的需求便有了精准的把握，也能有效地调动各种资源，解决村里的问题。

显然，麻涌模式的这一特点在传统伦理中是找不到合理解释的。父爱子，子孝父，双方之间便有各种礼法规矩作为约束，岂又容得如此这般轻松惬意，随意而为的呢？

第二，作自我限制，不允许社工行政化。麻涌模式中更为令人惊奇的是，政府非但不对社工做太多限制，反而还对自己做了不少限制。政府充分认可社工的专业地位，并认为专业人士就应发挥专业优势，而不应被浪费在行政工作上。于是，政府主动做了自我限制，曹局主动给村委下令，不得给社工派行政工作。这自然为社工开出一块宽广的空间，令其得以将大多数精力用于专业工作。此外，政府也没有规定具体的工作内容，只是提出一个大概的目标，并鼓励社工围绕这一目标发挥自己的专业性、创造性。这是真正尊重专业人才，愿意调动专业人才的积极性和创造性的做法。

这一做法显然也不能在传统伦理中找到合理性解释。传统伦理重礼法规矩，倡尊卑有序，人才就算再有才干，也不能坏了这一规矩。哪里会出现君上自我节制，为臣下开拓空间的情况呢？由此，才有龚自珍"不拘一格降人才"之叹。关于这一点，我们将在第八章中再做讨论。所以，在传统伦理中，人才是没有自由的。国君重视人才，但更重礼法规矩。国君断没有毁弃礼法，自我限制的道理。

第三，采用合同制，明确双方权利义务。麻涌模式还引入了合同，明确双方的权利义务。这一点和其他地方购买服务的做法相同。

此项内容也是在传统模式中没法得到合理解释的。契约精神乃近代西方之创设，非中国之本有。购买服务之契约自西方引入，非中国所本有，更不能在传统伦理体系中求得解释。

综上所述，麻涌的模式在中国的传统伦理中也无法找到合理解释。其中有很多内容与伦理相冲突。它非但没有像礼法一样对人的行为设定限制，反而尊重专业人才，鼓励人才自由创造。

（三）小结

通过上述分析，我们看到，麻涌模式在中西方理论中都能找到一定的合理性依据。但是，任何一种理论又都不能提供全部的合理性解释。其中，西方的契约理论提供了外部规范的依据，但不能解释为何政府与社工之间竟然形成了以内心依从为基础的人身关系；中国的传统伦理虽然能够解释双方人身关系产生之根据，却又不能解释为何在这一人身关系中竟然没有对人加以束缚，反而鼓励人的自由。所以，我们只能认为麻涌模式是一个"四不像"。那我们又该如何看待麻涌模式呢？

四　互适结构

我们发现，麻涌模式不能在任何一种理论中找到全部解释。所以，我们只能提出一套自己的解释范式。

我们认为，麻涌模式是由两个部分组成的。

第一个部分是情感部分。在这一部分中，在多种因素的联合影响下，政府与社工之间形成了一种准"效忠"关系。结合我们在第三卷中讨论过的内容，我们可以清楚地分辨出，这其实就是一种归附关系。归附关系是一种人身关系。而归附关系在西方理论体系中是找不到合理性解释的，这也就解释了我们通过西方的理论视角看不懂麻涌模式的原因。

第二个部分是理性部分。情感在没有限制的情况下，很容易走向极端，出现压制、失序等问题。要解决这些问题，就必须要运用理性工具来限制情感。这是理性对情感的节制，是制度化的理性（外部限制）对变态化情感的限制。于是，我们就看到了麻涌模式的第二部分，也即自我限制、法律制度等内容。这些在程朱理学中是找不到依据的，这也就解释了我们从中国的理论视角看不懂麻涌模式的原因。

但是，值得说明的是，理性在限制情感的时候，必须先确立情感的主轴地位。这就是说，我们不能以理性代替情感，而应以理性节制情感，以巩固情感的主轴地位。

综上，我们认为，麻涌模式是同时由两根轴线在支撑着的：一根是主轴，即情感上的归附；另一根是副轴，即理性对情感的节制。

推论到这一步，我们便发现了麻涌模式的秘密。而且，其实我们同时还发现了一个巨大的宝藏，因为麻涌模式给我们提供了一个解决情感轴线诸多问题的工具。关于这一问题，我们在讨论完第八章的内容后，可以回头再来看这里，一切就都清楚明白了。

总之，我们认为，要解决情感轴线的诸多问题，或者维持归附的有效运转，保持两种状态间的平衡，就必须同时运用两根轴线：情感与理性。其中，情感为主轴，理性为副轴。两根轴线相互配合，共同形成一个"互适结构"。所谓互适结构，即在维系家长与家人之间的情感纽带的前提下，以理性的手段，划定家长与家人之间的边界，保障家人的自由度的一种关系结构。①

这种结构不同于西方政治学中的均衡结构。均衡结构是一种理性结构，依赖制度规范，维系的是利益得失上的均衡。互适结构不仅是一种理性结构，而且更是一种情感结构。它所追求的不仅是利益得失上的平衡，更是双方内心感受上的舒适。此外，均衡结构仅适用于契约关系，而互适结构则适用于身份关系。所以，均衡结构与互适结构有本质的不同。就中国社会而言，最适用的不是均衡结构，而是互适结构。

那互适结构具体该如何安排呢？根据麻涌模式，我们推演出了如下形态。

第一，情感主轴。情感主轴要求双方在情感上互爱。这包括两个方面。

---

① 我们之前曾讨论过的官办组织改革过程中的"动态平衡"。当时因为理论构建尚不完备，所以我们只能暂时称之为"动态平衡"。其实，这是互适，而非动态平衡。由此，我们可以进一步推知，民办组织的归附与官办组织的改革是两个方向相对、目标一致的过程。它们都是要在政府与慈善组织之间建立起一种互适结构。

（1）主动的爱，即主动地去爱对方。所谓主动的爱，即双方要在伦理关系的基础上互爱，为对方的幸福主动付出。比如，父要爱子，为提升子的福利而付出；子要爱父，为提升父的福利付出。

（2）互相感恩，即互相对对方的付出表示感恩。仅凭单方面的付出，尚不足以培养稳固的情感。要产生持久的爱，关键是要相互感恩。比如，父要感谢子的陪伴，愿意回馈子更多情感；子要感谢父的爱，愿意更积极地报答父的爱。感恩是表达爱的方式，更是推动对方产生持久的爱的方式。有学者曾说，父母之爱是无私的，无须感恩。[①]对此，笔者不敢苟同，并认为要想使双方的爱稳固，必须要懂得感恩，并会合理地表达感恩。只有这样，才是自由而有效的情感表达，才能培育出稳固、强韧的情感纽带。

第二，理性副轴。理性副轴要对情感做出节制。这种节制包括两种形式。

（1）自我节制。双方应运用理性作自我节制，也在内心中用理性为情感划出一条界线。这样一来，我们就不会任由情感越过边界，泛滥开去。

（2）规则限制。有时自我节制并不能确保情感完全不泛滥开来，这时我们就需要用理性为我们设定规则，从外部节制我们的情感。这些外部节制的方式包括：制定法律、签订合同等。

当然，依旧值得强调的是，理性副轴在限制情感主轴的同时，不能代替情感，成为主轴。理性副轴的作用只是限制情感主轴的极化，但它不应代替情感主轴，反客为主。

回头来看麻涌模式，我们可以清楚地看到它同时拥有这两个轴线。

第一，在情感主轴方面，镇政府认同社工的专业性，而社工也认同政府的领导地位。双方相互认同，相互感恩。双方都不认为这是一个项目，而认为这是一项成就自己，同时也成就对方的事业：镇政府认为这在出业绩的同时，也能培养社工；社工则认为这在实现自我提升的同时，也能回报政府的栽培。于是，在双方之间，顺利地形成了一条以身份归附为基础的情感纽带。

第二，在理性支柱方面，镇政府主动自我限制，设定了规则。双方签订合同，严格依循规则办事，限制自己内心汹涌的情感。

所以，我们认为，麻涌模式的本质就是互适结构。在这一模式中，我

---

① 唐俟：《我们现在怎样做父亲》，《新青年》第6卷第6号，1919年11月1日。

们同时看到情感与理性两根轴线在起作用。情感保障了双方关系的稳定，而理性则以其特有的限制力量划定边界，使双方的情感不至于出现泛滥无度的情况。这也就是麻涌模式成功的关键。

第二节　运作机理

一　互适的机理

在本章第一节中，我们探讨了互适结构的问题。我们认为，这一结构是由两根轴线组成的，即情感与理性。同时，我们也大概介绍了在互适结构中培育情感与构建理性要做什么。那我们又该如何构建这一结构呢？其间又会经过哪些阶段呢？

在本节中，我们来探索构建这一结构的过程。我们将借助广州市 T 社会工作服务中心（下简称"T 社工"）的案例来完成这一讨论。当然，需说明的是，因为这是具体的技术性问题，所以在实践时，实践者应根据现实情况再做出调整。

二　T 社工的昌盛

T 社工成立于广州市社工事业大发展时期，即 2011 年。当时，广州市的单位体制解体，众多职工回到社区。他们失去了原本在单位中能享受的福利与服务。于是，如何服务好这一群体成了影响广州市社会稳定的一个重大问题。为了解决这一问题，广州市从 2009 年底开始研究和推进社工服务。这一工作是放在实践政府对人民的责任的高度上推进的，由市政府主抓，由民政局社工处负责落实（负责审批和管理社工服务项目）。T 社工就是为迎合这一大潮流而成立的。

T 社工的创始人是某高校社工系的几位老师。当时，由于政府对社工的需求较大，这几位老师便希望创立一个实践基地来培养人才，特别是为学生提供实习的机会。由于时机合适，T 社工成立没多久便承接了政府的一个家庭综合服务中心（下简称"家综"）的项目。但问题是，T 社工虽然承接了政府的这个项目，与政府的关系却一直不温不火。双方的合作一直不顺，有些工作甚至趋于停滞。而且，机构所获得的发展机会也越来越少，道路越走越窄。据 T 社工内部人士介绍："现在回想起来，导致这种状况的主要原因是当时的创始人是专业的老师。他们过度强调专业性，主张保持自身独立。"①

在当时，社工尚是一个新鲜事物。很多基层的干部不了解社工，对社工的作用也不清楚。事实上，不仅政府的工作人员不了解社工，企业、居民对社工也不了解。所以，在过度强调专业独立性的情况下，T社工几乎未能与任何一方建立稳定的联系，也未能获得任何一方的支持。在成立后的一年多时间里，它没有收到任何的企业或社会捐赠，也少有媒体给予报道，由此可见T社工运营初期之艰难。

2012年6月，T社工进入内部重整阶段。在这一阶段，发生了两件重要的事情：第一是T社工原创始人成立了新的社工机构，并将T社工承接到的家综项目转到了新成立的机构；第二是新的领导人Y女士加入。在加入T社工后，Y女士重整了理事会，在理事会中加入了很多愿意靠近政府的人士，特别是几名香港爱国人士。这些新加入的理事在实务界不仅拥有丰富的资源，能够推动机构的发展，而且愿意带着机构积极主动地与政府开展合作。所以，自此之后，T社工的定位出现了重大调整，从极度强调专业独立性转为强调"与政府联合服务"②。

在重整10个月后，T社工准备再度出手，向政府申请项目。这次，他们的目标是广州市白云区R镇的家综。R镇是白云区一个规模较大的镇，共有27个村，19万居民（含户籍人口和流动人口）。要拿下这个项目并不容易，因为盯上这个项目的人有不少。所幸的是，在向广州市民政局提出申请前，即2013年4月，他们接触了R镇的书记。

该书记与T社工进行了一段时间的接触。他提出：在众多与他保持接触的社工组织中，他认为T社工的团队组成合理，既有专业社工，也有外聘专业督导（香港爱国人士）以及有实力的资源方。而且，T社工也愿意与政府接触，为政府分忧。所以，他愿意给T社工一个机会。他拨付6万元给T社工，要求其对R镇开展前期调研。据T社工的内部人士事后回忆，该书记是想通过这种方式来观察T社工，看它是不是一家做实事的机构。此外，他还想看一下它提出的解决方案是否贴近实际需求，也即专业能力如何。事实证明T社工提交的调研报告和提出的解决方案都很令人满意。

---

① 调研记录，2017年6月7日。

② 调研记录，2017年6月7日。

所以，它最终获得政府的支持，成功地从 5 家竞争机构中胜出，获得了这个项目。

在接到这个项目后，T 社工开始推进三项工作。①为政府提供补充。政府的福利事业覆盖了众多的弱势群体，但这种福利是普惠性的，并不向人们提供个性化的服务，也无法顾及个人的实际状况。T 社工就在这方面深挖，提供个性化的服务。②社区发展。T 社工深挖社区内的共同性问题，比如农转居问题等。T 社工配合居委会，开展提升村/居民意识的工作，以解决村民向居民转变过程中素质跟不上的问题。③慈善事业扎根。T 社工发动居民成立慈善组织，推动社区内互助活动的开展。

值得一提的是，虽然 T 社工入驻了 R 镇家综，但对于 T 社工的工作，R 镇政府并没有立刻就给予支持，而是先在旁审视，观察 T 社工的工作开展情况。比如，R 镇的书记曾多次暗访 T 社工的项目点。有一次，T 社工在 R 镇开展专题讲座。按照规定，专业讲座需要有 20 名以上听众。但当时到场的听众人数不足。于是，一线社工在未与参与人员沟通的情况下，就改变了活动形式，变成小组工作。这么做违反了社工工作流程。R 镇书记正好在这次活动中进行暗访。在看到这种情况后，书记立刻致电 Y 女士，质疑 T 社工的工作只是走过场，滥竽充数。Y 女士表示："当时书记突然的质疑让我委屈地哭了起来。但我立刻表示要先了解一下情况，然后又检讨了自己的工作能力。"①

这种真诚的交流并没有使双方的关系僵化，双方都明白这是为了把事情办得更好。Y 女士表示："在这次之后，我们双方的沟通变得更加真诚了。从此，我们明白了该如何与政府沟通，也明白了只有通过做实事，才能得到政府的认可。此后，R 镇换了三届分管领导，我们都能处理好与政府的关系，这都得益于 R 镇政府最初的栽培。"② 她说，比如第三任新分管领导对社工业务不太了解，所以，T 社工采取的策略是陪分管领导一起下基层走访群众。他们陪领导去了几户接受他们服务的贫困户的家中。领导看后十分感动，评价说 T 社工做事十分接地气，能够找到社区里真正贫困的群众，还能够找到资源帮助他们。"这种工作思路就是在我们在开始与政府接

---

① 调研记录，2017 年 6 月 7 日。
② 调研记录，2017 年 6 月 7 日。

触时被培养起来的"，Y 女士表示说。①

在有了这个过程后，政府与 T 社工的关系就完成了破冰。接下来，双方又有一些拉近距离的动作。

在 T 社工方面，他们深入一线，发挥自身的专业性，以实际工作赢取政府的认可。比如，在白云机场建设过程中，R 镇的居民面临征地拆迁。当时，政府要征集居民的需求，以安排征地补偿计划。但是，政府的工作人员很难取得居民的信任，了解不到真实情况。于是，政府就让 T 社工出面，调研 180 户居民的需求。该项工作原本预计一个月内完成。T 社工在接到这项任务后，加班加点开展调研。由于社工属于第三方，居民们并不太抗拒，这项工作只花了半个月的时间就完成了。T 社工的这项工作获得了政府的高度认可，乃至于后来政府的领导在谈及社工的作用时，经常拿这件事做案例。

在政府方面，政府采取了多项措施来扶持 T 社工。①给资源。为了使 T 社工的工作可以顺利开展，政府配给 T 社工大量资源。这些资源有宣传资源，如通过政府宣传部的跟线媒体向外传播 T 社工的工作成效；有车辆资源，如 T 社工要下乡时，政府公务员会陪社工一起前往；有捐赠物资资源，如有企业向政府捐赠慰问品时，政府会让 T 社工将这些物资发放给受助人群。这些资源的投入使 T 社工在 R 镇，乃至整个广州的影响力日渐提升。②挡工作。政府正确地认识到社工的专业意义，因此也愿意出面帮 T 社工挡掉一些不属于社工的行政工作，或者将其变成一种适合社工介入的方式，让社工自身的专业性得到体现。比如，有一次，上级部门给社区下达了上街清扫的任务。按照惯例，社区要组织社工上街清扫。但这一次，社区的领导向上级表示："社工不是这么用的。"同时，他提出，可以让社工组织义工上街。这样既能发挥社工的专业性，也能够号召更多力量上街清扫。结果，T 社工出色地完成了这项工作。③给机会。政府给 T 社工营造了进一步发展的空间。比如，在 R 镇家综的项目有了起色后，经镇政府推荐，白云区政府在开展购买服务时，也决定优先考虑 T 社工。当然，除了扶持 T 社工以外，政府还给 T 社工立了一些规矩。这除了有民政部出台的管理办法以外，还有一些不成文的惯例，如规定它在接受媒体采访前，要知会政府等。

---

① 调研记录，2017 年 6 月 7 日。

在双方的积极互动下，它们之间的关系有了较大的发展。最终，到时机成熟时，T 社工提出要建立一种新的协商工作机制，即服务咨询委员会制。这一委员会由镇政府相关职能部门代表（镇社会事务办、残联、妇联、团委、教育指导中心等）、27 个村（居）委的民政干部或代表、中小学校老师代表、社区卫生服务中心医护人员代表、社区义工骨干、社区居民代表等组成。

成立这一委员会的目的，一方面是为了方便社工接触不同的部门，以调动这些部门的积极性，另一方面是为了更为充分地获取基层的信息，因为不同部门接收到的信息是不同的。由于 R 镇面积太大，平均每个村定点的社工不足一人，社工也需要这种信息交流机制来更为准确地了解边远地区基层的情况。

这一委员会采用两种会议制：①定期会议，即每季度召开一次全体会议，目的是采集全体委员的意见，并将其汇总成为 T 社工下一阶段的工作方案；②专题会议，即针对社区内的某些专项问题，邀请对口部门的人员共同参会讨论，探讨解决方案。

在这些会议中，T 社工对口的分管领导是会议的主持人，而家综是会议的组织者和承办方，会议的参加人是利益的相关方。这一结构形成了一种稳定而有序的议事结构。

在服务咨询委员会中，T 社工作为协调者，鼓励各方把自己的需求表达出来，并推动大家一起寻找共同点，探讨解决方案。比如，镇关工委、镇团委、镇教育指导中心、中学代表、学生家长共同关注青少年青春期教育问题，其他几个部门关心幸福社区创建、残障人士无障碍社区建设问题等。这些问题都先后得到了解决。

除此之外，T 社工还与 27 个村（居）建立了"信息联络机制"，并对其中较为偏远的、没有固定服务点的四个村，提供每季度一次的专项服务，如与方石村就共同建设残障人士无障碍社区开展合作等。

这些机制的建立，进一步拉近了政府与 T 社工的关系。由于交流的不断增多，交往日渐频繁，双方的关系到这一阶段已经打得相当火热。而随着与镇政府关系的不断突破，T 社工在广州市声名大噪。T 社工陆续承接了八九个政府购买服务项目。它之所以能接到这些项目，都是因为在 R 镇打下了良好的基础。

故事并没有到此结束。T 社工没有止步于社工服务领域，而是借着与政府良好的关系，开始向慈善基金方向开拓。R 镇政府十分重视对辖区内弱势群体的帮扶，积极出台了多项措施，特别是向低保低收入人群等提供医疗救助、残疾补贴等保障性和救助性服务。此外，为了给辖区内的弱势群体提供更多帮助，自 2013 年 10 月起，R 镇开始支持 R 镇家综在辖区内与各村居委联动，共同探访辖区内长期病患困难家庭，了解服务对象迫切的需求及基本情况，并建立了系统性的服务档案。经调研发现，当地有 70% 以上困难家庭是因病致贫，且家庭成员中至少有一名是长期病患者；而在针对全镇残疾人情况的评估中，在册的 2000 多名残疾人中有超过 33% 的人需要长期服药，这成为困难残疾人家庭的主要负担和急需解决的难题；在 800 名孤寡长者的服务建档中，有接近 50% 的孤寡长者处在生活困难的环境中，而导致这些情况的主要诱因也是长期疾病，需要大量支出药费。同时，镇社会事务办和村居干部也多次在服务咨询委员会中提出希望 R 镇家综能够更为关注"边缘低保户"，特别是长期病患困难家庭，为他们提供更多服务。

为了解决这一难题，2014 年 9 月 2 日，R 镇家综联系广东狮子会花城明珠服务队、民盟天河基层委综合一支部、广东良策金融服务集团、广州联瑞知识产权代理有限公司等单位，联合募集物资合计 1 万元，探访了 20 户长期病患困难家庭。这一做法获得了政府的好评。同年 9 月 8 日，在长期病患者探访的反馈会议上，家综服务咨询委员会成员，特别是各村居委代表，再次提出要求，希望扩大探访活动的范围，将范围由原来的几个试点村居扩大至 27 个村居。

于是，R 镇家综先后组织了四次探访，走访家庭 168 户，募集并捐赠资金十多万元。这些家庭都是 R 镇家综长期跟踪的对象。而为了给他们提供更好的服务，镇政府和 T 社工又开始探索建立长效化的工作机制。

在 2015 年的第三次长期病患者探访活动中，T 社工请来了广州市民政局下属的广州市慈善会秘书长一起参与活动。在这次活动中，他发现 T 社工的工作开展得十分扎实，能够体现政府对人民群众的关爱。于是，他建议 T 社工可以在广州市慈善会设立专项基金，以推进慈善资金管理的科学化、专业化，慈善募捐和捐赠的长效化、规范化。

R 镇政府与 R 镇家综与广州市慈善会进行了多次协商。最终，在 2016 年 1 月 29 日，在 R 镇政府的支持与指导下，R 镇家综与广州市慈善会共同成立了广州市首个社区基金——R 镇社区公益基金。R 镇社区公益基金以

"关注贫困、促进社区发展"为宗旨，为 R 镇因遭受突发事故、自然灾害、重大疾病等而出现临时生活困难的社区户籍居民提供紧急的临时生活困难救助，并支持辖区内的其他慈善项目和活动。该基金首期筹得资金 17496 元，其中社会爱心企业捐赠 10000 元，社会爱心人士捐赠 7000 元，社区居民捐赠 496 元。这些费用都是 R 镇家综自行募捐所得。在基金成立当天，R 镇家综还组织了第四期长期病患者探访活动，共探访 50 户居民。

至今，该社区基金已经给多户遭遇困难的居民提供紧急救助。比如，在 2016 年 3 月，R 镇社区基金给 R 镇东华村患有血友病 A 重型的儿童邓某拨付了 2000 元救济金。当时，该户家庭为了抢救邓某，花光了家庭积蓄并到处借款，家庭生活十分困难。

自此以后，广州市慈善会开始更多地关注 T 社工，并将之列为重点合作对象之一。慈善会给 T 社工提供了不少推介资源，比如慈善项目推介会等，还向它开放了筹款平台，如联合 T 社工参与"9·9 公益日"活动等。

目前，广州市慈善会与 T 社工的关系已经完成了从培育到合作的过渡。T 社工也多次参与了慈善会举办的慈善募捐活动。比如，2016 年 5 月至 6 月，本着"授人以渔和改善鱼塘生态环境"并重的社区公益理念，R 镇家综开展了"益动广州"之 R 镇社区公益基金联合劝募徒步活动。R 镇居民上下一心，自发组织了 30 支队伍 120 人参与到爱心徒步活动中，为 R 镇社区公益基金筹款。整个活动共联合劝募到 32773.47 元。

经过这些年的发展，T 社工已经发展成为一个年收入 1000 多万元，工作人员达 126 人（109 名全职员工，7 名督导，10 名实习生）的大型社工组织。这一组织规模在全国也是少有的。所以，我们完全可以用"昌盛"二字来形容 T 社工。

三　情感培育

对于 T 社工昌盛的原因，人们或许首先会想到社工的专业性。但问题是，在 T 社工重整之前，它也很专业。而且，当时它还处于广州社工事业大发展的环境下。可是当时它却没有得到较好的发展。相反，在广州市社工行业开始进入剧烈竞争的情势后，重整后的 T 社工却迎来了大发展。这里的变化恐怕不能用专业与否来解释。我们认为，合理的解释应放在它对待政府的态度变化上，即在重整后，它主动靠近政府，与政府建立了强力的情感纽带。

在第三卷中，我们在探讨反扒队这个案例时，曾经提到与政府保持稳定的归附关系，可以使民办组织获得身份、资源和机会。在 T 社工这个案例中，我们也看到了类似的情况。在 T 社工与 R 镇政府建立了联系后，镇政府采取很多措施来扶持 T 社工，包括给资源、挡工作、给机会；在与广州市慈善会建立了关系后，慈善会也给 T 社工提供了平台资源。政府宛如 T 社工的"慈父"，为 T 社工"遮风挡雨"。这每一个细微的举动背后，都暗含政府深厚的情感。① 所以，这种情感纽带的建立是 T 社工成功的关键。但问题是，这一纽带到底是如何一步步建立起来的呢？通过分析这个案例，我们发现这其中有如下三个关键阶段。

第一，从认识到认知。回顾上述案例，我们可以发现，双方最初是经人介绍而相互认识，然后 R 镇的书记与 T 社工进行了一段时间的接触。通过这段接触，他对 T 社工有了一定的认知，初步了解了 T 社工的情况。为了进一步了解 T 社工，他决定让 T 社工开展一项调研活动。

这一步对双方关系的建立十分重要。这是双方了解对方，建立人与人之间关系的起点。需要指出的是，这种关系表面上建立在政府与 T 社工之间，实际上却建立在政府的领导与 Y 女士及其社工团队之间。这就是说，这种关系表面上是建立在两个法人之间，其实是建立在人与人之间。而人与人能否合到一起，关键看双方能否合拍。如果对象不合适，任凭再多的培育，也无法建立任何稳固的关系。而要了解对方是否合拍，则是一个漫长的过程。这绝非一朝一夕之功，而是一个缓慢的深入了解、逐步见效的过程。在这一过程中，陪伴与试探是必不可少的。其间，最忌好大喜功与极端冒进，而这偏偏是一些地方政府容易犯的毛病。

所以，从认识到认知的过程，其实就是一个缓慢的逐步寻找合适对象的过程。在这一过程中，要着重了解对方的以下要点：历史背景、价值观念、政治倾向、眼界层次、工作态度、办事风格、行为习惯、对政府认同感的来源等。比如，我们要了解对方是不是一个功利的人。功利的人不讲情感，而与这样的人通常是难以建立稳固的关系的，由这样的人领导的组织也就不适合列为培育对象。相反，踏实、纯粹的品性则是值得予以重视的。

所幸的是，T 社工是一家踏实做事的组织。此外，据笔者了解，这家机

---

① 当然，这种情感最终是通过 T 社工传达给广州市民众的。所以，说到底，政府还是爱民众的。

构的负责人是爱党人士。所以，T 社工顺利地通过了第一关。

第二，从认知到认可。第一阶段只能帮助政府初步判断慈善组织是否踏实、纯粹，但仅凭这些交流还是不够的。在接下来，政府还需要通过一段较长的时间来交流和考察，以判断对方是否真的适合被列为重点培育对象。其中，有一项重要的考察内容是看对方是否懂得"感恩"。政府应该遴选重感情的组织，这样的组织不是"吃饭砸锅"之徒，而是愿意从内心去"爱"政府的人。

在上述案例中，R 镇政府为我们树立了一个成功的范例。在 T 社工入驻 R 镇家综后，R 镇政府并没有一下子就给予支持，而是先在旁观察，观察 T 社工的工作开展情况。R 镇的书记甚至亲自"微服私访"，并就所发现的问题致电批评 T 社工的负责人。

这种做法看似十分严厉，其实却是一个情感交流的过程。只有经过风雨磨砺的情感，才是历久弥坚的。在这件事情当中，T 社工的负责人 Y 女士准确地表达了深切的"感恩之心"。由此，镇政府认为，这家机构是适合被培育的。于是，双方的关系进入了一个新的阶段。

当然，值得一提的是，在这一过程中，R 镇政府的这种做法也暗暗地表达了政府的另一个态度，即政府其实很关注 T 社工，所以才花那么大力气搞什么"微服私访"。政府希望 T 社工能够担得起政府委托的这份责任。这种态度的表示对于 T 社工也是一个激励，使它感觉心中"暖暖的"。

第三，从认可到认同。在有了认可这个基础后，政府开始启动了归附程序。在这个阶段，政府向慈善组织提供身份，并逐步开放了资源池。这是政府在向慈善组织表达"爱"的情感。而如果对方能够心领神会的话，随着双方关系的不断推进，最终政府会产生对慈善组织的认同，也即从内心中接受慈善组织，并愿意为它"遮风挡雨"。

在 T 社工的案例中，我们看到，在经过上述阶段后，镇政府开始向社工开放资源池，比如宣传资源、车辆资源、物资资源等。当然，在这个案例中，有趣的是，T 社工没有止步于此，而是立足于这种关系，积极出手，与政府建立了更为稳固的合作机制，即服务咨询委员会制、信息联络机制、专项服务机制等；还与政府合作，联合发起了 R 镇社区公益基金。这些合作机制的建立和慈善基金的设立都有利于增进双方的交流和合作。这也是巩固双方关系的有效举措。所以，我们认为 T 社工真的很懂中国。

综上，情感培养共有四个环节，三个阶段，即：认识→认知→认可→

认同。经过这四个环节，双方可以建立起一种相对牢固的情感纽带。

四 理性节制

在上面，我们讨论了情感主轴建立的过程。下面，我们开始讨论理性副轴建立的过程。我们认为，理性副轴可以在如下两个方面插入。

第一，理性入口。所谓理性入口，即政府在考察备选的慈善组织的专业水平时，应遵循公平正义的法则，做到不徇情，不偏私。

在选择对象时，政府不能只看情感关系，还要看对方的专业水平。政府要明白，就算双方关系再好，能力不行，亦不可用。而要对能力做出正确的评价，政府应依循公平原则，以理性节制自己的情感，不能因为徇情而偏私。

要做到这一点，我们就必须在伦理体系内部建立竞争机制。① 政府要通过竞争性遴选的方式，优胜劣汰，以选出真正的有才者。当然，这里有一个悖论，即有才者未必就愿意成为政府的"自己人"。所以，我们认为，政府要同时考察对方的情感取向和专业水平。政府要明确，凡是纳入次要领域圈层的组织，都必须是既重情感，又有水平的组织。

总结上述分析，我们认为，政府应在伦理体系内部建立一个可进可出的理性竞争机制。这一机制要求政府做好两点。①选择真正有才者。我们应淘汰无能者，而让有能者围绕在政府身边。只有这样，我们的政府才是强有力的。②明确有才者是否愿意归附。我们要明确有才者的情感取向。须知，有才无德者是等而下之的人才。

在 T 社工的案例中，R 镇的书记是同时与多家社工机构保持接触的。在有了一段时间的接触后，他才决定给 T 社工一个机会，以作为对它的考察。而且，当时他所给出的理由有两点：①团队组成合理；②愿意接触政府。这说明 R 镇的书记在入口把控上是严格按照公平正义的理性法则的。正是因为他将这一法则彻底落实到位了，所以才能选出这样合适的机构。

第二，理性规则。在情感培育过程中以及归附关系建立后，依照互适

---

① 我们在第一卷中讨论过市场伦理与传统伦理的互斥关系的问题。我们认为，政府不应用市场伦理完全替代传统伦理。但是，政府可以适当地使用市场机制，特别是在入口时，应使用公平的市场机制来遴选组织。但是，当组织融入伦理体后，再以市场机制破坏伦理体则是一种不适当的做法。毕竟，市场伦理不应代替传统伦理。在这方面，我们应反思之前的做法。

结构的组成机理，双方还应拿出一套达成共识的理性规则，以作为对情感轴线的进一步约束。这种约束不仅是针对政府的约束，也是针对慈善组织的约束。

在实践中，这在一方面体现为政府给慈善组织立规矩。比如，前文提及，政府与 T 社工约定，在接受媒体采访前，要知会政府等。对于政府的这一规矩，T 社工是认可的。Y 女士曾明确地表达："我们接受政府的这种做法，毕竟我们是想解决社会问题，而不是想激化社会矛盾。"[①] 而这在另一方面则体现为政府给自己立规矩，或者政府与慈善组织协商立规矩。在上述案例中，我们看到政府给自己立了规矩，即尽可能不将社工用于行政工作上。但这里要指出的是，双方并没有一个协商的过程，立规矩以限制政府的过度干预。这便有了从归附关系向依附关系滑动的危险。对此，Y 女士也坦言："我们承接了比较多的政府工作。"[②]

---

① 调研记录，2017 年 6 月 7 日。
② 调研记录，2017 年 6 月 7 日。

第八章　互适的毁坏

第一节　引论

一　总论

在第七章中，我们提到互适结构是依赖情感与理性两根轴线来支撑的。要维持这一结构的稳定，就必须在两根轴线间保持平衡。任何一根轴线稍微有一些捭动，就可能带来整个体系的崩塌。但事实上，这个问题并没有这么简单。根据"捭演论"，我们至少推演出了以下几种极化情况（见表 8 - 1）。

表 8 - 1　情感主轴下拨动演进的极化情况①

轴线	极化（1，＋∞）	失效
情感轴线	压制、失序	失爱
理性轴线	僵化、冲突	放纵
本性轴线	私欲、暴虐	停顿

在下文中，我们将选择其中几种，做详细的探讨。但在探讨之前，我们还需要明确一个问题，即要将情感的问题与理性的问题分开。事实上，有很多人将这两类问题混在了一起。

二　伦理与礼教

在现代，中国的学者对传统文化多持批判与否定的态度。他们认为传统文化，特别是礼教是造成中国积贫积弱的关键原因。黄仁宇先生在他的名著《万历十五年》中颇有深意地谈道："这一帝国既无崇尚武功的趋向，也没有改造社会，提高生活程度的宏愿，它的宗旨，只是在于使大批人民

---

① 本表不含多根轴线极化组合的情况。这一情况过于复杂，此不赘述。

不为饥荒所窘迫，即在'四书'所谓'黎民不饥不寒'的低标准下以维持长治久安。"① 黄仁宇先生的这番话，暗暗地点明，明王朝正亡于传统伦理的不温不火。依凭这样的体系组成的社会，既没有创新的空间，也没有改革的机会。人们只能维持一种低水平的"幸福"生活。

对于这种观点，有诸多学者表示赞同。李泽厚曾用看似"洞察人心"的语调谈道："他（曾国藩）从一开始就把所谓'正心诚意修身齐家治国平天下'这一套封建道德建立在维护封建性的小农生产和宗教团结的基地上，强调所谓'耕读为本'，'早、扫、考、宝，书、蔬、鱼、猪'，都是家中子弟一面读书，一面要参加一些劳动，一面不能完全脱离这种封建性的小农生产，并且再三叮嘱，规定得相当具体细致。似乎有点奇怪，高官厚禄者居然对自己的子弟如此强调'勤俭'和劳动，这不是十足的虚伪和欺骗么？然而这并不是装出点样子来骗骗人的外在虚伪，而是一种忠诚的虚伪。"②

但问题是，造成问题的病因真的如这些学界前辈所说的那样是传统文化吗？我们又是否应该全面否定传统文化呢？

对于传统文化的批判，其实并不始于现代。我们曾反复提及，这一批判的浪潮全面开始于新文化运动。这场由当时的一干文化精英名流发起的思想潮流，直接影响了中国之后近百年的历史走向。现在公认的新文化运动的开始时间是 1915 年，也即陈独秀推出《新青年》，剑指传统伦理的时间。自此之后，人们对传统文化的批判就再也没有停止过。

在 1915 年的《敬告青年》一文中，陈独秀断然地批判道："忠孝节义，奴隶之道德也；轻刑薄赋，奴隶之幸福也；称颂功德，奴隶之文章也；拜爵赐第，奴隶之光荣也；丰碑高墓，奴隶之纪念物也。"③ 此后，陈独秀又多次对传统伦理提出严厉批评："伦理思想影响于政治，各国皆然，吾华尤甚。儒者三纲之说，为吾伦理政治之大原，共贯同条，莫可偏废。三纲之根本义，阶级制度是也。所谓名教所谓礼教，皆以拥护此别尊卑、明贵贱之制度者也。"④ "吾以为现代尚求理性之文明人类，非古代盲从传说之野蛮人类，乌可以耳代脑，徒以儿时震惊孔夫子之大名，遂真以为万世师表，

---

① 黄仁宇：《万历十五年》，三联书店，1997，第 60 页。
② 李泽厚：《中国近代思想史论》，三联书店，2008，第 492 页。
③ 陈独秀：《敬告青年》，《青年杂志》第 1 卷第 1 号，1915 年 9 月 15 日。
④ 陈独秀：《吾人最后之觉悟》，《青年杂志》第 1 卷第 6 号，1916 年 2 月 25 日。

而莫可议其非也！"①

跟随着陈独秀的步伐，众多的知识精英对传统文化发动了全面而彻底的批判。疑古派钱玄同大力呼喊："过去的'鸟国粹'应该连根拔除，所以周公、孔子以及一切圣帝明王之道在所必摈。"②

傅斯年提出："西洋学术，何尝不多小误，要不如中国之远离根本，弥漫皆是。在西洋谬义日就减削，伐谬义之真理，日兴不已；在中国则因仍往贯，未见斩除，就令稍有斩除，新误谬又将代兴于无穷。"③

无政府主义派吴稚晖说道："你想倘要如此'睡昏'地做梦，缚了理智之脚，要想请直觉先生去苦啼啼地进行，他高兴么？"④

革命派邹容在《革命军》中痛骂："中国士子者，实奄奄无生气之人也。何也？民之愚，不学而已；士之愚，则学非所学而益愚。"⑤

同为激进派的鲁迅也提出："父子间没有什么恩"，并说："倘若旧说，抹杀了'爱'，一味说'恩'，又因此责望报偿，那便不但败坏了父子间的道德，而且也大反于做父母的实际的真情，播下乖剌的种子。"⑥

温和派胡适则颇带调侃地说道："反省的结果应该使我们明白那五千年的精神文明，那'光辉万丈'的宋明理学，那并不太丰富的固有文化，都是无济于事的银样镴枪头。我们的前途在我们自己的手里。我们的信心应该望在我们的将来。"⑦

就算是当时著名的保守派代表人物章士钊也明言："自耶法之入吾邦，始惑于堕胎抉眼之谣，去之惟恐不远。今则渐见奉教之民，颇能守分尽义，勤职而有条理，不为伪言夸行以及苟且偷情败德贼理一切之计，奉教愈虔者，修行愈谨，吾孔子之徒，名教之士，蓄妾狎娼，纵欲败度，口仁义而心盗贼，敢为伤天害理之事，倡尊孔愈其，修行愈恶者，视之大有愧色焉。"⑧

此外，高一涵、顾颉刚、章太炎等精英人物也都提出了各自的观点与

① 陈独秀：《孔子之道与现代生活》，《新青年》第 2 卷第 4 号，1916 年 12 月 1 日。
② 钱玄同：《钱玄同随笔》，北京大学出版社，2010，第 99 页。
③ 傅斯年：《中国学术思想界之基本误谬》，《新青年》第 4 卷第 4 号，1918 年 4 月 15 日。
④ 吴稚晖：《吴稚晖文存》，东方出版社，2015，第 49 页。
⑤ 周勇主编《邹容集》，重庆出版集团，2011，第 201 页。
⑥ 鲁迅：《我们现在怎样做父亲》，《鲁迅经典全集》，华文出版社，2009，第 294～295 页。
⑦ 胡适：《容忍与自由》，云南人民出版社，2015，第 109 页。
⑧ 丁仕原编校《章士钊辑》，民主与建设出版社，2014，第 139 页。

主张。

通读这些学者的观点，我们可以发现两个明显的现象。

第一，他们大都从批评传统伦理入手，并由之延伸到与伦理相关的全部内容。其中最明显的是钱玄同。他从批判伦理入手，延伸到批判与伦理相关的各项内容，甚至包括礼仪、节庆等。其他学者也都尾随其后，做了类似的批判。且不论这一批判的对象是否妥当，单就这一批判的思路而论，其中就存在明显的混乱。我们需要搞清楚的是，古代社会之弊病，到底是传统伦理造成的，还是礼教造成的。根据掉演论，伦理与礼教是两项不同的事物，伦理几乎为情感主轴，而礼教则为辅助情感之理性副轴。虽然，两者的极化都会造成问题，但这两个问题的性质是完全不同的。将理性副轴的问题怪在情感主轴上，是颠倒黑白，头痛医脚了。

事实上，两根轴线的问题在投射到社会生活当中后，一般人是很难分得清楚的。而这些学者其实就是没有看清这些问题背后的本质差异，而将不同的问题混在一处，一股脑儿地批判、打倒。这么做缺少了学理的严谨性，真是贻笑大方了。

所以，笔者以为，要批判传统文化，首先要将传统伦理与礼教区分开来，做分别之讨论。我们要将传统伦理的缺陷归到情感主轴下讨论，而将礼教的缺陷归到理性副轴下讨论。这是讨论的基础。

第二，他们不仅批判传统文化，还主张将传统文化全然批倒，丢入历史的旧纸堆里，而不生任何改革之心。当时的知识精英眼中只见到传统文化的恶，而断然地批判传统文化，希望将之完全批倒，以创造一个"欧化的中国"。

这种做法是过激的。且不论中国社会可否全盘欧化或是否有"西体中用"① 之可能，只看这种全盘否定的做法，也是不妥当的。在当时，孙中山先生就曾明确看到："近日中国的新青年主张新文化，反对民族主义，就是被这种道理所诱惑。"② 更有学者撰文与新文化运动派辩论道："在现在，'尊王室''平天下'……自然不适于用，然而此一时，彼一时……自然应当从新估价，沙内未尝不可练出金子来。总之，现在奉四千年前的旧话，

---

① 李泽厚：《中国现代思想史论》，三联书店，2008，第376页。
② 孙中山：《三民主义》，东方出版社，2014，第46页。

作不传之秘，自是呆鸟，而迷信'全盘受西方化'的也未必是聪明人。"① 只是，在当时那种风潮下，这种冷静的声音实在太小，不足以对抗"新"派话语的锋芒。

时至今日，终于有学者反思道："小脚是混账了，而三纲五常、四维八德、三公九卿就一无是处哉?！去其渣滓，汰出有用金属，就不能替所谓'西方现代文明'拾遗补阙哉?！"② 这也算是一种历史的进步吧。

我们认为，学者们提出的这一反思恰恰切中了新文化派的软肋。事实上，中国传统文化之所以能够产生，并非基于某个学派之鼓与吹，而是基于社会之现实状况。虽然传统文化在发展过程中，的确产生了一些缺憾，但主体是符合社会现实状况的。对此，孙中山先生在构建其"三民主义"时，就已明确地认识到了。他在谈到民族主义时，断断不敢胡言什么构建以"个人"为基础的社会。相反，他实事求是地提出："中国人最崇拜的是家族主义和宗族主义，所以中国只有家族主义和宗族主义，没有国族主张。"③ 他认为，中国的民族主义不可能抛弃家族主义和宗族主义而单论，而必须立足于这一实际，做放大之努力。"依我看起来，中国国民和国家结构的关系，先有家族，再推到宗族，再然后才是国族，这种组织一级一级地放大，有条不紊，大小结构的关系当中是很实在的。"④ 当然，按照我们如今之理解，虽然家族和宗族已然有些过时，但家庭依旧还在，家庭中也依旧讲伦理道德，如"父慈子孝"等。人们正是基于对"家庭"的理解，才能放大而有对国家的想象。所以，中国社会还是保留了类似于传统社会的结构。在这一社会中，传统文化的根还在，并有着不可估量的影响力。

综上所述，新文化运动派对传统文化的批判有两个明显的问题：第一，混同伦理与礼教；第二，过于极端。这两个问题导致整场运动的根底存在严重的缺陷。而这些缺陷又使整场运动在近乎扭曲的状态下向前一路狂奔，造成了深远而有待反思与检讨的影响。

三 我们的方向

与新文化派不同的是，我们的探讨将在一个全然不同的基础上推进。

① 渡生：《浅陋的话》，《晨报》（副刊），1924 年 5 月 20 日。
② 唐德刚：《从晚清到民国》，中国文史出版社，2015，第 95 页。
③ 孙中山：《三民主义》，东方出版社，2014，第 3 页。
④ 孙中山：《三民主义》，东方出版社，2014，第 59 页。

我们将做如下两项工作。

第一，我们要明确区分情感主轴与理性副轴。诚如上述，我们要将传统文化切为两半：一半是传统伦理，归于情感主轴；另一半是礼教，归于理性副轴。我们认为，这两个部分所导致的问题有相似性，却本质不同。所以，要对这两类问题做分别之探讨。

第二，我们认为，全然批判否定传统文化是不对的。在中国社会结构未有大变的情况下，在情感依旧是社会主轴的前提下，依据这一结构生长出来的传统文化的精要值得予以守护。在这一方面，笔者部分赞同唐俟的看法。他并不反对"爱"，但他主张弘扬真实的"天然之爱"，而摒弃与这种爱相反的"旧见解"，此即父母应对子女做部分的解放，以使这种家中的"爱"获得自由。①

第二节　情感的极化

一　社工的行政化

我们在第一卷中曾提到近年来集中出现的一个现象，即随着全国的政府购买服务的快速发展，社工服务有了长足的进步。但是，在购买服务快速发展的同时，还出现了一个现象，即社工开始出现行政化。所谓社工行政化，即指社工服务中的专业工作所占比例越来越低，而行政工作所占比例则越来越高。这就是说，社工被作为购买方的政府派去做行政工作，而社工自己的专业工作则被废置在一边。社工俨然成了政府的"小帮工"。这对于发挥社工的专业性不利。这在全国是一个普遍现象。

那为什么会出现社工行政化的现象呢？有学者对这一问题做了研究。他们给出的答案是：政府权力过大。他们认为，政府权力过大，导致社工组织只能放弃自己的专业性，依附于政府。"政府购买服务具有市场竞争的性质，尽管国家与专业社工有一定的双向选择，但权力的界限模糊且不对等。当弱小的专业社工依附于国家并交出来部分自主权，专业社工就会表

---

① 唐俟：《我们现在怎样做父亲》，《新青年》第6卷第6号，1919年11月1日。笔者部分赞同唐俟的观点，但认为父子之间的情感纽带虽然应以"爱"的情感为基础，却不应全然忘却了"恩"。否则，这也是一种不符合中国实际的做法。那又该如何协调"爱"与"恩"呢？笔者认为，父可不求恩报，却应掌握对忤逆之子的惩戒之权。所以，父只是沉默，却没有退场。

现为服务行政化。"

他们继续解释说：政府权力过大，才导致专业社工被吸纳到街道的权力网络之中，最终产生了"外部服务行政化、内部治理官僚化和专业建制化"等情况。于是，"表面光鲜的社会工作在街区权力体系中逐渐式微，失去影响。"

紧接着，他们开出药方："要挽回式微的专业权力，专业社会工作就要有相应的批判意识，可以策略性地与街区政府建立既独立又合作的关系。更重要的是，社会工作者还需要重拾资源公平分配的价值观，与原有的社区服务人员结盟，才能推动街区社会治理的民主化变革。"

那么，这种观点正确吗？真的是政府权力过大，才导致社工行政化的吗？解决权力过大的问题的秘诀真的是建立"既独立又合作的关系"吗？

二　心之光的困局

广州市增城区心之光社会工作服务中心（下简称"心之光"）在承接增城区司法局（下简称"司法局"）委托的司法社工服务的过程中，出现了行政化的倾向。

事情的原委是这样的。2011 年，社区矫正被正式写入刑法。于是，增城司法局就多了一项重点工作，即开展社区矫正工作。但是，苦于人手有限，司法局一直无法全面落实该项工作。司法局曾向区政府提出请示，要求增加人员编制。但区政府并未增加司法局的人员编制，而是调派了 17 名年近退休的教师（实际到岗 14 名）充实到这一队伍当中。虽然知道教师的专业不对口，但为尽快落实工作，司法局也只能勉强让这批教师上岗，入驻各个街道、村镇的司法所开展社区矫正工作。结果，这批人员的工作情况不太理想。据各街镇司法所反映，这些教师年近退休，有固定编制，又加上未经过专业训练，所以，他们的工作积极性和专业水平都有较大欠缺，无法有效地开展社区矫正工作。

在无法获得更多人员编制的情况下，司法局只能另谋出路。经过内部反复讨论，并经过一年多的调查、研究，最终，司法局决定以购买服务的方式来吸纳司法社工承担这项工作。此后，司法局又开展了试点，试点情况比较符合司法局的心意。

2015 年 11 月，政府一次性拿出 400 万元，用于购买心之光等两家社工组织的服务。于是，心之光便以一个平等合作者的身份，进入司法局的社区矫正工作中。

但是，在正式介入工作后，心之光发现，要想顺利开展工作，仅凭合同约定，而没有政府额外的支持，是行不通的。具体而言，这里有两个难点。

第一，社区矫正职能的重要性。社区矫正是一项重要的社会治理职能。虽然司法局决定将这项职能委托给心之光，但心之光要想顺利开展这项工作，在没有获得政府真正信任的情况下，是难有大的成效的。所以，心之光只能先想办法成为政府的"自己人"，才能顺利地开展这项工作。

第二，额外的资源配给。在实际工作过程中，心之光有很多额外的资源需求，这些资源都是在合同中没有约定的，来自政府的额外配给。比如，心之光的某驻局社工介绍说："司法局给我们提供了很多资源，比如办公设施、活动物资、车辆等，还给我们提供很多优惠政策。我们搞活动，局里大力支持，以局里的名义下发文件到各个司法所，要求下面配合。所以，活动的反响很好。"[①] 这里提到的"办公设施、活动物资、车辆……优惠政策"等资源都是由政府额外配给的，也是心之光开展工作所必需的。但问题是，如果心之光不能与政府"混到一处"，它又如何能得到这些资源呢？如果按合同办事的话，这些都要心之光自己配备才对。

所以，站在心之光这头，它要想顺利地开展工作，就只有一个选择，即成为政府的"自己人"。这也就是我们在第二卷中提到过的"归附"。

事实证明，心之光的确选择了这条道路。为了成为政府的"自己人"，心之光对社工人员的工作做了特殊安排：安排一部分人手帮政府做"分外的"工作。心之光将 12 名司法社工分成两拨，5 人入驻司法局，7 人入驻了司法所。其中，驻局社工更多的是承担司法局的行政工作，而驻所社工则是行政和专业"双肩挑"。

对于这一调整，心之光某驻局社工曾提道："我们是配合司法局，在尊重业主的情况下，加上自己的特色。特别是在一开始的时候，我们先完全配合政府落实对方的工作，比如帮司法局补上了 2013～2014 年矫正人员的资料。然后，在获得对方信任后，我们再跟对方讲我们的特色，开展我们的工作。"[②]

---

① 调研记录，2016 年 5 月 19 日。
② 调研记录，2016 年 5 月 19 日。

心之光的司法社工会经常帮助政府人员完成工作。比如，在有社区矫正人员入矫时，司法所会办一个入矫仪式。这个入矫仪式主要由司法局牵头，但司法社工会在旁协助。当然，有的时候，政府会倒过来协助司法社工开展工作。比如，按照工作流程，司法社工要对矫正人员开展调查，了解矫正人员的基本情况。而要进社区，仅凭司法社工的力量是很难实现的。这时，司法所的工作人员就会协助司法社工，组成联合调查小组，一起进入社区。

总之，在这一过程中，心之光成功地完成了向政府的归附，与政府混在一起，成为政府的"自己人"。

向政府的归附，为心之光提供了很多便利。某驻所司法社工表示：由于承担了比较多的司法所里的工作，所以他与所长关系比较好，所长也比较信任他。所长给了他比较大的权限。比如，他可以主动调用所里的资源；要发材料办活动时，所里也会给予全力支持。他有意见建议，也可以直接向所里提出，与所里协商落实。

另外，对于司法社工，增城司法局的管理是比较宽松的。司法局主要采用合同管理的方式，即从外部监督社工组织，而不直接介入其中。比如，按照双方合同约定，社工组织必须提供 10 个具有合法资质的社工。2016年，司法局发现该组织未能达到要求，因此按照合同约定，扣除了对方5000 元的费用。此外，每半年，司法局还联合民政、财政等机关对社工组织开展一次评估，评定项目的实施效果。这也是按照合同约定进行的。最后，司法局还会管理社工人员的考勤。这主要由各司法所完成。它们会在每月底向司法局提交考勤情况。总体来说，司法局对司法社工的管理是比较宽松的，没有太多限制。

故事讲到这里，我们看到的是一派祥和的景象。这是两个友好的合作者，肩并肩，积极探索一条通往成功的道路：一方面，心之光通过主动的归附，成功地取得了政府的认可；另一方面，司法局对社工组织采取相对宽松的管理和积极的支持，让司法社工可以有的放矢。一切似乎都是如此的美好，并没有任何的异常情况。

但令人意想不到的是，这种美好的局面只是在双方合作初期保持了一段很短的时间。在平和的表面之下，潜在的危机已在疯狂地蔓延。

在向司法局归附以后，一开始，心之光的司法社工只承担了一小部分的行政工作。但是，随着双方合作的不断深入，司法社工承担的行政工作的数量开始变得越来越多。据某驻所社工反映："日常管理工作占掉了我

2/3 的时间，社工机构给我安排的其他工作又占掉了我 1/3 的时间。所以，现在我的专业工作只能靠加班来做了。"①

司法社工承担的这部分行政工作通常是政府的正式工作人员所不愿意做的。当然，司法社工也不愿意做。但是，由于双方的地位不同，在政府的行政人员拒绝承接这个"烫手的山芋"时，司法社工自然也就成为接替者。他们只能勉强承接下来，并用自己做专业工作的时间来完成这些工作。所以，从某种意义上说，到这个时候，司法社工已经变成了司法局外聘的，为政府做杂活的"准公务员"。

经常承担政府的行政工作，不仅挤占了司法社工们做专业工作的时间，还淡化了服刑人员对司法社工们的认同。某驻所社工提道："很多服刑人员不把我当社工，而认为我是司法所的工作人员。他们认为我的工作和司法所的人是一样的。凡是在有司法所的人出现的地方，（他们）也都会看到我。所以，他们把我当成了司法所的人。"②

心之光当然也是明白这种局面的危险性。心之光的社工曾多次试图将自己从这种局面中抽离出来。比如，有社工向司法所反映情况，表示自己想多做点专业工作。但司法所并没有接受这样的意见。再比如，有司法社工向社工组织提出了自己的困惑。社工组织的督导建议他们与政府的人员多沟通，向政府提出要求，要求在工作方面做更为明确的分工，落实具体的权责。坦率地说，这样的建议在实践中并不会真的起什么作用。

经过多次挣扎，心之光终于还没能从这种局面中抽离出来。相反，心之光离着原来的定位越偏越远。终于，有一些小矛盾爆发了出来。有一次，某司法所组织服刑人员外出劳动。该所驻所社工表示希望找某个服刑人员谈话，了解一下对方的心理情况。他刚把这个服刑人员喊到一边，带队的司法所的工作人员就提出了反对意见。他认为，如果有人在参加劳动时被拉去谈话，那么其他服刑人员就会不服管教。结果两人就为这个问题发生了争执。该司法社工表示："在专业问题上我都做不了主……我们之间沟通就不顺畅……我想多做些专业工作，又不好说什么。"③ 所以，这个矛盾看似因为管理方式的问题引起的，实际上是因为心之光司法社工的定位偏移

---

① 调研记录，2016 年 5 月 20 日。
② 调研记录，2016 年 5 月 20 日。
③ 调研记录，2016 年 5 月 20 日。

引起的。或者，更为直接地说，就是政府的工作人员根本就不认为司法社工有什么专业价值，也不对其专业的工作有什么期待。他们只希望这些社工帮自己打打下手，在不给自己添乱的情况下，顺带做完社区矫正的工作即可。

虽然这个矛盾最终被平息了下去，但是，导致矛盾的根源没有随之消解。心之光的困局依然继续存在。这一状况导致心之光在行政化的道路上越偏越远，逐渐沦为政府日常行政工作的一个"外援"。

三 归附的退化

在上文中，我们看到心之光从一个平等的合作者，先是成了政府之下的归附者，然后又一步步行政化，直至丧失掉自己的空间。那到底是什么原因造成了这种情况呢？我们来分析一下这个案例。在这个案例中，有几个特殊的情况值得我们注意。

第一，政府的需求。从政府角度来看，它对于司法社工的需求是真实的。在上述案例中，我们看到，司法局是在反复向区政府申请扩大编制而得不到满足的情况下，选择向外转移职能，购买司法社工的服务的，所以，政府的需求是真实的。

第二，政府的友善。在心之光这个案例中，政府一开始并没有摆出一副"官老爷"的样子。相反，政府对于心之光是友善的。比如，在上文，我们提到司法局严格按照合同办事，不直接干涉司法社工组织的内部管理，也不设置归口管理部门，管理司法社工。这些"友善"的做法给了司法社工一个较为宽松的外部环境。

第三，心之光的专业性。在与司法局达成合作之后，心之光在不断地努力提升自己的专业性。它不断优化自己的专业流程，以凸显自身的专业价值。比如，心之光结合司法局既有的矫正流程和自身的优势，设计了一套复杂且专业的矫正工作流程。据介绍，为了在对社区矫正人员开展矫正工作前先了解他们的心理状况，心之光专门为他们设计了一套心理量表。而且，每个矫正人员在到司法局报道的时候，它都会安排司法社工进行一对一的辅导，协助填写量表。在填完后，心之光会把量表反馈给该矫正人员所属的司法所的驻所社工，再由驻所社工对该矫正人员开展问卷调查。这一问卷是由心之光的督导在司法所原有版本的基础上，结合自身专业编写的。在完成这一调查后，驻所社工会根据个案情况，制订个案矫正计划。

进入矫正工作阶段后，司法社工与村委会主任、社区民警、团委领导、服刑人员父母等会共同组成管理小组，对服刑人员进行管理。心之光的这些努力为司法局所见所知。所以，除约定的购买资金以外，政府还主动向司法社工提供了很多额外的资源，以方便司法社工开展工作。

综上，在心之光这个案例中，我们分明看到的是一个"友善"而"急迫"的政府，找到了一个"专业"而"主动"的社工组织，两者一拍即合，一起"干革命"。那为什么心之光的结局还是成了"（服刑人员）认为我是司法所的工作人员"呢？

其实，心之光所面临的问题，不是个别性的问题。民办组织在向政府归附后，经常会出现一个奇怪的情况，即它很容易被政府所"淹没"。对于这种情况，我们称之为"依附"，而与之对应的关系则称之为"依附关系"。所谓依附关系，指的是民办组织不仅与政府建立了稳定的身份关系，还完全依赖政府的资源供给，听从政府的所有安排，变成了政府的附庸。所以，依附关系也是一种身份关系。在这一点上，依附关系类似于归附关系。

但依附关系又不同于归附关系。依附是一种"淹没"的状态，即将民办组织完全并入政府体系中，使其成为政府体系下的组成部分。这种关系容易消灭民办组织的活力，使之成为政府控制下的"无脑组织"。而归附关系则不是一种"淹没"状态。它仅是确立民办组织与政府之间的身份关系，建立情感纽带，但依旧要保持慈善组织一定的自主性与自由度。两者之间存在明显差异。

不过，在实践中，两者之间的界限并非如此分明。在一定条件下，归附关系会转化成为依附关系。比如，我们经常会看到一些慈善组织在进入政府体系后，受政府的挤压，或自己放弃主动权，而导致活力不断减少，主动性不断降低，最终变成了政府的"帮佣"。我们将这种转化称为归附关系的"退化"。于是，这里就出现了一组矛盾："独立了，没得干；不独立，干不好。"

那到底是什么导致了归附关系退化呢？是情感轴线的极化。情感轴线有一种天性，就是容易出现"压制"的倾向。所谓情感的压制，指的是情感因为没有节制，而转向极化。换句话说，导致情感轴线极化的根源就在于权力不受制约。

搞明白了这一点，我们再来看心之光的案例就很清楚了。我们复盘一下心之光的整个故事。在故事的一开头，我们曾经提到过一个重要信息，即在启动购买服务之初，司法局面临的主要问题是"人手不足"，而非"专业度不够"。司法局是在申请编制而不得的情况下，才被迫启动购买服务，引入社工的，而不是认为自身在管理和矫正社区服刑人员方面存在能力不足的问题。这就是说，政府在启动购买服务时，对心之光的专业性并没有充分的认知。或者说，它根本无须认知其专业性。它需要认知的是心之光的人手是否充足，能否帮自己做各种事务，其中既有专业工作，也有行政事务。而正是在这种心态的影响下，政府在引入心之光后，不断增加其行政工作的分量，逐步地吞没了心之光。这时，又加上心之光积极主动表示愿意承担行政工作，自然也使政府进一步加速将心之光行政化了。所以，我们可以看到，政府权力过大，加上又步步紧逼，使心之光只能不断退让，不断突破自己的底线，以致到最后底线全失，沦为政府之下的依附者。

所以，在这里，我们得出的结论是，前文引述的学者们的观点是正确的。的确是因为政府权力过大，不受制约，从而引起"压制"现象。到此为止，我们算是找到了病因。但问题是，解决这个病因的办法真的应如学者所说的那样，建立"既独立又合作的关系"吗？

四 不独立的成功者

要解决这个问题，我们必须先来看一个对比案例。我们在本书第一卷中提到过东莞市购买服务的案例。我们曾提到，东莞市购买的岗位包括两种类型：一种是主要在市直机关服务的社工岗位，如民政、教育、卫生、劳动等部门；另一种是针对特定服务对象的社工岗位，如社会福利与社会救助机构、残疾人服务机构、学校、医院部门。

同时，我们还了解到一个关键信息，即市直机关的社工普遍出现了行政化的倾向，服务效果不好；而针对特定服务对象的社工却没有出现明显的行政化的倾向，服务效果良好。

这一现象十分反常，因为按照正常的理解，社工无论是进入市直机关，还是特定的事业单位，只要他是进了体制内，必然会遇上"政府权力过大"这块坚冰，那他就该出现行政化才对。要不然我们就该说"民政、教育部门权力很大，而社会福利与社会救助机构、残疾人服务机构等部门的权力很小"这样的蠢话了。事实上，无论面对这两类部门中的哪一类，社工都处于弱势地位。在社工面前，这两类部门都是甲方，属于强势的一方。所以，它们都有权力过大的事实。那为什么同处于强势者之下的两类社工竟然有不同的表现呢？而且，更为奇怪的是，为什么两类社工都没有与政府建立"既独立又合作的关系"呢？为什么不建立"既独立又合作的关系"的第二类社工还能使服务顺利开展下去呢？

为了解决上述疑问，我们深入调查了东莞市的这个案例。我们发现，之所以市直机关的社工出现了行政化，而特定事业单位的社工没有出现行政化，是因为前者的工作没有太多的专业性，社工更容易介入，而后者的工作"太专业，社工没法上手，只能自己干自己的事"①。所以，在都没有认识到社工专业性的情况下，前者将社工"挪用"到了行政工作中，而后者则放任社工不管，使社工有机会运用自己的专业技能。这也就是说，第一，两类政府部门都很强势，都存在权力过大，"压制"社工的可能性。第二，两类政府部门的工作性质不同。前者的工作比较简单，这使得政府可以用权力来"压制"社工，使社工被迫服从，而后者的工作比较复杂，所以政府就算想"压制"社工，也无处着手。所以，在这里，我们可以看到，其实解决权力过大的办法未必一定要建立"既独立又合作的关系"。只要政府能够稍微抽抽手，一切就能运转起来。这也就是说，只要政府能够懂得自我节制或者愿意以双方同意的外部规则来作为节制，就能解决社工行政化的问题。在东莞市的这个案例中，特定事业单位实现了这种节制，给了社工发挥专业水平的空间。②

---

① 调研记录，2016 年 12 月 1 日。
② 事实上，在没有理性节制的情况下，"压制"容易产生的问题不仅有社工的行政化，还有父的偏私。这也就是说，家父只顾及自己的情感诉求，而不论被选择的对象能力如何。于是，便会产生类似于"因私废公"的情况。在调研中，我们碰到了这样一个案例。自 2009 年以来，某地一直开展政府购买服务。在 2015 年的购买服务中，有一个项目吸引了众多社工组织的关注。该项目属于典型的资金充足，要求又低的项目。而且，之前的承接机构因为评估未能达标而退出竞争。所以，很多有实力的大机构加入了竞争。在众多的竞争者中，有两家机构特别具备竞争力，即甲机构和乙机构。据了解，这两家机构都符合全部招标标准。而且，这两家机构的报价几乎相同，报出的服务时长也相近。不过，总体而言，甲机构的成立时间更早，规模更大。而且，由于多年来甲组织一直致力于提升专业水平，它的水平更高，服务经验更丰富。不过，也正是因为多年来它一直致力于提升服务水平，所以，它疏于与政府搞好关系，加深感情。再加上甲机构的负责人是专业人士，重专业建设，而不重人情往来，所以，总的来说，甲机构虽然专业水平很高，但与政府的联络较少。当然，甲机构也愿意靠近政府，只是没有那么灵巧圆滑罢了。相比之下，乙机构虽然也是老牌机构，但服务水平较差。通过外部调研得知，乙机构在业界口碑不好，甚至曾经遭到居民投诉。但是，乙机构的负责人非常善于人情往来。而且，乙机构负责人经常牺牲自己的时间，义务帮政府完成一些行政工作，又经常帮政府站台，为政府出了很大力，赢得了政府领导的好评。所以，虽然乙机构的服务水平远不如甲组织，但在政府的心目中，（转下页注）

所以，政府无须建立"既独立又合作的关系"，而仅需自我节制就可以维持归附关系。而且，事实上，正如我们在前文中对中国社会结构的讨论所示，中国是一个家社会。在家社会中，不同伦理层级间关系的平等性是有限的，而建立绝对平等的关系反而不利于家社会的稳定。在这种问题上高举"批判意识"的大旗，追求西方式的权利与权力的对等，只会使事情变得更糟。事实上，这种做法正是我们在第七章中提及的新文化派的第二个问题，即过于极端。他们想要做的其实是将传统文化全然批倒，丢入历史的故纸堆里，以创造一个"欧化的中国"。在这方面，绝对平等论便是一个例证。

第三节　理性的极化

一　混同的逻辑

在第二节中，我们讨论了新文化派的第二个问题，即过于极端的批判。在本节中，我们来讨论新文化派的第一个问题。即将情感与理性混同。我们在前文中提到，新文化派根本就没有分清社会的弊病是由传统伦理造成的，还是由礼教造成的。他们只是将不同的问题混为一谈，一股脑儿地加以

（接上页注②）乙机构还是更为"亲近"。在本次竞标过程中，几乎所有人都认为甲机构会夺标。甲机构也为承接该项目做了充足的准备。但评标结果却让甲机构大失所望。政府最终确定乙机构为承接方。在得知这一情况后，甲机构负责人曾到政府提出疑问，业内舆论也是一片哗然。但是，由于政府的招标过程符合规范，最终还是由乙机构承接了该项目。这就是父的偏私。站在父的角度，我们可以看到，它选择的依据是它情感的指向，即所谓的"肥水不流外人田"。它在做出这一选择时，并没有虑及"家"的利益。当然，家父总有各种理由来证明这一选择的正确性，比如乙组织更好用等。但现实的情况是，除政府外，所有人都认为，甲机构要比乙机构更合适。所以，在这个案例中，父是不节制的，是"压制"的。过于强势的父会造成很多恶果，包括以下几点。第一，家的利益受到直接损害。这无须多言。第二，专业建设上的逆向激励。政府选择了专业性较差的乙机构，而没有选择专业性更高的甲机构。这一做法对当地的多家机构产生了逆向激励。比如，某机构负责人说："在听到这一消息后，我的心里立刻产生了这样一个念头：'既然那么认真地做服务没有什么用，那我为什么还要做服务呢？'"（调研记录，2017 年 3 月 8 日）调查发现，在这一事件后，当地多家组织在当年都减少了在专业能力建设方面的投入。第三，投机之风上的正向激励。政府的这一选择，还对当地的投机之风产生了正向激励。比如，某组织负责人在这一事件中读出了这样一个信号："政府关注的不是服务质量，而是熟人关系。"（调研记录，2017 年 3 月 8 日）所以，家父必须懂得节制自己的情感，不能一味地唯情感论事，否则后患无穷。

批判、打倒。这种做法是不严谨的。这里说的伦理问题，其实就是情感的问题，而这里说的礼教问题，其实就是理性的问题。那这问题两者到底有什么差别呢？我们又该如何分辨呢？接下来，我们来讨论两个案例。

二　H 基金会的曲折

H 基金会成立于 1994 年，是一家老牌的全国性公募基金会，业务主管单位是某国家级单位。在刚成立时，H 基金会是主管单位下属各单位中规模最小的一家单位。当时，H 基金会的人员不过四五人，年度收入很少，不过数百万元，且经常发不出工资。所以，主管单位给予 H 基金会一个相对宽松的环境。

在成立后不久，H 基金会遇到了一个大的困难。当年，财政部拨款给 H 基金会 5000 万元作为项目款。H 基金会想把这笔钱存入一家银行，却不幸陷入了一场诈骗案。某诈骗集团与农业银行的人员内部勾结，骗取了这笔项目款。遭遇此难，H 基金会摇摇欲坠，陷入极大的困境。

H 基金会的效益不好，主管单位原本就不太想多管 H 基金会。而现在 H 基金会又闯了这么一个大祸，主管单位自然巴不得 H 基金会自己管好自己，只要再不给自己惹事即可。所以，主管单位给 H 基金会调来了一名新秘书长。这名秘书长来自中国青少年发展基金会，在慈善领域有不少经验。到 H 基金会后，因为外部环境很宽松，而 H 基金会自身情况又不太好，所以该秘书长决定对 H 基金会动刀，启动市场化改革。改革的主要内容是推动专业化、市场化转型，比如由于当时 H 基金会筹款收入太少，所以他将筹款和项目分开，成立了两个部门。

他的改革产生了三个效果。

第一，H 基金会的收入猛增。H 基金会的收入从最初的数百万元暴增到后来的上亿元，一跃成为全国排在前列的基金会，也成为其主管单位下属各单位中效益最好的一家单位。

第二，改革中出现了很多问题。这方面有很多具体的情况，比如，在汶川地震时期，H 基金会尝试向资助性基金会转型。它拿出 2000 万元，用于资助民办 NGO。结果，这些 NGO 的项目产出很差，个别机构甚至在拿钱后玩起了失联。所以，H 基金会明显感觉到这条道路走不通。再如，前述有一项改革是将筹款与项目分开，成立两个部门。这一改革也遇到了难题。因为项目部门不管客户维护，所以就按照自己的逻辑来做项目，而捐款的客户对项目又是有自己的要求的。项目部门这么做，令筹款部门的客户维护难以为继。这也就导致了项目部门与筹款部门间产生冲突。所以，改革推进到这一步，已经是步入了雷区。

第三，由于改革力度太大，最后竟然出现 H 基金会与主管单位离心离德的情况。在那个时期，主管单位明显感觉到 H 基金会老是闹独立，H 基金会总是强调自己的独立法人的身份，不愿听主管单位的话。而且，在该秘书长的带领下，H 基金会还学会了权变的做法。在主管单位的政策对自己有利时，H 基金会就强调自己是体制内的人，而在主管单位的政策对自己不利时，H 基金会就强调自己是独立的法人。某内部人士说："那段时期的身份很混乱。这主要是因为基金会发展得太快了。"①

一方面是 H 基金会财大气粗，另一方面是 H 基金会不听使唤，这让主管单位明显感觉到"这个小儿子翅膀硬了"。在这时，又发生了两件事情。第一，H 基金会的秘书长任期到期，被升到主管单位去了。H 基金会来了一位新秘书长。第二，主管单位遭遇一个巨大的丑闻，自身面临重大人事变动，上级单位派来了一位强势的"一把手"。

借着这个机会，主管单位开始对 H 基金会动手了。2011 年前后，它先拿出一套管理制度，加强了对 H 基金会的管束。它要求 H 基金会无论大事小情，都要向主管单位报告。比如，2012 年，H 基金会有一笔富余的资金，而当时它的办公条件比较简陋。于是，它想要拿这笔钱购买一处房产，用于改善办公条件。按照规定，它向主管单位报告了这一计划。结果，主管单位的党委会否决了这一计划。此后不久，北京的房价大涨，而且从此以后再也没有回到 2012 年的价格水平。受限于房价过高，到目前为止，H 基金会办公条件简陋的问题都没有得到解决。

过了没多久，主管单位又进了一步。它的领导开始直接干预 H 基金会的运作了。"她会越过我们的分管领导，直接打电话给我们的部长、副部长，布置工作任务。"② 而且，主管单位给 H 基金会下派了很多行政任务，比如政治学习、援外工作等。"他们老是让我们做事"③

主管单位这一策略的变动，使 H 基金会的发展变慢了下来。全国性公

---

① 调研记录，2017 年 6 月 28 日。
② 调研记录，2017 年 6 月 28 日。
③ 调研记录，2017 年 6 月 28 日。

募基金会的年度收入排名也是一掉再掉，甚至还从第一梯队跌落到了第二梯队。它的这一排名与它作为一家隶属于国家级单位的全国性公募基金会的身份是不相符合的。

在认识到问题以后，自 2015 年开始，主管单位和 H 基金会启动了新的改革。主管单位在调整自身的战略布局的同时，也调整了对 H 基金会的定位和管理方式。在新的调整后，H 基金会成为主管单位"一体两翼"战略中的"一翼"，是主管单位业务的有效补充。主管单位决定给 H 基金会以募捐的独立自主权。而在 H 基金会方面，它的改革专注于专业建设，着力打造一家现代性的专业机构。于是，从 2016 年开始，H 基金会重新焕发生机，在全国性公募基金会的年度收入排名榜上的名次也有所提升。

三　僵化与压制

H 基金会的经历走了两个极端。这两个极端是我们的改革经常会面临的问题，即"一放就乱，一抓就死"。实际上，造成这个问题的原因是没有把握好改革的尺度。

在 H 基金会这个案例中，"一放就乱"是 H 基金会明明身处次要领域，却想要与主管单位做"路人"。主管单位自然不能容忍之，待到时机成熟便动手收拾这个"不听话的孩子"。

而"一抓就死"，则很好地说明了什么是"僵化"。在这个案例中，主管单位为了将 H 基金会收回到自己身边，制定了很多规则。而且，主管单位领导还用命令的方式，直接干预 H 基金会的运营。无论是规则还是命令，都是理性的运用，而这些理性的规则所发挥的作用则是辅助情感进行"压制"。

其实，主管单位用在 H 基金会上的理性，与中国传统文化中的礼教本质上是一样的。礼教就是以理性辅助情感，助力情感进行"压制"的一种工具。比如，"丁忧"之制就是一个典型。

如前所述，新文化派对传统文化的批判多是从礼教入手，进而批判所有的忠孝情感。我们认为，这种做法是矫枉过正的。他们批判礼教是正确的，因为礼教导致情感僵化。但他们从批判礼教入手，进而发展到批判所有情感，便是过度的了，有害于中国社会结构的稳定。这是要将作为中国社会主轴的"情感"击垮，替换为西方式的"理性"轴。这便是要建设所谓的"欧化的中国"。这种做法是不切实际的，永远也难以实现。自清末以来的百余年间，中国无数次尝试西方模式，包括太平天国（基督教）、洋务运动（器物）、民主共和（政治制度）等，并没有一次尝试能够取得成功，而且每一次探索后没过多久便会出现大规模的回潮。这一现象正说明中国社会不适合采用西方的模式，而究其原因，正在于我们社会的主轴与西方不同。我们必须正视中国社会的主轴，重新探索一条适合中国的道路。在这一方面，我们应从破除对理性主轴的迷信开始，重新回头来探讨如何既能维护情感主轴又能避免理性副轴的僵化。

四　平安广州的难题

前面我们反复提到平安广州（反扒队）的经历。反扒队是通过归附政府而获得新生的。但是，在反扒队归附政府的过程中，有三个要点我们没有做重点讨论。

第一，政府的承诺。诚如前文所述，在归附共青团的过程中，反扒队获得了共青团的一个承诺，即所有活动不受限制，且所有活动在名义上都归属于共青团。而且，在日后的运作中，共青团也切实落实了这一承诺，比如允许反扒队在开会时，不用报告自己的情况等。所以，政府在主观层面上是愿意给反扒队空间的。

第二，政府的认可。政府认可反扒队的专业性，特别是在反扒队成功转型成为平安广州，并开发出"穿越火线"项目后。比如，广州市民政局将局机关的消防逃生演练项目委托给了平安广州。在亲身体验了这个培训活动后，民政局局长明确表示，之后民政局的此类培训活动都委托给平安广州来承接。而且，在初次合作时，民政局还曾要求平安广州必须请一名消防官兵来讲解专业课程。而在体验完整场培训后，民政局明确表示下次培训不需要再请消防官兵了。民政局的人员表示："平安广州的教官讲得比消防的好。"

第三，平安广州的专业建设。反扒队也没有坐等业务上门。相反，在成功转型成为平安广州后，负责人邓跃晖考虑的首要问题是，如何提升自身的专业性。

在平安广州内部，邓跃晖组建了一支由6名队员组成的研发团队，重点研发专业课程。第一，他们改变了授课的重点，将之调整到了逃生上，即如何在火灾等灾害现场快速逃生。第二，他们改变了授课方式，以使听众更容易接受。他们学习和借鉴外国先进的逃生课程，反复试验，最终设计出了一套体验式课程。比如，他们改造了消防队帐篷的用途。在消防队中，该帐篷的作用原本是让人进入其中体验烟雾的感觉的。但是，仅仅体验烟雾的感觉并不能达到教人逃生的效果。于是，经过反复试验，他们调整了这个帐篷的作用，将之作为模拟火灾现场的工具。体验者在进入帐篷后，被要求一手摸墙、一手捂鼻，快速逃离。这种身临其境的体验教学法，效果非常不错。

到最后，平安广州研发出的体验式逃生项目是既有趣又专业。而且，他们又将逃生训练科目进一步细化，分为坍塌中的建筑物逃生、公交车地铁疏散、溺水求生、恐怖袭击避险、犯罪和暴力袭击自卫等科目。在这一过程中，为了取得科学的数据，他们与中山大学的科研团队合作，开展了多项科学实验。最后，他们将这个项目命名为"穿越火线"消防逃生体验。

此外，平安广州还经常结合热点事件，提供专业解决方案。比如，它曾借助上海外滩踩踏事件，又结合自身在反扒过程中积累起来的经验，总结出了一套"平安经验"。

所以，平安广州被媒体誉为"全国灾前教育第一品牌"。因为它独有的专业性，所以，2015 年 3 月，香港消防总署慕名前来。当时，香港消防总署专门致电广东省消防总队，点名要到平安广州交流学习。这件事成了一时之热点。

故事讲到这里，我们再一次看到一个美好的局面：政府是认可平安广州的，也愿意给予一定的空间，而平安广州又是积极开展专业建设的。这几点相结合，似乎能确保平安广州的归附之路平稳、和谐。但不幸的是，这一局面再次被打破。

很快，平安广州就开始接到政府安排的各种行政任务。据了解，平安广州每月要参加 2 ~ 3 场政府安排的活动。而且，消防支队的很多活动是由平安广州协助开展的。比如，2013 年 2 月，平安广州总队积极响应广州市委、市政府"创建'平安广州'10 年行动"的号召，在该行动设立的"成长守护""情暖夕阳""执手言心"等八大平安志愿服务行动中，广泛发动旗下志愿者全力参与，通过培训讲座、家庭同乐日、团队辅导等方式，为各社区及社区家庭提供安全宣讲、消防培训等志愿服务。

此外，由于平安广州成为政府热捧的广州市知名慈善品牌机构之一，政府对平安广州的要求也水涨船高。比如，政府建议平安广州申请社会组织评估"5A 级"组织。而要申请"5A 级"组织，就要做大量的准备工作，特别是制作申报材料等。为此，平安广州又不得不抽调人力，准备了三个多月的时间。

虽然发展到这一阶段，我们尚不能认为平安广州已经依附于政府，但双方的关系已经略有些偏离正常的归附关系了。而且，从这里面，我们不仅可以读出政府对平安广州的信任，也可以嗅到政府对平安广州的一些"不放心"。

政府的这种"矛盾"心理给平安广州造成了巨大的压力，而这又进一步压抑了平安广州的创造性。对此，平安广州的做法也颇显内心之矛盾：一方面，它对政府的扶持十分感恩，不希望切断与政府的情感联系。比如，邓跃晖明确提道："政府帮助我们很多，我们要反哺政府。"另一方面，它又在积极尝试创立一家商业公司。同时，它还发起成立了一家与安全相关的协会。它这么做是希望获得更多的空间，在维持与政府的良好关系的同时，又保持适当的距离。那么，平安广州到底是怎么了呢？

五　放纵与压制

在平安广州的故事中，我们看到广州市共青团曾经与邓跃晖"约法三章"：①吸纳反扒群；②所有活动不受限制；③所有活动在名义上都归属于共青团。这些措施看似可以保持双方关系的稳定，保证归附关系不至于退化为依附关系，但是，细细品读这"约法三章"，我们可以看到有三个容易被忽视的细节。

第一，政府（至少共青团是如此）在主观层面上认同平安广州。这一承诺明确表明共青团认同平安广州，愿意给平安广州提供空间。

第二，规则过于简单。这些规则十分简单，并没有划定明显的权力/权利边界，也缺乏实际的可操作性。仅凭如此粗陋的规则，是不足以维持归附关系的稳定的。比如，规则中并没有论及平安广州是否要参加政府组织的活动，也没有论及平安广州能否独立选择参评社会组织评估。

第三，规则的适用范围有限。这三条简单的规则仅是共青团与平安广州之间的约定，仅适用于共青团与平安广州之间，而不适用于政府其他的部门。而事实上，平安广州后来主要与消防部门等其他部门接触，而非共青团。所以，当平安广州开始与这些部门接触时，它也就缺少该规则的保护。它很容易被这些部门给"淹没"。

所以，在平安广州的案例中，我们可以明显地看到，导致归附关系退化的原因在于缺少周详的规则。而所谓的规则，其实就是理性的节制。我们称这种没有理性节制，或理性节制不起作用的情况为"放纵"。

我们在前文中曾经提到，在没有理性节制的情况下，情感轴线很容易出现极化，而表现出"压制"的情况。所以，情感的极化，其外在表现是"压制"，而其内在原因则是"放纵"。如果理性能够节制情感，则情感是不太容易出现极化现象的。中国古代社会经常出现的"压制"现象，这有时是因为缺少理性的节制，也即"放纵"。而要想解决这一问题，唯有补上理性的节制，即构建由情感和理性两根轴线共同组成的互适结构。

六　结论

在本节中，我们重点讨论了两种理性极化的现象，一种是僵化，另一种是放纵。这两种极化现象都是以情感的压制表现出来的，但其本质上却与情感的压制不同。前者属于理性副轴的极化，而后者则属于理性副轴的失效。新文化派对这两者没有做出分辨，而只是一味地批判传统文化，这种做法有欠妥当。

第四节　本性的极化

一　被忽视的本性

新文化派对于传统文化的批判是彻底的，是深入骨髓的。但令人遗憾的是，他们只着眼于文化本身，认为社会上一切问题都由传统文化的缺陷造成，而且还将人的本性问题与文化的缺陷混同，没有厘清各根不同轴线上的问题的不同。事实上，情感、理性、本性各不相同，将三者混在一起讨论，是不妥当的。

当然，需要说明的是，新文化派的这一失误的病根并不在于他们自己，而在于中国传统文化对人性的反思不够。自孟子的"性本善"论断问世以来，中国士人对于人性的探讨一直不够深入。释学东传之后，"一阐提皆有真如"说占据了理论高地。它与朱子的"理一分殊"结合，与王守仁的"知行合一"联手，而将"如来藏"思想注入儒学的"性本善"学说之中。于是，中国士人关于"性本善"的坚信有了"真如"的支持，历久弥坚。这一传统一直在思想界留了下来，遂导致新文化派没有将本性轴线从其他轴线中分离出来。

在这一节中，我们会尝试改变新文化派的老思路，将本性从其他轴线中分单独讨论离出来。我们将探讨本性轴线所可能产生的问题。

二　R基金会的困局

R基金会成立于1987年，是一家老牌的全国性公募基金会。它的业务主管单位是中央某部委。从表面上来看，R基金会近年来的收入情况有了较大发展。在2016年，R基金会的收入达到了2亿元，达到了中高等收入基金会的水平。但是，仔细分析该基金会的财报，便可知其收入增长是因为新任会长个人的贡献。这位新任会长来自某大型财团。他在上台后，即宣布将在接下来5年内，每年捐赠2000万元，同时还将带动其他财团向该基金会捐赠。如果剔除新会长的个人影响力所带来的善款收入，再剔除来自体制内的捐赠收入，那么我们便可以看到，R基金会的实际收入水平只有总收入的一个可怜的零头，实在是与该基金会自身的层级不相匹配。那么，是什么导致了这个现象呢？

我们认为，它与业务主管单位间关系的错位是问题的主因。坦率地说，R基金会完全是该部委的附庸，基本没有什么自己的主见，也没有主动组织过什么像样的项目。关于这一说法，我们有如下几个证据。

第一，人事任命引发僵局。按照惯例，官办基金会的"一把手"是由主管单位任命的。R基金会的秘书长也是由主管单位任命的。但是，主管单位并不知道，其实R基金会的秘书长对基金会的工作没有什么兴趣，而是一味地想要早点回到部委去工作。所以，该秘书长自上任后，便采取迎合、讨好主管单位的态度，唯主管单位的态度马首是瞻。比如，主管单位的领导对免费午餐项目稍微表示了一点兴趣，R基金会立马决定上马类似项目。但是，事实上，当时社会福利基金会的"免费午餐"项目已经做得如火如荼了，R基金会的这个项目根本不可能成功。所以，该项目在拿到基金会内部讨论时，有很多人表示了反对意见。在经过数次内部讨论否决后，该项目被强行改成了营养餐项目，并强行予以推广。说实话，该项目的影响力平平，业内很多人士都没有听说过该项目。

第二，任务下派诱发僵化。R基金会主动迎合主管部门，导致主管部门顺理成章地向R基金会委派行政任务，比如，将耗时耗力的人员培训项目委派给R基金会。这些项目与R基金会的业务不相关，而且项目内容趋于表面化。这些项目不仅浪费了R基金会的资源，而且破坏了R基金会内部的风气，使人浮于事，工作表面化、形式化。更为重要的是，这导致 R 基金会无法制定自己的长期规划，并严格依照规划执行。而且，R 基金会还必须不定期地抽调一些人员去满足主管部门提出的要求。比如，R 基金会现有工作人员 29 人，但由于主管部门在 R 基金会下设了一个健康扶贫基金，乃至于 R 基金会不得不抽调两名人员去管理这一基金。

第三，靠拢模仿制造难题。R 基金会为了迎合主管部门的口味，同时基金会秘书长也想避免担责，乃至于 R 基金会的内部管理尽可能向主管部门靠拢。本来政府对官办基金会的管理已经做了较多限制，而现在 R 基金会自己对自己又做了更多限制。于是，R 基金会的内部管理变得十分僵硬，积重难返。比如，R 基金会曾开展一项贵州留守儿童心理帮扶项目，在该项目预算里有餐费一项。但当地乡政府出于食品安全考虑，向 R 基金会的工作人员开放了食堂。而 R 基金会为餐饮支付了费用。这一做法合情合理。但是，由于乡政府的食堂无法开具发票，而只能开具收据，导致这笔费用不符合 R 基金会的内部管理规定。R 基金会内部财务要求，只能以发票为报销凭据。于是，项目组不得不采用不合规的方式解决了报销问题。

第四，决策懒惰引发失序。按照惯例，R 基金会作为一家独立的法人单位，有权对自己的事务做出独立决策。但是，事实上，R 基金会并不乐意做出独立决策，而是希望唯主管部门的意见马首是瞻。比如，失独家庭是近年来社会普遍关注的热点问题之一，中央部委也对这一问题表示了关注。R 基金会中有人提出可以发起相关项目，并以失独家庭养老为主要内容。这一项目应能快速扩大基金会的影响力，改变基金会的颓势。但是，该意见被基金会秘书长断然否决，原因竟然是"主管部门的领导不喜欢有人提失独家庭问题"[①]。

值得一提的是，就算面临这些状况，R 基金会也不愿启动改革。R 基金会对自身的颓势毫无意识，反而认为这一状况十分完美。而主管部门亦不愿发动改革，认为有这种"听话的"下属单位挺好。

这就是 R 基金会的困局。在这一困局下，R 基金会竟然还能获得如此之高收入，恐怕主要是因为它体制内的身份吧。

---

① 访谈记录，2017 年 6 月 21 日。

三 私欲与压制

R 基金会的情况与心之光截然不同。心之光是一家民办社工机构，它是在归附政府的过程中，由于政府对社工的理解不到位，而被政府所"淹没"的。而 R 基金会本身是一家官办基金会，而且已经存在 30 年了。政府对它是很了解的。所以，它的问题并不是出在政府对它的专业性认识不足上。它的病灶在于负责人的私欲。

很显然，由于机构负责人想要凭借对主管部门的逢迎，而达到使自己升迁的目的，于是就将该机构做成了自己的工具，而该机构的作为也就变得有些"不择手段"了起来。它强行设立不太可能成功的项目，承接与自己无关的业务，过度地限制自己的行动，拒绝任何令主管部门不快的意见，并且拒绝一切形式的改革。这些都是出于负责人毫无遮拦的本性张扬。在这里，我们分明看到一个"私欲"的主体在拼命地撬动情感轴线的极化，并最终引发了情感的"压制"。在 R 基金会一味地逢迎之下，主管部门便真的开始独掌大权，把 R 基金会当成自己的"仆从"了。它可以在不问及 R 基金会意见的情况下，直接决定人事任免，下派任务，乃至于下达命令，在基金会下设立基金。这些做法都是压制性的。

所以，在这个案例中，我们看到了本性轴线的一个问题，即"私欲"。① 这里的私欲是家人层面的"私欲"。它隐藏在情感之下，利用情感而达到自己的目的。最后，它引发了情感的极化，即"压制"。值得注意的是，"私

---

① 在购买服务中，这种"私欲"情况颇为常见。在 N 地，我们发现了一个有趣的案例。当地有一家乙机构，该机构的负责人是市场出身，曾经有相当长时间的做销售员的经历。他非常会拉拢关系，博人好感。笔者曾与乙机构负责人交流，明显感觉对方"很会来事"。而且，在外围调查中，笔者还了解到，当地其他组织工作人员普遍认为：乙机构负责人"不是认真做事的，而是跑江湖的。这几年他们通过这些事情搞了不少钱，却不知道做了些啥。"调研记录，2017 年 3 月 9 日。不同的是，在这个案例中，政府并没有"压制"，而只是"痴痴地爱"，还以为自己真的找了家靠谱的组织。其实，它找到的只不过是一个逢场作戏的，图谋私利的人罢了。这真是一种畸形的关系啊。更为糟糕的是，经过深入调查，我们还发现了一些更严重的问题。这家机构在靠近政府后，做了如下几件事。第一，财务造假。为了靠拢政府，它这样的投机者自然是要"预付"一些成本的。在获得项目后，为了填补这部分成本，它只能挪用项目资金。而为了平账，它又采取了财务造假的办法。第二，项目造假。因为它并没有太多"真本事"，而只是靠拉关系上的位，所以，为了在竞争中胜出，它只能编造项目成果。它编造了虚假的项目经验，篡改了项目成果数据，以及粉饰和编造了成功个案等。所以，允许"私欲"泛滥，就是在鼓励造假，甚至是在鼓励犯罪。

欲"虽然是本性轴线的内容，却在引发"压制"上颇具力道。在历史上，但凡臣子"私欲"泛滥，谄媚逢迎君上的，就容易引发君上的自大膨胀，刚愎"压制"。所以，为家父者，当切记辨别家人的"私欲"这一诱因。[①]

四　结　论

在人的本性不受控制的情况下，互适结构很容易被破坏。在上述案例中，家人的本性独立捭阖，不再成为情感的动力。它反而控制了情感，以情感作为伪装，而家父的情感则在家人的捭阖下，脱离了理性的节制，转向"压制"。这也就造成了糟糕的结局。

所以，家社会要保持稳定，必须要建构起情感与理性互适的结构，以对人的本性做适度的节制。

---

① 在本性轴线上，还有一个常见的问题，即共谋的恶。这也就是家父或家父的代理人与家子共谋私利，双方达成一个共识，利用虚假的伦理关系来为自己谋私利。比如，有媒体报道："由于财政预算管理上的弊端及监督管理机制不完善，资金管理问题突出，违规、垄断、暗箱操作、逆向选择等现象多发……"周义兴：《政府购买服务面临新腐败》，《中华工商时报》2014年7月7日。这就是共谋的恶。在共谋的恶中，双方都没有真爱，所有爱的表现都只不过是虚假的伪装。这是赤裸裸的恶。它不仅会损害情感体系，也会严重地破坏理性节制。这是政府要重点打击的对象。否则，人心将不稳，而政府的执政基础也将受到动摇。

本卷结论：慈爱之父

在第三卷中，我们对"临场之父"进行了讨论。我们认为在"家"之中，父时时都是临场的。同时，我们认为，慈善组织想要进入次要领域圈层，就要向政府归附。但是，这会造成一个问题，即如果父时时都临场，且又乐于对所有事做出指示，那慈善组织在归附家长后，很容易被淹没。这显然不利于家的发展，因为没有自由的社会是没有动力的。在中国历史上，"强干弱枝"一直都是衰败之道。

那我们该怎么办呢？我们认为，要避免这些情况，就必须引入理性轴线，以对极化的情感做出限制。这便是说，我们要让家父懂得张弛有度，而成为"慈爱之父"。这样的家父虽然时时临场，对各种情况都心知肚明，却经常默不作声，放手由家人去大胆地完成。这样的家父是慈爱、宽容的，是我们这个社会所需要的。

这一结论符合我们对于中国普通家庭中的父亲的想象的。在我们的家庭中，大都有这样一位临场而慈爱的家父。他心里对家里的事情都清楚明白，却只就重大问题发言，而对次要的小问题则经常默不作声，听凭家里的人按照自己的意见和能力来处理。只要他们在处理这些事情时，没有破坏情感的纽带，没有破坏家的秩序，家父都可以容忍。但是，要知道家父是时时临场的，家父对一切事情都是知晓的，家父对所有事都掌握最终的话语权。一旦家人的行为超越边界，破坏了家的秩序，家父会发烈怒，家父会出手整饬，家父会让一切都恢复正常。这样的家父符合我们中国人的想象，所以也是我们中国人所需要的。毫无疑问，我们的确希望能迎来这样一位父。

幸运的是，近年来，中央政府开始大力推进"简政放权"。我们认为，政府的这一举措恰恰证明了其是一位"慈爱之父"。政府在一些次要的事务上，扮演了一个沉默而临场注视的家长的角色。对那些次要的问题，政府默而不言，却又时时临场，注视着这些事情。不过，虽然政府提出简政放权，这并不代表政府不掌握这些权力。政府作为"慈爱之父"，只是默不作声，而没有让渡权力。它可以把权力下放，自然也可以将权力上收。这些权力原本就是"慈爱之父"的，而是否要就权力所关涉的事项发表意见，则在于父的自由意志。

此外，根据社会治理同心圆理论，我们还认为，父的沉默仅限于次要或普通职能，而针对重要职能，无论在任何时候，父都不应保持沉默。父必须牢牢掌握住这些职能，时时自由表达。这一观点也符合中国政府在社会治理领域中的基本做法。比如，近年来，政府开始逐步推动行业商协会与政府脱钩，却又加强了对关系重要社会领域的事业的监管，如境外在华社会组织等。

所以，我们欣喜地发现，我们的政府正是这样一位明智的"慈爱之父"。它正在有节制地临场注视着这个家社会。它在保持家社会中的主导权的同时，又不断增强家社会的活力。所以，我们的国家并非一个僵化的家，而是一个自由之家。这样的家是伟大的，或许有一天，我们可以期待我们的国家重新回到巅峰的状态，成为这个世界上最伟大的国家。到那时，中华民族的伟大复兴也将到来。

最终结论：中国慈善该向何处去

在本书中，我们立足于家的伦理，反思了中国慈善事业改革中出现的一系列问题。我们认为，单纯的以公共利益为导向的慈善改革会破坏家社会的结构，并因此而将中国社会引向颠覆的深渊。这并不是温和的改革，它对中国社会的伤害不亚于一场暴力革命。同时，我们又反思了传统慈善中存在的一些缺陷。我们认为，伦理体系的极化倾向导致慈善组织在归附政府后容易被淹没，从而从归附退化为依附。这种情况同样不利于社会发展。所以，我们提出要用理性节制情感，构建互适结构。

综合上述观点，我们认为，单纯的情感，或者单纯的理性，都不足以成为慈善事业改革的凭据。我们应该将这两者统一起来，共同划定慈善事业改革的方向。唯有如此，慈善事业才能成为化解社会矛盾的润滑剂，团结人心的吸铁石，推动社会发展的发动机。我们称这种统一两根轴线的新式慈善为"中国特色现代慈善事业"。

所谓中国特色现代慈善事业，指的是并用情感与理性两根轴线，借鉴世界各国现代慈善的先进经验，并改造中国的传统慈善，将两者有机结合，以增强慈善的效用，促进中国社会的和谐、稳定、幸福的一种慈善事业。实际上，本书所言及的多个成功项目都属于中国特色现代慈善的范畴，比如，中国妇女发展基金会、T社工、麻涌社工、宝安区慈善会、广州市妇联的爱心妈妈互助计划等。

中国特色现代慈善既借鉴世界各国的先进经验，又结合中国社会的现实结构和文化传统，能够催发出慈善事业的巨大活力。相比传统慈善和现代公益，中国特色现代慈善具有相当巨大的优势。

第一，中国特色现代慈善相比现代公益更有助于实现家的稳定。根据我们在第二、三卷中的分析，功利性的公益价值会对家社会产生剧烈的冲击，容易导致中国社会陷入混乱。中国特色现代慈善与现代公益不同，它坚守家的情感，认同家的伦理，并致力于巩固家社会这个伦理体。这与中国家社会的基础结构是严格契合的。所以，发展中国特色现代慈善事业不会对中国的家社会产生冲击，反而有助于家社会的稳定。

第二，中国特色现代慈善相比传统慈善更有助于实现自由之家的发展。根据我们在第四卷中的分析，极化的情感会对归附后的慈善组织产生"压制"。而中国特色现代慈善与此不同，它虽然坚守家的情感，但也以理性适当约束情感，构建互适结构。这一结构使慈善组织可以在家中获得自由，从而积极地为推动家社会的发展与繁荣做出贡献。所以，中国特色现代慈善不仅不会限制慈善组织的发展，扼杀它们的活力，反而有助于慈善组织的成长，使它们登上更高的舞台，以为助力中国社会的整体繁荣做出更大贡献。

综上所述，中国特色现代慈善相比现代公益与传统慈善有很多优势。那么，政府又该如何发展中国特色现代慈善事业呢？我们认为，重点是要做好如下几点。

第一，选组织。政府要选取德才并举的慈善组织。只有以这种标准选出的慈善组织才是愿意向政府靠拢的，也才是有能力帮助政府完成对家社会的治理工作的。

第二，给身份。政府要提供渠道给愿意归附的民办组织。这就是说，政府要给民办组织成为政府的"自己人"的机会，让它们可以进入政府搭建的平台之上，分享资源，承担职责。

第三，给空间。政府要自我节制，开拓空间，让想要结束依附状态的官办组织转为归附状态，让归附后的民办组织不再被"淹没"。这就是说，政府要转为"慈爱之父"，既掌握最终话语权，又将事务的执行权交给慈善组织，让它们凭自己的想象，自由地发挥才干。

第四，给资源。政府要配给这些慈善组织大量资源，包括资金、专家、政策等。政府给予资源的方式可以是多样化的，比如购买服务、组织培育等。但是，值得注意的是，政府在运用这些工具时，不应照搬西方的模式，因为西方的模式是按照西方的公益价值设计出来的，适合于公益事业，而不适合于中国的慈善事业。政府必须改造这些工具，以使其更符合中国的现实状况。同时，政府在提供这些资源时，应对归附后的民办组织与结束了依附状态的官办组织一视同仁。政府要明确，两者在转为归附关系后，在本质上是一样的，都属于家人。

那么，政府该如何管理中国特色现代慈善事业呢？我们认为，重点是要做好如下几点。

第一，划领域。政府要管理并划定慈善组织可以进入的领域。根据社会治理同心圆，政府可以允许这些组织进入次要领域和普通领域，但不能允许其进入重要领域。重要领域应由政府自己来掌握。

第二，建关系。政府要与慈善组织建立关系，并围绕它们建立一张巨大的关系网络。这张网络中有各种资源、机会，而要获得这些资源、机会，慈善组织必须进入网络，遵守家父的规矩。这张网络的纽带是情感。这些情感纽带共同指向位于家正中间的政府，也即我们的"临场之父"。

第三，定规则。政府要制定详尽严谨的规则。我们要修改《慈善法》以及配套规则，让这些法律制度更契合于自由之家，表达正确的伦理价值，而不仅仅是公共利益价值。法律规则还要限制极化的情感，保障家人的自由。这样的政府才是我们的"慈爱之父"。

综上，我们认为，中国特色现代慈善事业既不一味固守传统的慈善理念，因循守旧，也不刻意追求照搬西方的公益观念，欧化中国；中国特色现代慈善事业既契合于中国社会传统，又展望中国社会未来；中国特色现代慈善事业张弛有度，使自由之家欣欣向荣。

习近平主席指出："古今中外的历史都告诉我们，世界上没有一个民族能够亦步亦趋走别人的道路实现自己的发展振兴，也没有一种一成不变的道路可以引导所有民族实现发展振兴；一切成功发展振兴的民族，都是找到了适合自己实际的道路的民族。"[1] 在党的十九大报告中，习近平主席再次指出："要坚持中国特色社会主义文化发展道路，激发全民族文化创新创造活力，建设社会主义文化强国。"根据这一指导思想，中国的慈善改革既不能"亦步亦趋"走欧美的道路，也不能"一成不变"走老路。我们要坚定"道路自信、理论自信、制度自信、文化自信"，找到"适合自己实际的道路"。这条道路正是中国特色现代慈善事业之路。

中国慈善该向何处去呢？中国特色现代慈善事业是大势所趋。

---

[1] 习近平：《在纪念孙中山先生诞辰150周年大会上的讲话》，人民出版社，2016，第5页。

参考文献

一 著作

〔美〕麦克法夸尔、费正清编《剑桥中华人民共和国史》，中国社会科学出版社，1990。

班固：《汉书》，中华书局，1962。

丁仕原编校：《章士钊辑》，民主与建设出版社，2014。

丁轶：《成员身份与政治义务：西方团体性政治义务理论研究》，东北财经大学出版社，2016。

范晔：《后汉书》，中华书局，1965。

方东美：《中国大乘佛学》，中华书局，2012。

房玄龄等：《晋书》，中华书局，1974。

费孝通：《乡土中国》，北京大学出版社，2012。

傅乐成：《中国通史》，中信出版社，2014。

甘阳：《通三统》，三联书店，2014。

韩非：《韩非子》，海潮出版社，2012。

胡适：《容忍与自由》，云南人民出版社，2015。

桓宽：《盐铁论》，中华书局，2015。

黄克武编《严复卷》，中国人民大学出版社，2014。

黄仁宇：《万历十五年》，三联书店，1997。

黄仁宇：《我相信中国的前途》，中华书局，2015。

贾谊：《新书》，中华书局，2012。

金观涛、刘青峰：《中国现代思想的起源：超稳定结构与中国政治文化的演变（第一卷）》，法律出版社，2011。

金观涛：《历史的巨镜》，法律出版社，2015。

李耳：《老子》，中华书局，2014。

李泽厚：《中国近代思想史论》，三联书店，2008。

李泽厚：《中国现代思想史论》，三联书店，2008。

李志茗：《湘军：成就书生勋业的"民兵"》，上海古籍出版社，2007。

辽宁大学哲学系编著《蔡子民先生关于宗教问题之谈话》，《中国现代哲学史汇编》第 1 集，1981。

鲁迅：《我们现在怎样做父亲》，《鲁迅经典全集》，华文出版社，2009。

罗尔纲：《太平天国史纲》，岳麓书社，2013。

潘桂明：《中国佛学思想史稿》，凤凰出版传媒集团，2009。

钱玄同：《钱玄同随笔》，北京大学出版社，2010。

任智勇、戴圆编《郑观应卷》，中国人民大学出版社，2014。

商鞅：《商君书》，中华书局，2011。

司马迁：《史记》，光明日报出版社，2015。

孙中山：《三民主义》，东方出版社，2014。

唐德刚：《从晚清到民国》，中国文史出版社，2015。

王建朗、黄克武：《两岸新编中国近代史（民国卷）》，社会科学文献出版社，2016。

吴稚晖：《吴稚晖文存》，东方出版社，2015。

夏春涛：《天国的陨落：太平天国宗教再研究》，中国人民大学出版社，2016。

《晏子春秋》，中华书局，2011。

杨剑龙：《"五四"新文化运动与基督教文化思潮》，上海世纪出版集团，2012。

扬雄：《法言》，中华书局，2012。

张之洞：《劝学篇》，中华书局，2016。

赵明：《文人政治的一曲悲歌：王安石变法启示录》，北京大学出版社，2013。

郑有贵主编《中华人民共和国经济史（1949－2012）》，当代中国出版社，2016。

周伟驰：《太平天国与启示录》，中国社会科学出版社，2016。

周勇主编《邹容集》，重庆出版集团，2011。

朱友渔：《中国慈善事业的精神》，商务印书馆。

二 译作

〔英〕阿利斯特·麦格拉思：《加尔文传：现代西方文化的塑造者》，甘霖译，中国社会科学出版社，2009。

〔英〕埃德蒙·柏克：《自由与传统》，译林出版社，2012。

〔英〕埃德蒙·伯克：《伯克文集》，廖红译，北京理工大学出版社，2014。

〔英〕埃德蒙·伯克：《反思法国大革命》，张雅楠译，上海社会科学院出版社，2014。

〔法〕埃米尔·涂尔干：《社会分工论》，渠敬东译，三联书店，2017。

〔古〕奥古斯丁：《上帝之城》，王晓朝译，人民出版社，2006。

〔英〕边沁：《道德与立法原理导论》，时殷红译，商务印书馆，2015。

〔美〕戴维·奥斯本、特德·盖布勒：《改革政府：企业家精神如何改革着公共部门》，周敦仁等译，上海译文出版社，2006。

〔美〕凡勃仑：《有闲阶级论》，蔡受百译，中央编译出版社，2012。

〔法〕冯玮编译《科学·爱·秩序·进步——孔德〈实证主义理论〉精粹》，冯玮编译，湖北人民出版社。

〔美〕富勒：《法律的道德性》，郑戈译，商务印书馆，2016。

〔德〕哈贝马斯：《在事实与规范之间：关于法律和民主法治国的商谈理论》，童世骏译，三联书店，2003 年。

〔美〕汉密尔顿、麦迪逊、杰伊：《论联邦》，谢叔斐译，吉林出版集团有限责任公司，2014。

〔美〕赫伯特·斯宾塞：《社会静力学》，张雄武译，商务印书馆，2012。

〔法〕约翰·加尔文：《基督教要义》，银曜诚译，三联书店，2009。

〔美〕杰西·诺曼：《埃德蒙·伯克：现代保守政治教父》，田飞龙译，北京大学出版社，2015。

〔奥〕凯尔森：《法与国家的一般理论》，沈宗灵译，中国大百科全书出版社，1996。

〔法〕孔多塞：《人类精神进步史表纲要》，何兆武、何冰译，北京大学出版社，2013。

〔美〕莱斯特·M.萨拉蒙：《公共服务中的伙伴——现代福利国家中的政府与非营利组织的关系》，田凯译，商务印书馆，2008。

〔美〕利奥·施特劳斯：《关于马基雅维里的思考》，申彤译，译林出版社，2016。

〔法〕卢梭：《社会契约论》，何兆武译，商务印书馆，2016。

〔英〕洛克：《人类理解论（下册）》，关文运译，商务印书馆，2015。

〔英〕洛克：《政府论（下篇）》，叶启芳译，商务印书馆，2005。

〔德〕马丁·路德：《路德三檄文和宗教改革》，李勇译，世纪出版集团，2010。

〔美〕裴士锋：《天国之秋》，黄中宪译，社会科学文献出版社，2014。

〔荷〕斯宾诺莎：《斯宾诺莎文集》第1卷，顾寿观译，商务印书馆，2014。

〔意〕托马斯·阿奎那：《神学大全》第2卷，段德智译，商务印书馆，2013。

〔美〕托马斯·杰斐逊：《杰斐逊选集》，朱曾文译，商务印书馆，2012。

〔美〕韦恩·A.米克斯：《基督教道德的起源》，吴芬译，商务印书馆，2012。

〔英〕亚当·斯密：《道德情操论》，蒋自强译，石油工业出版社，2015。

〔古〕亚里士多德：《政治学》，吴寿彭译，商务印书馆，2007。

〔英〕约翰·奥斯丁：《法理学的范围》，刘星译，北京大学出版社，2002。

〔美〕约翰·罗尔斯：《正义论》何包钢等译，中国社会出版社，2015。

〔英〕约翰·密尔：《论自由》，许宝骙译，商务印书馆，2015。

〔英〕约翰·穆勒：《论自由》，上海世纪出版集团，2012。

〔美〕詹姆斯·M.布坎南，戈登·图洛克：《同意的计算：立宪民主的逻辑基础》，上海人民出版社，2014。

三　学术论文

陈天祥、徐于琳：《游走于国家与社会之间：草根志愿组织的行动策略——以广州启智队为例》，《中山大学学报（社会科学版）》，2011。

程立涛，乔荣生：《现代性与"陌生人伦理"》，《伦理学研究》2010年第1期。

何艳玲、周晓锋、张鹏举：《边缘草根组织的行动策略及其解释》，《公共管理学报》2009年第1期。

何芸：《社会组织在社会管理中的主体性问题》，《理论探索》2011年第4期。

贾西津：《公共治理中的伙伴关系：英国COMPACT的实例》，《社团管理研究》2007 年第 1 期。

李石：《意志自由和行动自由——基于人类欲求之等级结构的分析》，《世界哲学》2010 年第 1 期。

李招忠：《西方国家公共服务市场化对中国行政改革的思想启示》，《暨南学报（人文科学与社会科学版）》2004 年第 1 期。

刘连泰：《"公共利益"的解释困境及其突围》，《文史哲》2006 年第 2 期。

罗文恩、周延风：《中国慈善组织市场化研究——背景、模式与路径》，《管理世界》2010 年第 12 期。

汪习根、武小川：《权力与权利的界分方式新探——对"法不禁止即自由"的反思》，《法制与社会发展》2013 年第 4 期。

王名、朱晓红：《社会企业论纲》，《中国非营利评论》2010 年第 2 期。

王云：《论非政府组织的去行政化》，《四川行政学院学报》2011 年第 4 期。

吴根友：《自由意志与现代中国伦理学、政治哲学、法哲学的人性论基础》，《文史哲》2010 年第 4 期。

吴潇：《美国里根政府的社会救助政策改革探究》，硕士论文，2012。

谢莒莎：《社会工作伦理困境及其解决方式》，《社会工作》2009 年第 6 期。

杨团：《一场新的慈善革命："慈善资本主义"与公益伙伴关系》，《学习与实践》2007 年第 3 期。

易军：《"法不禁止皆自由"的私法精义》，《中国社会科学》2014 年第 4 期。

岳经纶、郭英慧：《社会服务购买中政府与 NGO 关系研究——福利多元主义视角》，《东岳论丛》2013 年第 7 期。

张奇林、李君辉：《中国慈善组织的发展坏境及其与政府的关系：回顾与展望》，《社会保障研究》2011 年第 6 期。

赵立波：《关于政事关系若干理论与实践问题的思考》，《中国行政管理》2009 年第 12 期。

四　报刊文章

张亦镜：《驳蔡元培在非宗教大同盟的演说词》，《真光》第 21 卷第 10、

11 合册。

陈独秀：《敬告青年》，《青年杂志》第 1 卷第 1 号，1915 年 9 月 15 日。

陈独秀：《吾人最后之觉悟》，《青年杂志》第 1 卷第 6 号，1916 年 2 月 25 日。

陈独秀：《孔子之道与现代生活》，《新青年》第 2 卷第 4 号，1916 年 12 月 1 日。

傅斯年：《中国学术思想界之基本误谬》，《新青年》第 4 卷第 4 号，1918 年 4 月 15 日。

唐俟：《我们现在怎样做父亲》，《新青年》第 6 卷第 6 号，1919 年 11 月 1 日。

陈独秀：《新文化运动是什么》，《新青年》第 7 卷第 5 号，1920 年 4 月 1 日。

陈独秀：《基督教育基督教会》，《先驱》第 4 号，1922 年 3 月 15 日。

涑生：《浅陋的话》，《晨报副刊》1924 年 5 月 20 日。

王向前：《武汉反扒志愿者被关 200 多天 获赔 2.2 万元》，《河南商报》2008 年 5 月 5 日。

谢颖：《东莞禁毒社工助"瘾君子"重生》，《羊城晚报》2014 年 4 月 8 日。

周义兴：《政府购买服务面临新腐败》，《中华工商时报》2014 年 7 月 7 日。

袁微：《让妇女群众的评价进入评价体系》，《中国妇女报》2015 年 8 月 24 日。

周如南：《购买服务，关键在"向谁购买"》，《人民日报》2016 年 7 月 26 日。

五　外文文献

Adrian Sargeant, *Marketing Management for Nonprofit Organization*, Oxford University Press, 2005.

Jacques Defourny, Marthe Nyssens, etc., *Beyond Philanthropy*: *When Philanthropy Becomes Social Entrepreneurship*, http://labos. ulg. ac. be/, 2015. 2. 19.

Jonathan Garton, *Public Benefit in Charity Law*, Oxford University Press

Lester M. Salamon, *America's Nonprofit Sector*: *A Primer*, Harvard University Press，1997.

Lester M. Salamon，"The Marketization of Welfare：Changing Nonprofit and For-Profit Roles in the American Welfare State，" *Social Service Review*，1993（67）.

Paola Grenier，*Social Entrepreneurship in the UK：From Rhetoric to Reality?*，*An Introduction to Social Entrepreneurship：Voices，Preconditions，Contexts*，Rafael Ziegler（ed. ），Edward Elgar，2009.

Patricia M. Nickel，Angela M. Eikenberry，"A Critique of the Discourse of Marketized Philanthropy，" *American Behavioral Scientist*，2009（52）.

R. George Wright，"Free Speech and the Mandated Disclosure of Information，" *University of Richmond Law Review*，1991（25）.

后 记

在行走与阅读中，摆脱小文人的情调与私欲是人生的一次重要飞跃。这是一种静谧于内心而又灿烂于神的经历。而只有有了这样的经历，一个学者才能真正领会学问的意义，才能真正做到"不以物喜，不以己悲"，也才能真正为着真理而不断燃烧自己。

2014 年后，我回绝俗事，闭关读书。我给自己定下了一个五年计划，要用五年的时间安心读书。我要求自己，在这五年里，除完成基本工作任务外，尽可能不写论文，不申报课题，不参加学术会议，尽可能做到"人间蒸发"，安心地在我心中的那座"山"上隐居。在这段属于我自己的时间里，我要读自己想读的书，做自己想做的学问，写自己想写的文字。我要进入一个宏伟而浩瀚的世界，与无数的先贤哲人对话；同时，我还要创造一个博大而恢宏的世界，让自己在这个世界里永生。

时至今日，我的五年计划已经完成了一半。我享受了 910 天的宁静，并在这个过程中进入了 600 多个不同色彩的精神空间。在这些空间里，有时是柏拉图、阿奎那这样的先哲，有时是世尊、老子这样的先圣，偶尔也会碰到张孝达、陈仲莆这样的近代名流。这些愉悦的会面令我惠益良多。我得到大开悟，领会到了中国社会与其他一些社会在运作机理上的差异。

为了与众人分享我的发现，我决定把这些领悟先拿出一小部分来，汇成这部作品。

当然，写作这部作品也给了我一个机会，让我可以行走在社会，听取很多有趣而各异的故事。这些故事有的深沉，有的高亢，但总是那么发人深省。思考这些故事背后的原因是一件很有趣的事情。我在记录完一个故事后，总是会将案例扔在一边，用几个月的时间慢慢去品味其中的深意。正如各位读者所见，结果是很奇妙的。我找到了很多与现有的主流观点截然不同，甚至背道而驰的结论。我想，我有义务将这些结论公布出来，告诉世人或许我们应该换一个角度来重新认识我们的社会。

总的来说，这段在"山上隐居"的经历是一段很充实、很有趣的经历。

我有很多伙伴，与我结庐相伴。在这里，我要向他们表示感谢，感谢他们的陪伴，让我总能得到向前的勇气与动力。

最后，问何物能令公喜？我见青山多妩媚，料青山见我应如是。情与貌，略相似。

褚 蓥

2018 年 3 月 1 日于广州砚池

图书在版编目（CIP）数据

反思慈善改革：慈善的政治属性／褚蓥著. -- 北
京：社会科学文献出版社，2018.5
　（南山慈善论丛）
　ISBN 978 - 7 - 5201 - 2348 - 8

　Ⅰ.①反…　Ⅱ.①褚…　Ⅲ.①慈善事业 - 研究 - 中国
Ⅳ.①D632.1

　中国版本图书馆 CIP 数据核字（2018）第 039880 号

·南山慈善论丛·

反思慈善改革：慈善的政治属性

著　　者／褚　蓥

出 版 人／谢寿光
项目统筹／曹义恒
责任编辑／吕霞云　王京美

出　　版／社会科学文献出版社·社会政法分社（010）59367156
　　　　　地址：北京市北三环中路甲 29 号院华龙大厦　邮编：100029
　　　　　网址：www. ssap. com. cn
发　　行／市场营销中心（010）59367081　59367018
印　　装／三河市龙林印务有限公司

规　　格／开　本：787mm × 1092mm　1/16
　　　　　印　张：15.25　字　数：253 千字
版　　次／2018 年 5 月第 1 版　2018 年 5 月第 1 次印刷
书　　号／ISBN 978 - 7 - 5201 - 2348 - 8
定　　价／75.00 元

本书如有印装质量问题，请与读者服务中心（010 - 59367028）联系